U0907694

亚历山大·麦昆家人唯一认可并授权的传记

ALEXANDER MCQUEEN:

BLOOD BENEATH THE SKIN

ANDREW WILSON

亚历山大·麦昆传

栖血肤下

［英］安德鲁·威尔逊——著

张虹——译

重庆大学出版社

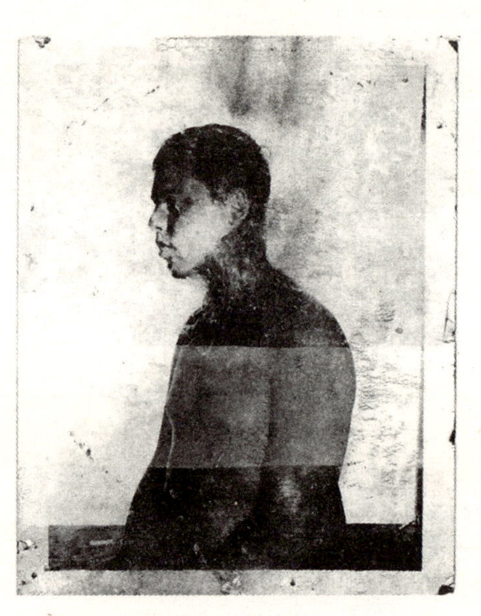

目录

亚 历 山 大 · 麦 昆 传

栖 血 肤 下

引 言

2010年9月20日星期一的早上，伦敦圣保罗大教堂外的阶梯俨然成了服装秀的伸展台。一辆辆漆黑发亮的轿车排成一列，一位位美丽的女子款款走了下来。“有些人戴着羽饰，几乎都是渡鸦的黑色，表示他们对逝者的敬意”。凯特·摩丝（Kate Moss）身着黑色皮裙和无尾晚礼服，露出一线散发着自然光泽的乳沟（有笔者称之为“极不合时宜的坦胸露肩”）；娜奥米·坎贝尔（Naomi Campbell）上身穿黑色皮夹克，脚踩金色高跟铆钉靴；莎拉·杰西卡·帕克（Sarah Jessica Parker）穿了一件飘逸的奶油色连衣裙，外搭一件黑色外套；达芙妮·吉尼斯（Daphne Guinness）特意穿了一双12英寸高、带防水台的黑色靴子，当她沿着铺就好的道路走向教堂时，险些站立不稳。其他1 500名左右的客人早已等候在位于拉德盖特山（Ludgate Hill）顶部的克里斯托弗·雷恩爵士的巴洛克教堂，一起来祭奠英国一位最饱受赞誉和质疑的服装设计师，对朋友和家人来说，他是李；对世界来说，他是亚历山大·麦昆（Alexander McQueen），“时尚界的坏男孩”。

人们在教堂内入座，一位风琴手演奏起了爱德华·埃尔加（Edward Elgar）的《谜的变奏曲》中第九乐章《猎人尼禄》。十四个乐章，一个隐含主题，乐曲的选择很适合这个场合。埃尔加缺失的乐旨（这位英国伟大的音乐家将其描述为“隐秘的叙述”，因为“核心主题绝不演奏出来”)，抓住了这次活动怪异而乖张的特点——纪念的人物没有在场，但他的灵魂却每时陪伴在我们左右。

事实上，很多人认为麦昆本身就是一个谜。“淘气鬼、无赖、天才，亚历山大·麦昆的一生就是一段令人着迷的故事，”一位评论员在麦昆去世后写道。“没有什么人了解这位英国最杰出的时尚设计师，他敏感而有远见，在很多方面将时尚重塑。”造型师凯蒂·英格兰（Katy England）曾与麦昆共事，她和丈夫参加了这次纪念活动。流行歌者鲍比·吉莱斯皮（Bobby Gillespie）是这样描述麦昆的：“他是完全封闭的……他把自己孤立起来，把自己和其他人隔绝开。”而麦昆的一位值得信赖的员工特里诺·韦卡德（Trino Verkade）说：“李确实到后来越来越孤僻，最后只能忍受极少的人在他身边。”尽管这样，一位到场的女士还是认为麦昆会喜欢这样的纪念活动，“所有这些戏剧性的表演、未经修饰的人类情感、文化遗产、教会的辉煌与美好都是他 T 台的特色”。置身于过度的嘉奖和歌颂，麦昆应该会坐不住，用他自己的话来说，他就是“伦敦东区街头一个大嘴巴的野小子”，只不过对自己的能力极度自信。他是那么羞涩，每场服装秀的最后，他只是在 T 台上匆匆露一下面就仓促离开，要么回家，要么和朋友去用餐。“如果知道自己被这么多人敬仰崇拜，他肯定会讶异不已，”麦昆的姐姐雅克说，“最后他会想‘我就是李’罢了。”

纪念活动准时在 11 点钟开始——不同于麦昆的服装展示会，总是会迟于预定时间——尊敬的教规长吉尔斯·弗雷泽（Giles Fraser）牧师首先致辞。“这个生命活在公众的注视下，他魅力四射，却又脆弱羞怯。”弗雷泽身穿圣保罗大教堂三百年庆典时穿着的教袍（这是一件饰有施华洛世奇水晶的白色和金色相间的长袍），列举了麦昆一生的成就：他如何在1996年到2003年之间四次荣获年度英国最佳设计师（British Designer of the Year），如何在2003年赢得年度国际最佳设计师（International Designer of the Year），并在同年获得大英帝国勋章（Commander of the British Empire）。“我们感谢他极富创造力的大脑，他过人的展示天分，以及他总能给我们带来惊喜的才能。”弗雷泽还讲述了麦昆对朋友的忠诚、对动物的热爱（尤其是他留下的三条爱犬）以及“挑战权威的天性”——那些曾被麦昆的“毒舌”攻击过的人们听到这句恐怕会暗自发笑。“他会到家人那里寻求支持和安慰，”弗雷泽补充道，“这就是为什么尽管他身处纷繁炫目的世界却仍然没有忘记他在东区的根，没有忘记那些爱着他的人。”

那天在教堂举行的纪念活动，麦昆的家人没有和那些名人、模特坐在一起。麦昆的前男友之一安德鲁·格鲁夫斯（Andrew Groves）也在场，他发现麦昆开出租车的父亲、罗纳德、他的哥哥姐姐都看上去很不自在。“他们感觉与这次活动格格不入，”格鲁夫斯说，他在90年代假托吉米·展博（Jimmy Jumble）之名从事时装设计，如今已成为一位时尚导师。“在我看来，他们似乎根本不清楚李的传奇一生。就好像很迷惑‘所有这些究竟都是什么？’”爱丽丝·史密斯（Alice Smith）是一名时尚招聘顾问，1992年与麦昆结识，两人成为朋友。爱丽丝讶异于走廊两旁就座的人穿戴的巨大差异，尤其是脚上的鞋子，真是天壤之别。她说："整个纪念活动的氛围十分怪异，我无法将麦昆的家人和那些时尚人物联系在一起。我不停地看他们的鞋子——麦昆的家人穿着极普通的平价鞋——另一侧则是奢华瑰丽的时装鞋。"

这种强烈的对比反映了麦昆生活中从未完全调和的诸多矛盾的一面。"这是他的问题，"爱丽丝说，"他的家人举止得体，他们是善良的人，正努力过上好日子。而他生活的另一面则是完全癫狂的世界。"那天的气氛很尴尬，到场的客人属于很多不同的小圈子——超模、女演员、知名设计师、东区的家人、旧康普顿街的同性恋朋友——他们互不相识。"这些形形色色的人聚在一起，却没有交集，很是怪异，"安德鲁·格鲁夫斯说。"参加时装展示会时，人们对自己坐在什么位置上都了然于胸。我如果去参加这样的活动，我知道自己应该坐在后排，因为我属于教育圈。安娜·温图尔（Anna Wintour）会坐在前排。我知道在那个时刻我们属于同一领域，而实际上却不是。"

众人吟诵完主祷文后开始合唱"我宣誓向祖国效忠"，歌词中有两句麦昆如能听到会深有感触："另有一个国度，我早就听说过，热爱她的人们的亲爱的祖国，是他们心中最伟大的祖国。"麦昆的一生都在寻找他自己的"另一个国度"。他渴望一个地方、一个国家、一种观念、一位男子、一件衣裙、一个梦境、一种药品能够改变他的生活。而如果说他迷恋于什么——李对可卡因的渴求近乎达到贪得无厌的地步，他对此毫不掩饰——那就是最终他沉沦于愿景的诱惑，相信有一天他可以忘记他的身体、他的记忆、他的遗憾和他的过去。

很明显，麦昆相信爱最终能改变一切。"当然，也有黑暗的一面，"

凯蒂·英格兰在麦昆去世前三年时说过这样的话。"但也有其浪漫的一面。李就拥有这样的浪漫性格，怀揣着这些梦想。他的一生就是寻找爱的一生，不是吗？他对爱的追求以及他对爱与浪漫的态度，是呀，这是高于现实、摆脱现实的途径。"

在麦昆的右上臂纹着几个字，是莎士比亚《仲夏夜之梦》中海伦娜（Helena）说的一句话："爱不是用眼睛来看，而是用心来感受。"这句话是理解普通人李·麦昆和时装设计界的巨星亚历山大·麦昆的关键。2011 年美国大都会博物馆"野性之美"麦昆作品展以及在 V&A（维多利亚与阿尔伯特博物馆）同名展览的策展人安德鲁·伯顿（Andrew Bolton）说："海伦娜相信爱可以将丑陋化为美好，因为爱是出于个人的主观感受，而不是对外在的客观评估。这种想法麦昆深以为然，并成为他创作的源泉。"

安娜·温图尔在发言中讲到了麦昆作为一位设计师的非凡才能。"他是一个极富天分又让人难以捉摸的年轻人。儿时，只喜欢看伦敦东区塔楼顶上的飞鸟，"美国《时尚》（*Vogue*）杂志总编说，她穿着一件麦昆设计的黑色和金色刺绣外套。"他离开了我们，留下了独一无二的传奇，他的才能就像他儿时观察的飞鸟，远远在我们之上。"从 1992 年他在圣马丁学院的硕士毕业秀到 2010 年 2 月去世，麦昆在整个职业生涯都紧紧地抓住了自己的梦想奋力狂奔。麦昆在他死亡的最后时刻仍在工作，得知这一点并不让人感到惊讶。他的最后系列被非官方命名为"天使与魔鬼"，而温图尔则描述为"黑暗与光明"的战斗。在麦昆去世的三年前，他在接受法国杂志《大都市》（*Numéro*）采访时说，"我在生死间徘徊，在幸福与悲伤间游走，在善恶间摇摆。”“麦昆把时尚的浅薄与死亡的绝美结合了起来，”他的艺术家朋友杰克·查普曼（Jake Chapman）说，“自我毁灭是他的作品引起轰动的原因。我们是在一旁欣赏某人近于崩溃的状态。”

尽管麦昆后期被抑郁的黑色幽灵所笼罩，但他仍对生命怀揣着无法阻挡的活力与热忱。他坦然地享受着生活赋予他的一切——他超爱特级鱼子酱，也喜欢坐在沙发上一边观看《加冕街》（*Coronation Street*），一边吃着豆子和荷包蛋。他喜欢喝美国波本威士忌（Maker's Mark）和健怡可乐（Diet Coke），喜欢看同性恋色情文学污秽的结尾，和不同的人上床。因此，在安娜·温图尔讲话结束后，作曲家迈克尔·尼曼（Michael Nyman）为纪念麦昆开始演奏《心向欢愉》（*The Heart Asks Pleasure First*）。这是简·坎皮恩（Jane Campion）在 1993 年导演的电影《钢琴课》（*The Piano*）的主旋律。电影中的女主角艾达·麦克格拉斯（Ada McGrath）[霍利·亨特（Holly Hunter）扮演] 从 6 岁开始就成了哑巴，只能靠弹奏钢琴来诉说自己。口头表达并不是麦昆的强项——“有一次我看到他在聚会上恍恍惚惚的……他自己都不知道自己说了些什么，大家更是完全不知所云，”播音员与作家珍妮特·斯特里特·波特（Janet Street-Porter）说——而他的滔滔雄辩则浸透在他设计的奇装异服以及精彩壮观的服装秀上。“你看到的作品就是我本人，”麦昆曾说过，“我的作品就是我的内心。”

珠宝设计大师肖恩·利尼（Shaun Leane）在尼曼演奏后发言，他曾与麦昆合作过多个服装系列。肖恩说，“我看着你成长，你打破常规走向成功。”他还回忆在最近一次的非洲之行中，他仰望天空，感慨道，“‘李，你在哪儿？’话音刚落，一颗流星划过天际，你就这样回答了我。你感动了星星，就像你撼动了我们的生活。”利尼还忽然想起他的这位朋友的“性感的笑声、过人的胆量、大象般长久的记忆和一双明亮的蓝色眼睛”。

利尼讲话结束后重新就坐，有人开始在宾客中为英国艾滋病慈善机构泰瑞斯希金斯基金（Terrence Higgins Trust）以及巴特西猫狗之家（Battersea Dogs Cats Home）募捐集资，所有的这些慈善都是麦昆的心之所属。伦敦社区福音合唱团（London Community Gospel Choir）感人心魄的声音在教堂中回荡。“奇异的恩典，佳音甜悦耳 / 救吾脱苦海！ / 我曾为迷途羔羊，如今归正道；/ 我曾视而不见，如今心思澄明。”麦昆的恩典，赋予他希望的——至少在他的早期——是时尚。

爱丽丝·史密斯（Alice Smith）回忆，李那时还是一位年轻的毕业生，他一有时间就会到她位于圣马丁街的办公室晃荡。“李有时会拿起《德雷柏报告》（*Draper's Record*），这是一本销售不佳的商业杂志，或至少过去的销量不尽如人意。他会浏览的页面就是‘时尚！时尚！时尚！’我们会说，‘这又不是意大利版的《时尚》。’”

福音合唱团演唱《奇异恩典》结束后，《国际先驱论坛报》（*International Herald Tribune*）的时尚编辑苏西·门克斯（Suzy Menkes）谈了谈她对麦昆的印象。“提到麦昆的传奇经历，我就会想起他的勇敢、他的鲁莽和他的想象力，”她说，“但还是让我来说说他的作品之美：他的剪裁行云流水、优雅精巧，印染的雪纺绸轻薄飘逸、柔若无骨，古怪奇异的动物和蔬菜图案让我们了解到设计师关注的焦点并不局限在时尚界，而是整个地球。”她回忆起第一次见到李的情景，那时在东区工作室里的是一位面带怒容、身材发福的年轻男子，“他正手持剪刀疯狂裁剪，地上的布料已经没过了脚踝。”后来，他控制了体重，把自己装扮成一个总体来说比较时髦的产品。有一次，时尚编辑冲向后台，庆祝麦昆举办了一场真正独一无二的时装秀，她至今还记得麦昆开心地发出“咯咯”的笑声。“他充满想象力的头脑和高超的舞台展示技巧也无法掩盖其完美无瑕的裁剪技艺以及在巴黎高级定制服装时学到的精细流畅，”她说，“毫无疑问，他是一位艺术家，恰好与布料打交道，我想麦昆自己也是这么认为，他的服装秀就是其想象大厦的非凡拱顶。总之，他的作品带有强烈的个人风格。”

门克斯曾观看了麦昆包括初期的所有服装秀，她讲述了两个人最后的一次谈话，那是在当年 1 月份，麦昆在米兰的男装秀刚刚结束。“但是骨骼很美！”麦昆说，他在努力解释为什么“剪裁的服装……壁纸和地板”看上去像是从人骨储藏室里拿出来的一样，“每个人的骨骼结构都是艺术的杰作。”当然，她不应该被最近这次“恐怖的话题”吓到，门克斯说，因为你可以“通过他非凡奇特的服装系列感知到死亡和毁灭的征兆”。在走下演讲台之前，门克斯最后引述了麦昆曾经对她说过的一些话；很奇特的是，麦昆谈到自己时，总是在用过去式，仿佛自己早已不在人间：“我的作品中表达的愤怒反映了我在生活中的沮丧与焦虑。人们看到的是我忍受生活中的我，这总是有关人类灵魂与精神的。我的作品就像是我人性特征的传记。”门克斯希望在座的人们能够通过济慈的诗歌“希腊古瓮颂”记住麦昆，“美是真，真也是美。这就是你知道，和你需要知道的一切。”但是，朋友和家人很难忘记40岁的麦昆选择的死亡方式，2010年2月11日，在他母亲葬礼的前一天，麦昆在伦敦的梅菲尔公寓自杀身亡。

莫里·阿瑟（Murray Arthur）在1996年到1998年期间曾是李的男朋友。在他听到麦昆去世的消息时，大惊失色、悲痛欲绝，甚至在整个纪念活动的过程中，也难掩其悲伤之情。“我记得那时我不能低头，”他告诉我，“我必须要不时朝上看，因为一低下头眼泪就会落下来，就会开始啜泣。”比约克（Björk）现场翻唱了美国传奇爵士女歌手比莉·哈乐黛（Billie Holliday）的《黑色星期天》。阿瑟和在座的其他宾客都难忍心中悲痛，尤其是听到歌词“星期天是绝望的，伴随着阴影我将它结束。我的心和我都相信这是它的终结”。

比约克“戴着一对羊皮纸翅膀，穿着一条灰色和棕色相间的裙子，上面饰有羽毛”，看起来仿佛是麦昆秀场上常出现的半人半鸟的混合体，一个受伤的精灵在吟唱创造性想象力中黑暗的一面。

《黑色星期天》被认为是“匈牙利自杀歌曲”，其歌词原作者是拉斯洛·亚沃尔（Laszló Javor）。歌词用诗一般的语言仿佛在诉说麦昆内心的煎熬，也表达出留在现世的人们内心的绝望；麦昆去世后，他的一些密友和亲人在阴郁的笼罩下都产生了自杀的念头。

《黑色星期天》也可被看作是麦昆对他的朋友和他早期的导师伊莎贝拉·布罗（Isabella Blow）死后的赞歌。伊莎贝拉身患抑郁症，于2007年5月服用除草剂自杀。伊莎贝拉去世后，麦昆开始想尽办法以期再次见到他的这位朋友，甚至不惜花费数百英镑在灵媒身上。“李心心念念的都是死后的生活，”阿奇·瑞德（Archie Reed）说，他1989年结识李，10年后成了他的男朋友。“我总觉得他和伊西（Issie）两人都是迫不及待地奔向死亡。”

伊莎贝拉和李之间的关系很难用一句话说清楚，一位是有着中世纪圣徒面容、出身名门的贵族，另一位是身材肥胖的东区出租车司机的儿子，他的牙齿“看上去就像史前巨石阵”，布罗这么说过。二人因为对时尚的热爱走在了一起，他们认为时尚有着化腐朽为神奇的力量，时尚能够转化并改变那些人们认为丑陋、羞涩、奇怪或是与世界格格不入的外在和思维模式。他们认为时尚绝不仅仅囿于表面。“对我来说，这种蜕变有点像是整形手术，但没有那么激烈，”麦昆在2007年曾说道，“我努力让我的服装也能达到类似效果。但基本上我改变更多的是心态，而不是身体。”然而最终时尚也没能挽救他们二人；事实上，有些人认为正是时尚让他们走向死亡。麦昆认为，伊莎贝拉“也许会说是时尚杀死了她”，但他补充道，“她也容许这样的事情发生在她身上，以任何形式。”这也许也是麦昆对自己说的话。

接下来，菲利普·崔西（Philip Treacy）带领大家颂读经文，祷告结束后，牧师杰森·伦德尔（Jason Rendell）、麦昆的侄子加利·詹姆斯·麦昆（Gary James McQueen）、亚历山大·麦昆品牌的CEO乔纳森·阿克约德（Jonathan Akeroyd）与伦敦社区福音合唱团起身，合唱昆西·琼斯（Quincy Jones）的“也许上帝要告诉你一些事情”（Maybe God Is Tryin' to Tell You Something）。朋友和家人都站起身为麦昆祈福——“愿你在另一个世界得到安息，”教士吟诵道，“心中留住美德，勿要以牙还牙”——这时，风笛手唐纳德·林赛（Donald Lindsay）独奏起《勇敢的心》的主题乐曲，他身穿麦昆格子呢，优雅地走下主道，宾客在悠扬的笛声中跟随他向教堂外走去。人群来到教堂外的台阶上，20多位身穿苏格兰格子呢短裙的乐手吹响了手中的风笛。“整个感觉像是在参加麦昆的服装秀，”安德鲁·格鲁夫斯说，“我们都在心里埋怨他，怨他挑选了这样的乐曲，让大家心潮澎湃，久久难以平复。”

麦昆对学业知识毫无兴趣，他所受过的正规教育也是少之又少，但他天生就拥有能激发并操控情感的能力。“我要做的，并不是一个鸡尾酒会，我宁可人们看了我的服装秀之后会恶心呕吐，”他曾这么说过，“我更喜欢极致的反应。”当然，大家对他的看法褒贬不一。“他就是那样的人，纪念活动可以说苦乐参半，很完美，”莎拉·杰西卡·帕克（Sarah Jessica Parker）参加完纪念活动后说。凯特·摩丝（Kate Moss）则简单明了地说，“我爱过他，”而肖恩·利尼（Shaun Leane）补充说，麦昆“根本不知道到底有多少人在乎他”。然而不可否认的是，有一部分人怪他，怨他背叛了大家，感到沮丧；而这部分人恰恰是最爱他的人。“他就是那个人，他做什么事我都会原谅，”安纳贝尔·尼尔森（Annabelle Neilson）说，她和麦昆的几个朋友一起筹划了这次纪念活动。“也许你更愿意原谅那些不好相处的人。”正如麦昆自己所说，他就是“一个浪漫的精神分裂症患者”，这种性格常让他的内心非常挣扎。

获取创造力对麦昆来说从来不是难事——他说他可以在两天之内筹划好一个系列的服装——因为他把无羁无绊的、最原始的自己作为设计的蓝本。“我的时装系列都是自传性质的，”在 2002 年他曾这么说过，“很多都与我的性取向以及与自身的沟通相关——就像在时装里驱除我的妖魔。我的时装里有我的童年、我对生活的看法以及我被灌输的对生活的看法。”《纽约客》（*New Yorker*）杂志朱迪斯·瑟曼（Judith Thurman）评论说，“麦昆的作品可以被解读为一种忏悔的诗歌。”在同一篇文章中，瑟曼还说道：“儿童医生经常以玩娃娃的游戏方式让孩子们讲出他们的故事和感受，同样地，时尚的游戏给予麦昆一种抒发的途径。”

麦昆的生命中充满了神秘的民间故事或神话传说，他的一生就是在讲述一位工人阶级出身、长相奇特的羞涩男孩运用他令人畏惧的想象力成为了时尚界超级巨星的故事——在他 40 岁去世时，已经拥有了价值 2 亿英镑的财产——但是在成功的路上，他也失去了一部分纯真的性情。正如一位评论员所说，麦昆的一生就是一个“现代版的神话故事，杂糅着希腊悲剧的阴郁”。在麦昆身后“天使与魔鬼”（Angels and Demons）系列中有一件“由烫金羽毛制作的”精致外套，参考了格林林·吉本斯（Grinling Gibbons）在圣保罗大教堂的雕刻奇迹以及伊卡洛斯因距离太阳过近、羽翼融化坠亡的神话故事。从儿时站在家后面塔楼顶上观看的猎鹰，到受 M. C. 埃舍尔（M. C.Escher）插画和希区柯克（Hitchcock）电影启发制作的 1995 年春夏系列“鸟”中美丽的燕子印染图案，鸟在麦昆短暂的生命中飞来又飞去。在希尔斯（Hilles）庄园麦昆学会训练鹰、茶隼和猎鹰，并将它们运用到自己的设计中，希尔斯庄园是伊西和他的丈夫迪特马·布罗（Detmar Blow）在格鲁斯特郡（Gloucestershire）

的乡下别墅。"他就是一只飞鸟，我想，他能让服装自由飞舞，"伊莎贝拉曾这样提到她的朋友麦昆。

其他人进一步发挥了这个比喻。"他的举止就像一只鸟，焦躁而紧张，很少与别人眼神交流，"记者瓦西·张伯伦（Vassi Chamberlain）说。麦昆容易烦躁不安，有时看上去像患了注意力缺失症——他去国外度假，很昂贵的那种，但却常常提早回来，还抱怨被限制在一个地方，不舒服，好像他自己是一只鸟或野生动物一样。麦昆最富有挑战性的工作是在时装方面挖掘了混合体和变异的概念，以及缠绕在我们的 DNA 中丝丝缕缕的原始与野蛮状态。他最喜欢的书是马奎斯·德·萨德侯爵（Marquis de Sade）的《索多玛的 120 天》（*The One Hundred and Twenty Days of Sodom*）和帕特里克·聚斯金德（Patrick Suskind）的《香水》（*Perfume*），这两部作品都揭示了人类生存中的罪过与黑暗面。他向看似肤浅的时尚界注入了弗洛伊德的经典概念：梦与幻觉，图腾与禁忌，本我与自我，文明与缺憾。"我不喜欢走在大街上的那些正常人，"他说，"我的想法有时比较离经叛道。"他把堕落和反叛变为真实并呈现于大家眼前，却把自己阴郁的想法包裹在精美的布料中，而后重新建构在优雅裁剪的服装中，尽管不断有来自各方对他有关厌女癖的指控，但他的设计还是将女性修饰得美丽而极富魄力。"如果一个女人穿着麦昆设计的服装，那么服装中浸透的某种刚强会让她看起来很有力量，"他说，"可以抵挡任何人。"

这本书要为大家讲述麦昆童话故事般曲折的一生，从他在伦敦东区艰难的孩童时期一直到纸醉金迷的时尚圈。那些和麦昆最近的人——他的家人、朋友和爱人——首度讲述他们熟悉的麦昆，一位支离破碎、毫无安全感的迷失男孩靠自身努力闯入了梦想中的世界，也最终被这个世界吞噬。

“每一寸肌肤之下都有血液在流动，”麦昆曾这么说过。这本传记旨在挖掘麦昆蕴藏在肌肤之下的源创作力，显现给世人其阴郁的作品与其愈加黑暗的生活之间的联系。在麦昆去世的六年前，一位观察员这么说：“麦昆与任何人心目中的那个他都截然不同，他本身就是一件自己孕育出的伤痕艺术品。”

第一章

“一段充满凶残与邪恶行径的历史”

乔伊斯·麦昆

Joyce McQueen

1969年3月17日，李·亚历山大·麦昆出生在伦敦东南部的刘易舍姆医院（Lewisham Hospital），当时他只有5磅10盎司重。医生告诉他的妈妈乔伊斯（Joyce），由于李的体重过轻，需要在恒温箱里待上一段时间。但是，很快妈妈就开始给李哺乳了，并把他带回了自己拥挤的家。他们住在森林谷山庄威耐尔大道西弗德路43号。托尼（Tony）是乔伊斯和罗恩（Ron）的儿子之一，他告诉我们："爸爸妈妈总是说六个孩子里，李是唯一一个他们努力争取来的"，然而这个最小儿子的诞生丝毫没有缓解麦昆家里的紧张气氛。

"1969年，我妈妈生李的那年，我爸爸精神崩溃了，"李的哥哥迈克尔·麦昆（Michael McQueen）说道，"他工作太辛苦了。他是卡车司机，为了六个孩子，每天长时间工作，真的太长时间了。"哥哥托尼回忆，那年他14岁，有一天，他感到父亲异常的安静。"他整整一周都在工作，几乎没有回家，"托尼说，"妈妈找了个人，把爸爸送进了疯人院。那段时间对我们来说真的很难熬。"乔伊斯在一份未出版的家庭手稿中记录下她的丈夫在寇斯顿竹山疯人院（Cane Hill Hospital）只待了三周，但是按照托尼的说法："爸爸当时精神崩溃了，他在精神病院待了两年。"

竹山疯人院是一所典型的维多利亚式的精神病院。在公众心中，这是座巨大的、布局凌乱的精神病院。它由查尔斯·亨利·豪厄尔（Charles Henry Howell）设计，过去叫萨里县第三贫民疯人院（the Third Surrey County Pauper Lunatic Asylum），这么叫是因为当时县里其他两个病院，斯普灵菲尔德（Springfield）和布鲁克伍德（Brookwood）已经人满为患了。“竹山疯人院是那个年代典型的精神病院，为不同的病人提供专门的看护病房，一楼是公共休息室，二楼和三楼大多是宿舍和单人病房。”一位历史学家写道，“病情严重的病人被关在单人病房，而那些情绪温和的病人可以到一楼通风的地方散步……直到 20 世纪 60 年代，这所医院才有了一点改进。”该医院之前的病人有查理·卓别林（Charlie Chaplin）的妈妈，汉娜（Hannah），以及迈克尔·凯恩（Michael Caine）和大卫·鲍威（David Bowie）同父异母的兄弟，鲍威还把这所精神病院行政区域的图片作为他 1970 年发行专辑《那个出卖世界的人》（*The Man Who Sold the World*）的封面。

李·麦昆对疯人院这个主题很着迷——在他的很多作品里都能看到疯人院的插图，尤其是在《沃斯》（*Voss*）（2001 年春夏系列）中——那时他还痴迷于竹山附近阡陌纵横的地下隧道。这么多年来，有关那些隧道的传闻众说纷纭，有的说那些砖块铺就的隧道其实是停尸间，有的说是秘密的医疗实验基地，还有人说是原子弹的防空洞。然而事实并没有传言那么玄乎——这些隧道实际上是第二次世界大战时期的防空洞，后来被一家公司接管，用来生产望远镜——这些地下纵横交错的幽暗小隔间“不知什么原因逐渐和疯人院联系在了一起，在种种迷信氛围的环绕下，就连锈迹斑斑的机器也变得诡异起来”。

竹山疯人院关闭多年以后，一对在附近散步的夫妇偶然在园亭里发现了一捆泛黄的纸，那是一部分问卷，如果罗纳德·麦昆（Ronald McQueen）当时还是那里的病人，应该填过这份问卷。问卷上有51个问题，要求病人们回答“是”或“否”，这些问题如果在事后让李来作答的话，答案也会大同小异的。“我的生活偏离了正常的轨道”“有时候我觉得我似乎总要伤害自己或是别人”“我有时候会很愤怒”“我常常不能理解为什么自己总是臭脾气、爱抱怨”“我有时候会觉得难题一个接着一个，问题越积越多，压得我喘不过气来”“有人总是和我过不去”“我无法相信任何人”“有时我会有一种强烈的冲动去做伤害别人或让人吃惊的事”。

我们很难得知罗纳德的精神疾病对李——他最小的儿子的具体影响。也许精神治疗师能够把后来李的精神问题与他父亲的疾病建立起联系。麦昆能否想到自己会有精神上的问题，是否意识到他精神上的问题与他的出生有关呢？由于自己的原因使父亲住进了精神病房，李的潜意识里是否感到一丝内疚呢？毋庸置疑的是，乔伊斯在李的身上倾注了大量的爱，既是出于爱护自己的襁褓婴儿，也是抚慰自己的内心，母子俩的感情日益深厚。麦昆小时候有一头漂亮的金色卷发，照片上的他看起来就像个小天使。“妈妈对他特别宠爱，而爸爸却不是；把他养大不易，他被惯得有点粗鲁无礼，”迈克尔·麦昆说。

李还不到一岁的时候，全家从伦敦南部搬到了东部码头附近斯特拉特福德（Stratford）一所三层的廉租房（Council House）里。“一个住惯了伦敦东部的人很难适应南部的生活，”麦昆的姐姐珍妮特（Janet）说道，“正如人们说的不要随便移动一棵老树。那时家里人提出要搬家，我们当时都认为终于有机会离开这个地方——搬去一所新房子了。”这所新住宅是带露台的砖房，位于比格斯塔夫（Biggerstaff）大街11号，尽管有四间卧室，但对整个家庭来说还是很拥挤。

“我们三个男孩睡在一张床上，”托尼·麦昆说道，“妈妈会问，‘你喜欢睡哪一头？’我会说，‘浅的那头；李总是尿床。’”从麦昆家的照片可以看出，这是一处典型现代工薪阶层的房子：带图案装饰的地毯，木扶手的花色沙发，贴着壁纸的墙面，还有镶着金框的康斯坦布尔（Constable）的临摹画作。在房子的后面有一个小花园，花园里有一处鱼塘，花园尽头是一扇白色的大门，通往塔楼前的一片公共绿地。

罗恩的精神状态根本无法允许他工作，家里的经济变得紧张起来。为了贴补家用，珍妮特15岁就辍学了，她在伦敦塔桥附近的一家蛋粉进口公司找了份工作。她的弟弟托尼回忆起当时家里生活的艰辛。“妈妈会给我坐公交车的钱去姐姐那里拿她当天的工钱，然后再交给妈妈，和她一起去买当天生活所需的用品，”他说，“母亲也不得不工作，她早上或晚上出去给别人打扫卫生。”

后来罗恩从竹山疯人院回到斯特拉特福德的家，为了能在适合他的时间工作，他接受培训成为了一名伦敦出租车司机。用乔伊斯的话说，“他用强大的意志力让自己逐步恢复正常”。他又开始钓鱼，打斯诺克，能够挣一些钱。20世纪80年代的英国，像麦昆那样普通家庭的生活是艰难的。1974年，英国经历两次大选，经济不景气，社会动荡不堪。停电在日常生活中司空见惯（当时要求商业用电每周只有三天），街道上垃圾堆积如山，数周无人清理，失业人数直线上升，首次达到了 100 万人（1978 年达到了 150 万人）。

即便如此，职业道德还是深深植根于麦昆家人的心中——罗恩最终在 1982 年向政府买下了他们居住的廉租房——他希望他的孩子们都有稳定而可靠的工作，比如：水暖工、电工、泥瓦匠或者出租车司机。麦昆家的家教是严格的，几乎严格到维多利亚时期的管教方式。父亲一旦发现孩子在“做白日梦”，就会把他们拉回到现实来，不停地给他们泼凉水。“没人听我们的想法，爸爸只是看管着我们，”李的姐姐雅基（Jacqui）说。托尼 14 岁时就和父亲开着卡车几乎走遍了整个国家。“所以我基本上没受过什么教育，”他说，“那就是我和迈克尔的童年。”托尼离开学校做了泥瓦匠，迈克尔和他的父亲一样当了出租车司机。他们都是工人家庭的孩子，父亲认为任何脱离这个根本的愿望都会给他们带来不幸和失望，更是对这种根源的背叛。在家里，任何形式的创造力都被认为是在浪费时间，因而受到排斥；梦想当然很美好，但它不能填饱肚子。

就是在这样的家庭里，敏感、聪慧、充满想象力的李诞生了。从很小的时候，这个有着天使般面容的男孩似乎就追求得更多，他发现自己可以通过衣服来表达自己的内心。三岁那年，他拿起姐姐房间的蜡笔在墙上画了个灰姑娘，“纤细的腰身，拖地的长袍”。“当我看到他画在墙上的灰姑娘时，我觉得那太迷人了，”他的朋友爱丽丝·史密斯（Alice Smith）说，她常常去李在比格斯塔夫的家做客。“我记得他还告诉我在他很小的时候，有一次妈妈要带他去公园，给他穿了一条长裤和一件带帽厚夹克。他对妈妈说，‘妈妈，我不能穿成这样出去。’妈妈问他为什么，他回答，‘这样穿不搭配。’”后来，姐姐们开始问他每天上班应该穿什么衣服，就这样麦昆成了她们的“日常服装顾问”。“我很早就爱关注人们的穿衣风格，我对他们通过服装所要表达的内容很感兴趣，”他说。

家里顶楼的卧室朝向隆德市的尖顶塔楼（Lund Point）——露台后一座23层的塔楼，李三四岁的时候有一次在屋里玩，他自己爬上窗户下面的一个小软凳，把窗户打开了。正当他要爬出窗外时，姐姐珍妮特走了进来。“窗户没有防护栏，他正站在凳子上向外伸，”她说，“我对自己说，‘不要叫。’我悄悄地走到他的后面，一把抓住了他。我好像说了他，因为他这样很容易掉下去。”大家都说他是一个活泼、淘气的小男孩。他会偷拿妈妈的假牙放进自己的嘴里博人一笑，或者把橘子皮切成锯齿状放到嘴里来当作假牙。他还会把妈妈的长筒袜套在头上去吓唬别人。他和姐姐们一起去当地游泳俱乐部参加花样游泳比赛。“你总能听到我们的教练，森德（Sid），大喊‘李——李·麦昆在哪儿呢？’他会在水里看着我们，”雅基说，“有时，他会穿上一条草裙，突然跳进水里。他总是那么好玩儿。”有一天，他在做直体后空翻入水时，磕到了游泳池边上，碰到了颧骨，这个小意外在他的脸上留下了一个小小的肿块。

李和乔伊斯去世了，乔伊斯身后留下了一本本珍贵的相册。每次看到相片中忽闪着明亮的眼睛、表情滑稽的小男孩，家人们的心中都无比悲痛。有张照片上，李头上缠着纱布，右脚上裹着绷带，左眼涂得黑黑的，假装被打青了，一手拿着拐杖，另一只手里拿着一盒巧克力；脖子上挂着一个牌子，上面写着“牛奶巧克力引发的血案”（All Because the Lady Loved Milk Tray）。还有很多在露营比赛中拍摄的类似照片：一张是他在庞汀斯（Pontin's）手捧奖杯。还有一张，李也就三岁左右，留着偏分，金发从一侧垂坠下来，他正在和一个年龄差不多大的小女孩跳舞，自己正咧着嘴开心地笑。另一张，他被一个穿着熊猫套装的男人抱在怀里，一副很享受的样子。还有一张，可能是上初中时拍的，照片中他看上去有点不自然，微微笑着，小心地闭着嘴，努力不让别人看到他不整齐的牙齿。“他后来一直很在意他的牙齿，”托尼说。彼特·鲍斯（Peter Bowes）是李的同学，从五岁时就认识李，他回忆道，“我记得在他很小的时候有一次不小心磕掉了乳牙，其他的牙齿也撞歪了。可能是因为这样，大家都嘲笑他的龅牙，捉弄他，叫他‘笨蛋’之类的。”

李从小就知道他和其他男孩不太一样，但是他又不太确定这种骨子里的不同到底从何而来。李外表看起来很坚韧，但内心极度脆弱，他的母亲了解自己这个小儿子的特别之处，所以尽可能地保护他。“他只是个来自东区的普通小孩，胖胖的身体，磕坏的牙齿，实在没有什么能够惹人注意的地方，但是他有他的独特之处，他的天赋，乔伊斯对这一点深信不疑，”爱丽丝·史密斯说，“李有一次告诉我，说妈妈曾对他说‘想做什么就去做吧’。妈妈宠爱他；他们之间的关系很特殊，两个人互相欣赏宠爱对方。”

小时候，母亲常铺开一个饰有精致徽章的八尺长卷轴，李总会在一旁好奇地看着。李的母亲酷爱系谱学——后来她在坎宁镇（Canning

Town）的成人教育中心教授这门课程——她能够指出家谱上逝去很久的先人的名字并讲出他们的故事，有一次还告诉李她怀疑麦昆家族可能起源于斯凯岛（Isle of Skye）。这让李对那座小岛的哥特式历史和那片祖先们居住的地方愈发着迷。2007 年的一个假日，李和姐姐珍妮特第一次去了位于吉尔缪尔（Kilmuir）的一片小墓地——雅克比派的女英雄弗洛拉·麦克唐纳（Flora MacDonald）最后安息的地方——看到了一座刻着亚历山大·麦昆名字的墓碑；2010 年 5 月，设计师麦昆的遗体火葬后也埋在了这块墓地里。

乔伊斯花了很多年研究家谱，但最终没能找到可靠的证据证明她丈夫麦昆的祖先生活在斯凯岛。就像李生命中的很多事情一样，那些理想浪漫的想法总是比现实要迷人。听着妈妈讲述苏格兰历史上的残酷传说，想象着他的祖先们在那片英殖民地上经历的种种苦难，在李的心中与那片土地上的人们逐渐建立了跨越世纪的血缘联系。李的男友莫里·亚瑟（Murray Arthur）来自英国北部与苏格兰交界处，这一点对李产生了不小的吸引。“李对苏格兰特别着迷，知道我是苏格兰人，他更是开心得不行。”亚瑟说道。李对苏格兰的感情日益强烈——1995 的《高原强暴》（*Highland Rape*）和 2006 年的《卡洛登寡妇》（*Willows of Culloden*）这两个系列的灵感就源于他对苏格兰的热爱——2004 年的一天，母亲问麦昆，苏格兰的祖籍对他有什么意义，他回答“一切”。

乔伊斯的丈夫让她找出麦昆家族的起源，她的丈夫问：“你好好查一查，我们到底是爱尔兰人还是苏格兰人？”自此，乔伊斯探索家族历史的工作开始了。1992 年，她将收集到的资料整理成一份手稿，记录了麦昆的家族起源历史。“研究家族历史很有趣，但更重要的是，这能带给我们一种归属感，让我们了解，我们是怎样一步一步走到今天的，”乔伊斯写道。对于李来说，这尤其重要。这使李能够了解历史，在历史中探寻他想象的空间。

乔伊斯指出，在斯凯岛第一次出现麦昆这个姓氏的记录是在 14 世纪约翰·麦克劳德（John Macleod）统治时期。麦克劳德是邓韦根城堡（Dunvegan Castle）的主人，后来李参观了这个地方。麦克劳德“是一个凶残恶毒的人，他得知自己的两个女儿想要嫁给罗阿格（Roag）的麦昆两兄弟，竟把女儿活埋了”，乔伊斯写道，“麦昆两兄弟也被鞭打致死，抛尸于悬崖之上。”另一个被麦昆夫人挖掘出来并讲给儿子听的故事是关于另一位假定的祖先——邓肯·麦昆（Duncan McQueen）。1742 年，邓肯和他的朋友安格斯·布坎南（Angus Buchanan）在里格（Rigg）劫持并杀害了一位商人。后来，二人被捕，对罪行供认不讳，被处以绞刑。乔伊斯记录道，“斯凯岛的历史充斥着凶残与暴行。”

在乔伊斯记录麦昆家族历史的小册子里有一张复制的草图，图上是两个“苏格兰高地的农民”，他们的穿着与“出土的 18 世纪早期的人类骨骸身着的衣服”类似。乔伊斯的手稿中贯穿着李对历史上不同时期服饰的详细描绘，这表明了他对历史和时尚水乳交融般的热爱。比如：有一部分记录盖洛格朗斯（Gallowglass）族（或部落），这个部族是挪威人（Norse）和皮克特人（Pict）通婚形成，曾在 13 世纪中期侵略过爱尔兰。乔伊斯描述到，这些“外国的年轻战士身材高大，作战凶悍勇猛”，身着“齐膝的盔甲，手握战斧”。乔伊斯，继而李，了解到麦昆部族据

"格蕾丝把家打理得井井有条，把孩子们收拾得干干净净，但却失去了与子女进行情感交流的时间，"

李的母亲乔伊斯说。

▵ 李的祖父母塞穆尔和麦昆·格蕾丝。

▵ 1953 年 10 月 10 日，李的父母罗恩和乔伊斯 · 麦昆结婚当日。他们生养了 6 个子女：珍妮特、托尼、迈克尔、特雷西、雅基和出生于 1969 年 3 月的李 · 亚历山大。

▵ 福里斯特希尔区外奈尔路史福德街 43 号现在的样子。

▿ 李出生不久，麦昆全家就从伦敦南区搬去了位于斯特拉特福德区比格斯塔夫路 11 号的廉租房。

▵ 李在 6 岁时就知道自己是一个同性恋。在庞廷的一次家庭假期中，李在“庞廷王子”的比赛中胜出。但他希望得第二名的男孩赢，“因为我喜欢他！”

“年轻时，我总与成年人在一起，但他们中的一些人却伤害我，”他曾经这么说，“当然我也从中懂得了很多。比如我可以把丑陋卑贱的事物打造得美好高贵。”

▿ 李的童年时期有很多难以启齿的痛苦经历，这些秘密成为他一生都无法摆脱的阴影。

▹ 李和他在伦敦东区洛克比综合男校的同学们。李当时的外号是“娘儿们”或“同志娘儿们”。

▵ 李如今要在伦敦和巴黎之间飞来飞去，但他却没有学习法语的想法。“我记得有一次和他在试衣部，他让裁剪师‘纪梵希工作室’把肩部收一点，‘四季豆’，像‘小豆子，一点点’，一个朋友说。”

说是挪威人的后裔，以及该部族是如何侵略爱尔兰和苏格兰西部岛屿的。“斯温（Swean, Sweyn）明显是个挪威名字，在麦昆家族早期历史中叫作瑞文（Ravan），”乔伊斯写道，“挪威语中的瑞文或者瑞凡（Refan）是指一种黑色乌鸦，同时也是丹麦人的象征。”（后来，麦昆将乌鸦的元素收录在他的作品当中，如：《折中的解剖》和《丰饶角》（*The Horn of Plenty*）。）据说，当时有一位领主统治斯凯岛的斯奈泽特湾（Snizort）一带，这些麦昆的先辈们就在那里生活，而最早的盖洛格朗斯部族成员的雕像就是在那里被发现的。

李的母亲在记录麦昆家族历史时曾提到斯基波斯特岛（Skeabost Island）上埋葬着一些无名骑士，李很可能对这些骑士心存怜惜。母亲的小册子里描绘过其中一座雕像，它位于一座废弃教堂的西南角，戴着活动头盔，穿着条格图案的盔甲和齐膝的夹棉外套，手持三英尺长的大砍刀，矗立在一块凹陷的嵌板上，远看好似一块“淡蓝色的岩石”。

麦昆认为，苏格兰历史上的詹姆斯党叛乱（Jacobite rebellion）和1746年的卡洛登战役（The Battle of Culloden）都与他的祖先有关。这两个事件一直萦绕在麦昆的脑海中，为他带来源源不断的灵感。正如他母亲告诉他的，在斯凯岛上的麦昆先辈们与其他的小部落联合起来组成了查顿部族（Clan Chattan），在首领麦金托什（Mackintosh）的领导下保卫家人。但是到了1528年，根据乔伊斯的记录，“詹姆斯五世（James V）授命他同父异母的哥哥莫瑞伯爵（James Earl of Moray）去惩罚纷争不断的查顿部族，要求‘彻底消灭和摧毁这个部族’，对其支持者一个不留，仅有神父、女人和孩子可免于剿伐，被运到欧洲西北沿海地区

(Low Countries) 或者挪威。”尽管这项命令没有被彻底执行，但这个部族还是不可避免地被遣散了。“卡洛登战役之后，斯凯岛上的查顿族人经受了更大的损失。‘那些在战役中幸存的族人被捕入狱，遭受了巨大的折磨。’”乔伊斯说，“他们有的被押送到南部边境投入监狱，有的被运送到其他国家。在押送途中，很多人在到达目的地之前就死于疾病或是伤口感染。一些人从利物浦（Liverpool）被押送到了美国的弗吉尼亚（Virginias），另一些被运送到了伦敦塔（the Tower of London）、新门监狱（Newgate prison）和埃塞克斯（Essex）的蒂尔伯里城堡（Tilbury Fort）。”当然，也有一些请求宽恕并发誓效忠国王的族人被释放了。

乔伊斯一直没能理清斯凯岛上的麦昆家族与她丈夫的祖先的关系，但她确信她的先辈们曾遭受过暴力、贫穷和分裂的洗礼，这三重痛苦在接下来的几个世纪里一直影响着这个氏族。关于李的祖先的事情，乔伊斯给他讲得越多，他就越能认同这些勇于将自己置身事外反抗体制的人。李还对他的中间名——亚历山大——的来历特别好奇，后来了解到这个中间名源于同为石匠的三兄弟——亚历山大·麦昆（Alexander McQueen）、约翰·麦昆（John McQueen）和威廉·麦昆（William McQueen）。19 世纪初，这三个人居住在伦敦东部圣约翰地区，后来亚历山大这个中间名就一直留传至他现在的家族。

1806 年，三兄弟中的老大——亚历山大，与一位有着胡格诺派（Huguenot）血统的女人莎拉·维拉斯（Sarah Vallas）结婚。这个女人的家族历史深深吸引了李。母亲告诉他，“胡格诺派原来是法国的新教徒，南特赦令（Edict of Nantes）废除后，为了躲避政治迫害，离开了法国。

他们大多数人居住在斯毕塔菲尔兹（Spitalfield），白天在阁楼里纺织丝绸，靠唯一的大窗户采光。”亚历山大和莎拉后来有了五个孩子，其中一个起名为亚历山大，此人引起了乔伊斯和李的浓厚兴趣。1851 年的人口普查中，这个小亚历山大说自己是一个垫子制造商，与他的妻子安（Ann）和女儿艾伦（Ellen）一起生活。“严格说来，这样说并不准确，”乔伊斯写道，“亚历山大一直没有和西摩·安（Seymour Ann）结婚，直到他们的女儿年满 18 岁。”十年后，这对夫妻在多赛特大街（Dorset Street）28-29 号买到了一处房子。但照乔伊斯所说，“这条街道在当地是声名狼藉，很少有人敢在这里闲逛，害怕被抢劫或袭击。”这里被称作“伦敦最恐怖的街道”，道路两旁潮湿廉价的出租屋总是让人联想到开膛手杰克（Jack the Ripper），这个身份不明的连环杀人犯在 1888 年伦敦东区至少杀害了五名女子。乔伊斯说，“我们的先人就在这样的环境里生活着，我们不能想象在这些可怕的谋杀案发生的日子里，他们是怎样的惶恐不安。”

1888 年 11 月 9 日，25 岁的妓女玛丽·简·凯莉（Mary Jane Kelly）的尸体在多赛特大街 26 号后面的米勒庭院 13 号（13 Millers Court）被发现，她被认为是开膛手杰克最后的一名受害者。外科医生托马斯·邦德博士（Dr Thomas Bond）对凯莉进行了尸检，后来从卧室的窗口跳下自杀了。他的报告描述了这个女人被残杀肢解的恐怖方式。“整个腹部和大腿表皮被割下，腹腔中的内脏被掏空。”他记录道，“她的乳房被割掉了，胳膊被锯得支离破碎，面部被劈得血肉模糊……内脏被扔得到处都是……子宫、肾脏和一只乳房在头下面，另一只乳房在右脚边，肝脏在两脚之间，脾脏和肠子分别散落在尸体的左右两侧。从腹部和大腿上割下的肉皮被扔在了桌子上。”这些令人毛骨悚然的细节吸引了李的注意力并给予他灵感，之后，在圣马丁艺术学院学习时装时，李就以开膛手杰克作为他毕业设计的选题。

悲剧和恐怖事件似乎接二连三地出现在麦昆家族的历史上。1841年，住在利德贺街（Leadenhall Street）阳光庭院（Sun Court）的两岁的小女孩莎拉·麦昆（Sara McQueen）在一次意外中被严重烫伤，后不治身亡。40年后，即1880年，在多赛特大街长大的亚历山大·麦昆的女儿艾伦与她两岁的女儿克莱拉（Clara）以及二表哥威廉·麦昆居住在伦敦东部的霍斯顿区（Hoxton）。一天，艾伦在洗衣服，女儿克莱拉在她的旁边玩，但是“她离开孩子一小会儿，回来发现克莱拉掉进洗衣盆的肥皂水里溺亡了”，乔伊斯写道，后补充说，很难想象在如此贫困的状态下人们是如何生存的。乔伊斯查阅相关资料，资料中的记录显示，19世纪中叶，先后有12位麦昆家族的人居住在毕晓普斯门区（Bishopsgate）贝克斯庭院6号（6 Bakers Court）。后来，因为要修建利物浦大街站（Liverpool Street Station），该居住区被拆除了。“这些人的生活条件一定是难以忍受的。全家都要挤在一个房间里，幸运的话，也只有两个房间，”乔伊斯写道。当然，住的地方没有热水供应，乔伊斯补充说，“那时人们只能用火烧水做饭，点蜡烛或油灯来照明……如果生病了，穷人只能到贫民收容所（Poor House）去看病。”

为了拼凑起麦昆的家族历史，乔伊斯去了很多藏书馆，花费大量时间查找资料，其中包括：分别位于伦敦彰思礼法庭街（Chancery Lane）、克勒肯维尔区（Clerkenwell）和基尤（Kew）的档案局以及系谱专家协会（the Society of Genealogists）和市政图书馆（the Guildall Library）。每天查阅资料数小时后，乔伊斯都会回到位于比格斯塔夫路的家里，给家人讲她的发现。乔伊斯就这样日日讲、月月讲，李感到母亲讲的一切似乎都那么真实，仿佛自己能嗅到麦昆先辈的气息。在很多年前已经去世的祖先当中，都有哪些人用过亚历山大·麦昆的名字？从母亲的讲述中，李知道了另一个亚历山大·麦昆的故事。这位亚历山大·麦昆是一位石匠，出生于1847年，娶了一位名叫简·丽特（Jane Little）的姑娘。这位姑娘来自爱尔兰科克郡（County Cork ），爱尔兰马铃薯大饥荒后，她的父亲带着一家人来到了英国。亚历山大和简有6个孩子，其中3个女儿萝丝（Rose）、大简（Jane）和小简（another Jane）都夭亡了。亚历山大据说是一位身材魁梧的男子，他靠向衬裙街（Petticoat Lane）上的摊贩们收钱来赚取营生，而简靠洗衣服来维持生计。一直到1920年亚历山大去世之前，他一直住在英格兰东部圣乔治行政区（St George）的威廉大街5号（5 William Street），靠铺路为生。"如果亚历山大的独子没有活下来，很可能就不会有今天的我们，这点也许真该好好琢磨琢磨，"乔伊斯写道。

这个独子就是李的曾祖父，1875年出生在斯毕塔菲尔兹，尽管参加了慈善学校或主日学校，他仍然不会书写，可以说是"家族中的黑马"，乔伊斯这么说。20岁时，这个亚历山大成了一位泥瓦匠。1897年，他与安妮·格雷（Annie Gray）在斯特普尼区（Stepney）戈丁大街（Golding Street）的圣约翰教堂结婚——"两个人都不会拼写自己的名字，只好画了个十字代替，”乔伊斯写道。1907 年，亚历山大从一个很高的梯子上掉了下来摔断了腿，不得不放弃了当时的工作，转而当了车夫，在码头运货。“像其他成千上万的女人一样，安妮整日里就是洗衣服晾衣服，晾洗的衣服挂满房间和走廊。”乔伊斯写道，从她的亲友那里得知，安妮洗衣服就像一名木屐舞者一样，动作纯熟且姿态优美。安妮是个高大的女人，亚历山大是个矮个子黑头发的男人，他们至少生了 12 个孩子，但日子过得并不怎么幸福。“据说，安妮的丈夫一喝完酒就对她拳打脚踢，在那段时期，这成了司空见惯的事情，”乔伊斯写道，“她还目睹过一桩发生在凯布尔大街（Cable Street）上的命案，一位水手被人捅死。”她的三个孩子还在婴儿时就夭折了；儿子瓦尔特·塞缪尔（Walter Samuel）在敦刻尔克（Dunkirk）受伤了，回家后不久就死了；另一个儿子亨利（Henry）在玩斯诺克台球时，被木刺扎伤了手指，在 28 岁时死于败血症。

亚历山大和安妮的二儿子塞缪尔·弗雷德里克（Samuel Frederick），也就是李的祖父，1907 年 12 月 24 日出生在东部的圣乔治区，长大后成为了一名码头工人，同时也在女装裁缝店里当熨烫工。他后来把这个手艺传给了他的女儿艾琳（Irene）或是蕾妮（Renee），以及他的孙子李。1926 年 11 月，当时住在克雷林大街（Crellin Street）5 号的亚历山大娶了 19 岁的格蕾丝·伊莉莎白·史密斯（Grace Elizabeth Smith）。李的奶奶格蕾丝在伦敦城内的一个报刊亭工作，她是伊莉莎白·玛丽·史密斯（Elizabeth Mary Smith）和欧内斯特·埃德蒙·金肯斯（Ernest Edmund Jenkins）的私生女，艰辛的生活铸就了她坚毅的性格。“格蕾丝是一位要求严格且态度强硬的母亲，她对自己的继父毫无感情，这一切都可能源于她儿时的艰苦生活，她决心要做生活的强者。”乔伊斯写道。

1940 年 5 月，塞缪尔志愿加入了皇家工程队，不久又被召进了拆弹部队。“我想他是厌烦了那儿的生活，在她（格蕾丝）不知道的情况下进了军队，”李的哥哥迈克尔·麦昆说。1941 年 7 月到 1942 年 9 月间，塞缪尔在冰岛工作，“在美国占领这儿之前，他一直从事船只维护工作，”乔伊斯写道。在丈夫出外打仗期间，格蕾丝独自一人担负起了抚养孩子的重任——“他们只是单纯地被喂养，”李后来说。“格蕾丝把这个家打扫得一尘不染，把孩子们收拾得干干净净，但她却几乎失去了与孩子们进行情感交流的时间。”乔伊斯写道。

一天，一颗炮弹击中了格蕾丝在东区的房子，她和她十几岁的女儿小格蕾丝被埋在一堆瓦砾之中。当人们把格蕾丝从废墟中救出时，她看到“自己的耳朵被炸裂开，其中一部分就垂在那里，需要缝合”，乔伊斯写道。1944 年，塞缪尔因身体原因离开军队。从战场上回来后，他与格蕾丝的婚姻进一步恶化了。8 个孩子在充斥着家庭暴力的环境中长大。“我妈妈告诉我，爷爷是一个非常冷酷的人，是一个酒鬼。”雅基说。格蕾丝在迈克尔的记忆中是位疯疯癫癫的“麦昆奶奶”。李在一次采访中直言不讳地谈起了他父亲的背景：“他自己没有称职的父母。父亲是个酒鬼，母亲也好不到哪儿去。”格蕾丝 60 岁左右的时候，她的婚姻最终走到了尽头。格蕾丝获得了合法分居权，一个人搬到了阿比伍德（Abbey Wood）的一所公寓中生活。

格蕾丝与塞缪尔的长子罗纳德·塞缪尔（Ronald Samuel）——李

的父亲——1933 年 4 月 19 日出生在雷恩大街（Raine Street）3 号，后来跟着父母先后搬到沃平（Wapping）、圣约翰山（St John's Hill）和阿提抽克山（Artichoke Hill）等地，多次迁居。罗纳德进入了斯特普尼区的基督街学校（Christian Street School）学习，和父亲工作的裁缝店在一条街道上。罗纳德和他的兄弟姐妹从小就受到天主教的熏陶，经常去塔山（Tower Hill）的圣帕特里克教堂（St Patrick's Church）做礼拜，罗恩（Ron）一度还在那里担任圣坛侍童。第二次世界大战期间，罗纳德逃到了牛顿阿伯特（Newton Abbot），被伊斯特布鲁克（Easterbrook）家收留；罗纳德对自己在德文郡（Devon）的生活非常留恋，后来他谈起伊斯特布鲁克太太，说"我越来越离不开她"。毫无疑问，罗纳德已经把她视作了自己的母亲：善良、温柔、细心。回到他的亲生父母塞缪尔和格蕾丝的身边一定让他伤透了心。"奶奶（格蕾丝）太厉害了，"托尼·麦昆说。"我觉得她对所有的孩子都太严苛了，听说有一次她还用牛奶瓶打过父亲的头。父亲的成长太艰苦了，小时候的生活让他变成现在这个样子。"雅基说，罗恩"后来担起了养家的重任。他同时打三份工，家里人都靠他，妈妈还拿他撒气"。

离开学校后，罗纳德在奥尔德盖德（Aldgate）的英国公路服务站（British Road Service depot）工作，负责照看两匹马：比尔和黛西，让它们随时准备好干活——"战后，马仍被作为一种运输方式，用来运煤或者送奶，"乔伊斯写道。这些牲畜已经非常熟悉罗纳德的脚步声，每当清晨他一步步走近马厩时，马儿都会兴奋地嘶叫起来。罗纳德 20 岁的时候，他的姐姐珍（Jean）把他介绍给自己的朋友，乔伊斯·芭芭拉·迪恩（Joyce Barbara Dean），这个女人后来成了他的妻子。“我和你父亲之间的爱无法用言语来形容，”乔伊斯在她去世之前写给她的孩子们，“他爱我爱到了骨子里。”

后来，乔伊斯说她也曾考察过自己的族谱——迪恩家族——发现自己的祖先是诺曼人，她把这些告诉了李，李回答说，“我觉得自己更像是苏格兰人，不是诺曼人。”乔伊斯在族谱上记录下自己家族的历史，她写到迪恩这个名字的起源——“迪恩是一个撒克逊词，意思是‘树林或山谷中一片养猪的空地’。人们在这些空地上居住下来，反过来把自己称作‘迪恩的’。”

就在这张族谱的格纸上，乔伊斯用水彩画了一些有关他们家族的纹章：红底白十字的徽章是爱德华一世（Edward I）的骑士德鲁·迪恩（Drue Deane）的象征；亮绿色的底、五颗黑色星星排列成倒“V”型，这枚徽章代表亨利·德·迪恩（Henry de Den）爵士，迪恩的君主，1292 年卒于格洛斯特（Gloucestor）；还有一枚徽章，上面画了一头黑色的狮子，它挥舞着利爪，傲视一切，这象征着约翰·德·迪恩爵士（John de Dene），于 14 世纪上半叶离世。这些长眠于地下的历史人物的神秘事件与比格斯塔夫大道上的现实生活相去甚远。对乔伊斯和李来说，回溯历史不失为逃离日常贫苦的一种方式。

乔伊斯的父亲乔治·斯坦利（George Stanley）是一间杂货店的仓库保管员，她的母亲简·奥利维亚·查特兰德（Jane Olivia Chatland）在一个极度贫困的家庭长大。简的父亲约翰·阿奇博尔德·查特兰德（John Archibald Chatland）只有一条腿，无法工作。简从小就营养不良，不得不在一岁的时候住进了贝斯纳尔格林医院（Bethnal Green Infirmary），“她瘦得皮包骨，严重缺乏营养，修女不得已在她五六岁时把她送到在肯特（Kent）的一个家里。”乔伊斯回忆道。后来，乔伊斯还记起母亲曾告诉她，那时因为家里穷，她只能赤脚去上学。“她的父亲总是吓唬和欺负她们，母女俩的生活苦不堪言，”乔伊斯写她的母亲。简在 13 岁时遇到了她的丈夫乔治。1933 年 8 月二人在哈克尼（Hackney）的基督教堂（Christ Church）成婚，六个月后，1934 年的 2 月 15 日，他们的第一个孩子乔伊斯·芭芭拉（Joyce Barbara）诞生了。

乔伊斯在贝斯纳尔格林的蒂斯代尔街学校（Teesdale Street School）上学，五岁时因战乱逃到诺福克郡（Norfolk）的金斯林小镇（King's Lynn），先后被六个不同的人家收留，这段波折经历必定在她心中留下了不小的阴影。在这个地方逗留期间她还被一位送报人骑车撞到，摔断了鼻梁。1945 年，战争接近尾声，乔伊斯回到了伦敦，和父母住在位于斯特普尼区斯基德莫尔街 148 号的新公寓里。开始她在剑桥健康路（Cambridge Health Road）旁一所由修女创办的学校读书，后来去了哈利街学校（Hally Street School）。还在上学时，乔伊斯就在沃尔沃斯超市（Woolworth's）打工，毕业后，她在穆尔盖特（Moorgate）的一家律师事务所里找到了一份工作。闲暇时间，她喜欢去看电影，晚上和朋友珍·麦昆（Jean McQueen）一起去波普拉区（Poplar Civic）玩。当时的一位评论员写到，波普拉是一个“大型舞场，尽管很贵，但是乐队很棒，东区的姑娘们几乎都聚集在这里，不是那种外表平淡无奇的平凡姑娘”。

1953 年的一天，珍把乔伊斯介绍给自己的弟弟罗恩（Ron），罗恩那时是一名卡车司机。他们一见钟情，并于 1953 年的 10 月 10 日在麦尔安德路（Mile End Road）的守护天使罗马天主教堂（Roman Catholic Church of the Guardian Angels）结婚。有一张婚礼上的照片：一对新人正要切蛋糕。新郎穿着白衬衫，黑色西装，打着领带，新娘穿着简单，一条定做的白色裙子和精致的蕾丝面纱，他们身旁的桌子上放着一束康乃馨和一块幸运马蹄铁。

1954 年 5 月 9 日，他们的第一个孩子珍妮特·芭芭拉（Janet Barbara）出生了，接着，1955 年安东尼·罗纳德（Anthony Ronald）出生，1960 年迈克尔·罗伯特（Micheal Robert）出生，1962 年特雷西·简（Tracy Jane）出生，1963 年杰奎琳·玛丽（Jacqueline Mary）出生，然后 1969 年，时隔六年后，亚历山大·李出生。大家都说李是家里的“蓝眼睛”——不仅仅是因为他眼睛的颜色，还因为他是家里最小的孩子，是家人心中的大宝贝。

五岁的时候，李进入卡朋特路小学（Carpenter's Road Junior School）就读。这所学校距离李的家只有几分钟的路程，是一所新建的单层房屋。皮特·鲍斯（Peter Bowes）和李在同一所学校——实际上，两个男孩子在小学和中学时一直是很好的朋友——皮特回忆起儿时的点点滴滴，对李充满了喜爱。“那个时候他就喜欢画画，他宁可画画也不愿意读写，”他说，“他加入了青少年足球队，尽管和每个人相处得都还不错，但他总有些地方与众不同，从很小的时候就是这样了。我并不是要说他的性取向问题，只是他就是和其他人不一样。他很有艺术才能，有一点点浮夸，一点点爱出风头，同时又有一些害羞，真是个有趣的对比。他不柔弱也不胆小，是那种完全能自己照顾自己的人。”

在李后来的人生中，他谈到自己如何在很小的时候意识到自己是同性恋的——或其他孩子口中的“怪人”。他告诉记者琳·巴贝尔（Lynn Barber）他在六岁时就知道自己是一个同性恋了。在庞廷（Pontin's）的一次家庭假期中，李在“庞廷王子（Prince of Pontin's）”的比赛中胜出。“可我想让得第二名的男孩赢，因为我喜欢他！”他说。李宣称他从小就对他的同性恋身份释怀了——“我相信我自己，也确信自己是一名同性恋，这没有什么需要遮掩的，”他说，“我从妈妈的子宫一出来就直接走在了同性恋队伍里。”李经常在采访中称自己为“家里的同性恋”。但是麦昆的前男友安德鲁·格鲁夫斯（Andrew Groves）说，这只不过是李的一种托词，他不想就这个问题深谈下去。而事实真相更加复杂，令人不安。

李十来岁的时候遇到了一些事情，对他后来的生活产生了巨大的影响：他开始被他的姐夫特伦斯·安东尼·胡勒（Terence Anthony Hulyer）性侵。特伦斯是一个性格粗暴的人，于1975年和李的姐姐成婚。李一直到离世前的四年左右才把这件事告诉了他的姐姐。听到这个恐怖的消息，姐姐震惊了，她不知该对李说些什么，只是问李是否怪她，李回答不怪她。但姐姐内心充满了罪恶感、羞耻感和绝望，她深深自责为什么没能保护好自己的小弟弟。自从那次简短的谈话以后，李在姐姐面前再也没有提过性侵的事，姐姐也没再追问过，她为她第一任丈夫的所作所为感到恶心。

这些年来，李有时会对他的密友和男朋友间接地谈到他被性侵的事情，但他从不谈及细节，也没有透露过这样的事情他一共忍受了多久。“李告诉我他曾被性侵，而且这件事情对他影响很大，”李在圣马丁学院（St Martins）的密友瑞贝卡·巴顿（Rebecca Barton）回忆道。“有一次，在我的格林大街（Green Lanes）公寓，李忽然失声痛哭，说他曾经被性侵，”安德鲁·格鲁夫斯（Andrew Groves）说。他认为李情绪的不稳定与他所说的性侵一事有直接的关系，“李总感觉有人要欺负他”，无法信任他身边的人。有一天，李感到自己被一种阴郁的感觉所占据，他向男友理查德·布雷特（Richard Brett）“敞开了心扉”，说出了自己这种想法的隐衷，同时也提到了自己被性侵的事情，但没有吐露细节。“我能感觉到当李还是个小男孩时，一些肮脏的事情曾发生在他身上，”理查德说。李也对伊利贝拉·布罗（Isabella Blow）和她的丈夫迪特马（Detmar）说过性侵的事情。“李受到了伤害，他很愤怒，他说那夺去了他的童贞，”迪特马说，“我想那些事在他的灵魂深处埋下了邪恶的种子。”

李在 1989 年结识的朋友比利博一（BillyBoy*）认为性侵事件影响了麦昆的一生。“我的印象中，李忍受了这件事情很长一段时间，”他说，“他自我调适得并不好，他很愤怒，他的每段感情都维持不了多久。他结交的男朋友中，一些人很粗暴。我不信任他们；他们就像贼一样，我不想让他们靠近我，他们总想占我的便宜。李的前男友中有一位曾是男妓，但是李却很迷恋他。李是个性受虐狂，他不快乐，没有安全感，没有自尊。这很奇怪，因为他很有天分而且人们也总这样对他说。安娜·温特（Anna Wintour）等人不断地告诉他，大家是多么喜欢他的作品，但遗憾的是这并不能弥补他所缺乏的安全感。”

珍妮特在嫁给特伦斯·胡勒之前，就知道他是个性格粗暴的人，但是当时她只有 21 岁，太想离开家了，因此还是执意和特伦斯成婚了。这么多年来，珍妮特一直忍受着丈夫的虐待——有一次丈夫再次毒打了珍妮特，只是因为在咖啡馆里，珍妮特自己点了一杯茶而且不让丈夫和女招待说话。“我确实因为特伦斯的家庭暴力两次流产，”珍妮特说。后来，她和丈夫又有了两个儿子，盖瑞（Gary）和保罗（Paul）。尽管珍妮特知道自己的丈夫脾气不好，但她做梦也没有想到丈夫会去侵害一个男孩子，何况还是她的亲弟弟。李不但要忍受姐夫的骚扰，还要眼睁睁看着自己的姐姐被毒打至昏迷。“我就是那么一个小男孩，我看着这个男人双手掐着姐姐的脖子，”李告诉记者苏珊娜·弗兰克尔（Susannah Frankel），“我就站在那儿，她的两个孩子就在我的旁边。”

李在想象中将自己和姐姐的经历融合在了一起。他们两个都被同一个男人虐待，李察觉到胸中的繁杂感受——愤怒、复仇、绝望、堕落、罪恶和分裂——日益升腾，让他心烦意乱，他需要抹去这种感觉。他把姐姐想象成原型，脆弱但坚强，活了过来，后来，李的创作都是以他的姐姐为蓝图设计制作的。他想保护这个女人，想通过他的服装给女人以力量；他设计的铜质铠甲就是为了使女人免受危险的侵害。“我曾亲眼看到一个女人差点被她的丈夫活活打死，”他后来说，“我了解厌女癖。我憎恨软弱，厌恶那些让女人觉得天真的东西……我希望女人穿上我设计的衣服会让人们望而生畏。”

T台上的模特们穿着最优雅、最迷人的成衣，被化妆成鼻青脸肿、伤痕累累、布满血渍，明显带有他和他姐姐的痕迹。李通过作品，将自己和姐姐紧紧地连在了一起。在每一个新的时装系列里，他都重新回顾并再次展现他和姐姐所遭受的屈辱。他设法把丑陋的东西通过自己的想象力转化为某种美好的事物。“年轻时，我总与成年人在一起，但他们中的一些人却伤害我，”他曾经这么说，“当然我也从中懂得了很多。比如我把不好的东西变成了好的东西。”结果形成了一种混搭风，一种奇异的变形，令人沉醉其中。

1980年的秋天，李离开卡朋特路小学，进入洛克比（Rokeby）学校。洛克比学校坐落在斯特拉特福德大街旁，是一所综合性男校。开学第一天，李穿着校服——黑裤子、黑夹克和白衬衫——沿着比格斯塔夫路前往他的好朋友詹森·米肯（Jason Meakon）位于卡朋特路的家。两个男孩子再叫上他们的同学皮特·鲍斯（Peter Bowes）和罗素·阿特金（Russel Atkins）一起步行10分钟去上学。洛克比学校是一所大型男子学校，校规森严。他们边说边笑，互相开着玩笑，其实是为了掩盖内心的不安。一进入大楼，新生就被叫到大礼堂，要求按照姓氏的首字母顺序排队，“并阅读校规”。学校把学生按能力水平分组，再根据学校名称“ROKEBY”的拼写字母排序：学习最优秀的编为“R”组，一流的一组，以此类推，从“O”到“Y”，“Y”是最差的组。第一年，李被编在了“E”组；到了第二年，他就降到了“B”组。

从一开始，麦昆就不喜欢上学。第一学期结束，年级组长在麦昆的成绩报告册中写道，“我确信李正在努力地适应洛克比的学习生活，他会慢慢发现自己越来越快乐，成绩越来越好，但如果不付出努力，他会感到越来越不开心。”他的出勤为“差”——第一个学期他就有六个半天没有上课——而且老师们认为麦昆就是个话匣子，影响其他学生的注意力。他的级任教师认为麦昆这个孩子“不太适应这样的大型综合性学校”。他的英语学科得了 58 分，课堂表现（effort）为 C；地理 38 分，老师的评语是让他静下心来，“开始学着像一位综合院校的学生而不是整天无所事事”；数学，只得了 23 分，评语是“课堂注意力不集中影响了他的成绩”。1980 年 12 月 15 日，父亲罗纳德看到了麦昆的成绩册后，写信给麦昆的级任老师，“麦昆对其他人的兴趣甚于他自己的学习。我已经和他谈过了，希望他会听。我每天 8:30 送他到学校，但他说他要等他的朋友。我对这件事很恼火。除此以外我也了解到麦昆喜欢这所学校，等他成熟一点就会安下心来。”

1982 年 3 月，麦昆给父母拿回的另一份报告册中显示他的学习确实有些进步的迹象。数学 49 分，课堂表现 B；英语老师给了他英语测验 54 分，课堂表现为 B+；历史 63 分，课堂表现为 A，成绩在班里排名第八。但是一些老师还是指出麦昆在课上的表现存在问题。法语老师说李需要“不断的提醒，才能集中精神在功课上。他太爱聊天了，而且总是走神，一个人胡思乱想”；宗教教育课的老师写到，麦昆“在这门课上的表现不稳定，时好时坏。有时很专注在功课上，有时却一点都不努力”；低年级组长把麦昆的成绩册归纳为一个“光怪陆离的万花筒”——他有那份能力，但似乎只是在他想用的时候才使用这种能力。

但是，有一门课程从一开始就吸引了麦昆的目光：艺术。第一学年，麦昆艺术课成绩为73分，课堂表现为B，老师的评语是，“本学期李在艺术课表现得很好，”15个月后，老师给了他A⁻，“优秀，”老师写道，“李具有艺术才能，也很努力。”李从12岁开始就阅读时尚类书籍。“我很关注设计师的职业生涯，”李后来说，“我知道乔治·阿玛尼（Giorgio Armani）原来是一位橱窗设计师，温加罗（Ungaro）曾是个裁缝……我一直知道自己会在时尚界有所作为。我不确定会有多大成就，但肯定会有所作为的。”

他的朋友们发现了李对于绘画的热情。詹森·梅金（Jason Meakin）说，“他似乎一直都在写写画画。我从没想过有一天李会出名，但我一直记得他整天在画裙子。”皮特·鲍斯回忆到，李在学校时总是随身带着一小本素描册。在某些课上，他既不听老师讲课，也不做老师布置的作业，而是拿出一把铅笔开始画画。“洛克比学校里都是一些怪人，”麦昆后来说道，“我什么也没学到，在课上我只是画服装。”一天，李给他的朋友皮特看了一些他自己画的草图，女人形体的画。“他画服装、人物、人体，他了解女性身体的特征，但并不下流，”皮特说，“李就住在艺术系，他的作品都是极棒的。”

上午上完课后，李和他的朋友们就会来到学校旁边的传统快餐店（pie and mash shop），在这里一份破馅饼和土豆泥需要10便士；其他的男孩儿午餐吃“面包、果酱、巧克力和薯条”。

在校外，李喜欢观察盘旋在高楼顶部的飞鸟，还加入了青年鸟类学家协会（Young Ornithologists）。“这很像电影《小孩与鹰》，不是吗？”

他说。后来他曾和一位记者谈到他很羡慕飞鸟，因为它们是自由自在的。怎样的自由呢？“免于被虐待……精神上的，身体上的，”但他拒绝细说。李还喜欢和家里的宠物狗嬉戏，那是一只黑色的松狮犬，官方名称为昌黎的黑色奇迹（Black Magic of Chang Li），李一家给它取名尚恩（Shane），乔伊斯说这只狗性格非常温和。尚恩死于 1983 年，大约 15 岁，李伤心欲绝，不过很快他就喜欢上了本（Ben）——一只红毛蓝舌头的松狮犬——来替代尚恩的位置。根据皮特·鲍斯的描述，李放学后总要到学校门口附近的镜像（Reflections）酒吧打零工，后来他把打工挣的钱都用来买这条狗了。一天，李和他的同学罗素·阿特金斯（Russell Atkins）放学从镜像酒吧门口路过，一个男招待问他们愿不愿意挣点零钱，工作就是装瓶。工作时间——偶尔午餐时间以及周六和周日的早上——和薪水（一周大约 30 英镑）都很合适，他们立刻答应下来。两个孩子惊讶于酒吧里的灯红酒绿、光彩炫目——每一面墙上都镶有一面巨大的镜子，酒吧由此得名。“我不是说那里有坏人，但是那个酒吧真的很乱，”罗素说。几个月后，经理肯尼（Kenny）问他们是否愿意晚上来工作，帮着收酒杯；罗素拒绝了，但是李接受了这份工作。“酒吧里有人打架，但当时到处都有人打架，”罗素说。两个孩子一直在这间酒吧工作，直到酒吧倒闭，那时他们 16 岁。“一天，我们去酒吧领工钱，却发现警察在那儿，”罗素说，“有事情发生，我不知道是什么事情，警察不让我们进去。”

李不喜欢作业，而是喜欢和他的朋友们在居住区附近闲逛。居住区后面的一片厂区荒地上停着几辆吉普赛人的大篷车，李和詹森会往大篷车上扔石子，然后一溜烟地跑掉。他们喜欢爬到被丢弃的购物车上，骑着购物车满大街乱跑。男孩们还在附近的人行天桥上系上一条绳子当秋千；一天，李的另一个朋友雷蒙德正在上面荡秋千，李和詹森偷偷把绳子割断，雷蒙德猛地摔到了地上。他们还同样捉弄过另一个男孩。他们在铁路桥上系了一条绳子，一个男孩在上面荡秋千；但当他们把绳子割断时，“那个男孩掉进了河里，我们当时吓得屁滚尿流，”詹森说。

在贾普路西（Jupp Road West）和卡朋特路的交口处曾经有一座加油站。男孩子们经常在加油站前广场放一个（男士的或女士的）钱包，用钓鱼线绑住，然后躲起来。等到有人停下来去捡钱包时，他们就把钱包拽走，他们觉得这样做特别搞笑；尤其是看到有人追着钱包满地乱跑或绕着加油泵转圈时，他们更是捧腹大笑。“我们就是一群捣蛋鬼，给人们的生活制造麻烦，”詹森说。在篝火夜（Bonfire Night）前夕，李、詹森和他们那一帮朋友会尽力点燃附近另一帮人的火堆；之后的几个小时里，他们站在寒风中守护那个用破木板和废木头堆起的篝火。

1983 年的一天，这些男孩子的恶作剧差点让他们进了警察局。后来在麦昆被问及是否做过违法的事情时，他说道，“我在 14 岁的时候曾经偷偷溜进饮料厂拿走了一些饮料。”詹森对这件事情记忆犹新：潜入怡泉（Schweppes'）饮料厂是他们最喜欢的游戏。该工厂区位于阿比路（Abbey Lane）附近的步行街旁。这群男孩儿会爬过围栏溜进卡车后厢偷喝汤力水或者姜汁汽水。“我记得有一次警卫经过这儿，我们赶紧躲了起来，但还是被发现了，”詹森说。

皮特·鲍斯认为李是“是个硬汉——他不惧怕任何人”，而且尽管学校里的同学都喊他“娘儿们”或者“同志娘儿们”，但詹森“不相信他是同性恋”。放学后和周末时，李和詹森都会去当地的一家工程公司，坐落在里河（river Lea）附近。李在公司的后面吻过很多女孩——有沙朗（Sheron）、玛利亚（Maria）和小个子特雷斯（Tracy）。“我不想说细节，但我知道三个女孩让李抱了亲了，”詹森说，“其中一个女孩和李走得更近一点，但没有实质的性关系。就是随便玩玩儿。要是同性恋，这是不可能的——李是同性恋真的让我大吃一惊。”皮特注意到一个细节，他发现李总是穿着女孩儿的白袜子去上学，但他从没作任何评论，他不知道李这么做是因为家里的经济条件，不得不穿姐姐们的袜子，还是他向朋友们表露自己性取向的一种方式。“如果他现在还活着的话，我一定会问问他，”他说。

从一张李三年级时拍摄的黑白照片来看，洛克比学校学生的穿着方面并没有什么突出的风格或时尚。学期末，学校允许学生穿自己的衣服，不用穿校服。大部分学生都穿着尼龙带帽风雨大衣，很多人每天就把大衣往西装夹克上一套，穿着普普通通的衬衫、毛衣和裤子，完全没有流行文化运动如朋克（Punk）或新浪漫主义（New Romantics）的风格——在他们中甚至很难找出一个学生穿牛仔裤——这些男孩子们看起来就像是他们工人阶级父亲的缩影。李的装束也毫无特别之处。照片中，李穿着黑白色的工装夹克，面带微笑，直视镜头。他在微笑也许因为他知道自己会有所作为。

有时皮特和李会乘电梯到他们居住区的高楼“杰姆斯赖利之端”（James Riley Point）的顶层，坐在后楼梯上，抽着大使馆精选（Embassy

Number Ones）牌香烟，眺望埃塞克斯郡（Essex）。两个男孩聊他们的学校、他们生活的这片区域以及他们的未来。李的内心萌动着一种渴望，一种要有所成就的欲望，但他清楚地知道自己，至少在老师的眼中，只是“东区的一个乡巴佬，不会有什么出息”。“我想他不知道自己未来的方向，但是他知道自己想做一些与艺术有关的事情，一些有创造力的事情，”皮特·鲍斯说，“但是我们要记得，我们是出生在伦敦贫民区的孩子，我们没有那样的机会。学校就像一个工厂——招你进来，保障你的安全，最后不管你学到什么都把你推向社会，工作好坏只能凭运气了。”皮特记得有一次李和他谈到了他的中间名亚历山大。“李对亚历山大大帝（Alexander the Great）特别憧憬，他说他已经发现自己的家族与亚历山大大帝有某种渊源，”皮特说。对家族历史的迷恋对李产生了神奇的作用。李越发觉得过去对他来说是一片浪漫安全之地，可以让他逃离残酷的现实和生活的苦痛。

在洛克比的最后一段时间里，李开始突然感到沮丧和愤怒。“我并不是说他有躁郁症，但他的心情确实是忽好忽坏，”皮特说，“李还是有一点脾气的。我记得在有的课上他和别人聊天，老师会说他，李就爆发了，开始发脾气，老师就把他赶出教室或者留校察看。”

李的同学们没有意识到李在这段时间的遭遇，后来李称，在那段时间里他多次受到本校一名老师的性侵。再一次，李没有向任何人说起这件事，后来只是对姐姐提起过。几年后，雅基知道了弟弟的两桩性侵遭遇，这样，李曾经的种种行为就可以让人理解了：愤怒的情绪需要通过某种方式发泄出来。后来，李通过他设计的作品来表达他的怒火。美国大都会艺术博物馆（Metropolitan Museum of Art）“野性之美”（Savage Beauty）的展览策划人安德鲁·博尔顿（Andrew Bolton）也持有同样的观点，他说，“麦昆把他的愤怒缝进了自己设计的服装里。”

李的姐夫特伦斯·胡勒是一名 35 岁的工人，他和妻子及两个孩子住在达格南区（Dagenham）马尔堡路（Marlborough）的一幢房屋内。1985 年 5 月 27 日，李正在复习准备参加初中毕业考试（O levels）。胡勒开车出门去取晨报，途中突然心脏病发作，汽车失控冲进了附近的一幢房子里。胡勒被送进了罗姆福德（Romford）的古教堂医院（Oldchurch Hospital），直至去世。从 18 岁开始，胡勒就患上了糖尿病，根据珍妮特的回忆，在那个年代，糖尿病患者只能注射“从猪身上提取的胰岛素，这会使患者动脉硬化”。看到施暴者其中之一死去，李应该是松了一口气，但也许他也会感到内疚；毕竟，他肯定不止一次地希望他的姐夫早点死去。

80 年代，麦昆到了青春期，开始对性有了意识，恰逢社会上出现了一种病毒，媒体称为“同性恋瘟疫”（the gay plague）。用《纽约时报》的撰稿人朱迪斯·瑟曼（Judith Thurman）的话来说，李“被迫去面对萦绕在他们这一代年轻人心头的原初场景：发生性关系就意味着死亡”。像李这样富有想象力的同性恋，对于艾滋病的恐惧是非常真实的。电视广告上播放着恐怖的死神、阴冷的冰山，报纸头条上刊登着瘦骨嶙峋的男子，所有这些形象都无法回避地向人们传递着一条信息，如果你是同性恋，你很可能会早逝。一系列因艾滋病英年早逝的名人：好莱坞影星洛克·哈德森（Rock Hudson）（死于 1985 年 10 月，时年 59 岁），时尚品牌设计师派瑞·艾利斯（Perry Ellis）（死于 1986 年，时年 46 岁），钢琴家李伯拉斯（Liberace）（死于 1987 年，时年 67 岁），摄影家罗伯特·梅普尔索普（Robert Mapplethorpe）（死于 1989 年，时年 42 岁），英国演员伊安·查里森（Ian Charleson）（死于 1990 年，时年 40 岁），涂鸦艺术大师凯斯·哈林（Keith Haring）（死于 1990 年，时年 31 岁），英国音乐家佛莱迪·摩克瑞（Freddie Mercury）（死于 1991 年，时年 45 岁），美国著名演员安东尼·帕金斯（Anthony Perkins）（死于 1992 年，时年 60 岁），俄罗斯芭蕾舞大师鲁道夫·努里耶夫（Rudolf Nureyev）（死于 1993 年，时年 54 岁），澳大利亚表演艺术家雷夫·波维瑞（Leigh Bowery）（死于 1994 年，时年 33 岁），英国著名导演德里克·贾曼（Derek Jarman）（死于 1994 年，时年 52 岁），英国演员肯尼·埃弗里特（Kenny Everett）（死于 1995 年，时年 51 岁）。除此以外，英国有成千上万的人过早地死于艾滋病，其中大部分是同性恋男子。

艺术家兼制片人约翰·梅布里（John Maybury）说，“在 80 年代末 90 年代初，我经历了一场浩劫，我的很多好友都死于艾滋病，”他后来成了麦昆的合作伙伴和朋友。“我在两三年内相继失去了 20 位好友。李的这一代就这样眼睁睁地看着另一代人惨遭不幸，那种恐怖难以想象，但整个社会却选择了视而不见。在死亡恐惧的阴影之下，像李这样的年轻人开始形成他们性别身份的认同。”

尽管在比格斯塔夫的房子里有一大家子人，生活过得热热闹闹，和学校里异性恋好友相处得也很愉快，但麦昆青春期的大部分时间里都是孤独和寂寞的。“我身边没有成功的同性恋者作为榜样，”他后来说，

“也没有同性恋朋友。”李还要忍受父亲无意间表现出的对同性恋者的憎恨。父亲拉了一天的活儿回到家里，会在李的面前开玩笑说，“天哪，昨天晚上在索荷（SoHo），我开车差点碾过一个基佬。”

当时，逃离充盈在李的脑海中。1985 年 6 月李初中毕业了——艺术课成绩为 B，他后来说，“我被要求必须画一碗水果，愚蠢透顶”——他下定决心为自己的生活做些什么。李明白自己的资源有限，但他认为值得一试。“从没听说过伦敦东区能出艺术家，”李说，“但我一直觉得，人生只有一次，我要做我想做的事情。”

第二章

“我都想学，每一样，让我知道一切”

李·麦昆

Lee McQueen

麦昆身上有很多特别之处，其中之一就是他是个神童，类似剪刀手爱德华，寥寥数剪就可以将一块布裁制成一件精美绝伦的外套、夹克或是一条裙子。他可以绕过一般设计师要经过的必要程序：画草图然后制版；用法国著名品牌伊夫·圣罗兰（Yves Saint Laurent）前任董事长马克·李（Mark Lee）的话来说，麦昆有能力“在你的面前把一匹布直接剪出他要的服装式样”。麦昆有这种觉察力，部分是天生的能力。“我认为你不会成为一名出色的设计师，或是伟大的设计师，或其他什么，”麦昆说，“对我来说，你只不过擅长某一方面。而我认为能协调色彩、比例、形状和样式，并把这几点运用得恰到好处是一种天分。”

事实上，麦昆从一个时尚的狂热爱好者到时尚天才的旅程足足走了七年，这七年是他生命中最美好的年华。1985 年 9 月，麦昆进入了当时的西汉姆技术学院（West Ham Technical College）学习，学院位于斯特拉特福德。他参加了一个艺术班，晚上上课。后来，他回忆说，“结果我发现，去那里上课的人要么是家庭主妇，要么就是闲着无聊、打发时间的人。所以，那并不是我真想要去的地方。”麦昆的姐姐珍妮特说，在那里的课程包括女装的制作。那年结束，麦昆已经制作完成了好几件成品服装，有几件是他做给珍妮特的。其中一条是设计简洁的黑色直筒裙，“把我包裹得太紧了，上楼时，我根本抬不起腿，”珍妮特说，“另一条被撑坏了——我告诉麦昆，他不太高兴，因为他有点完美主义。”

就在这个时期，李开始阅读《麦克道尔的二十世纪时尚指南》（*McDowell's Directory of Twentieth Century Fashion*），这本书后来被他奉为时尚界的圣经。这本时尚指南出版于 1984 年，全书从 A 到 Z 的顺序介绍了国际时尚大事件，还囊括了 20 世纪著名设计师的简要自传。该书第一章——题目为“服装即为武器”——作者是著名的记者科林·麦克道尔（Colin McDowell），他阐述了时尚的重要性及其历史地位。这些话打动了年轻的麦昆。“时尚人群距离那些普通大众越遥远，他们看起来越有力、越令人敬畏，”麦克道尔写道，“在过去，这就意味着服饰不仅是权力的外部标志，还是权力实施的一部分。”李读到了有关时尚与视觉艺术的关系，还了解到了迪奥（Dior）、香奈儿（Chanel）和夏帕瑞丽（Schiaparelli）“是如何将艺术家、作家和知识分子糅合在一起的”。麦克道尔继续分析了为什么时尚经常被错误地归为一门无足轻重的学科。第一个原因，他说，是视觉因素——不像家具设计师或是室内设计师设计出的作品，一件夹克或一条裙子“当被挂在衣柜里时，就失去了它的大部分意义。只有当它包裹着一个躯体时，它才是一个饱满的、令人信服的产物”。另一个时尚被贬低的原因是时尚一直以来被认为是“女人的领域……女权主义者认为，男人操控女人，把她们当作玩物，常常用一条漂亮的裙子作为诱饵或者奖赏。对服装的热爱成为了情感压抑的象征。男人给‘小女人’买了一条昂贵的裙子，女人穿上它，满足了男人的自我。她把重金装饰下的外表展现给她的朋友们，以此来证明，这个男人多么富有、有足够能力买下这个她精心打扮的漂亮东西”。麦昆将颠覆这种观念作为自己的使命：购买麦昆服装的女性不仅自己挣钱，而且通过穿戴麦昆设计的时装来向全世界宣告，她们不是被动的附属品，而是极具威胁性的力量主体。

摄影这门艺术一直吸引着李，他自己也开始尝试着拍摄。珍妮特有一张照片，照片中是李的侄子盖瑞（Gary），他穿着一件超大号外套，旁边的墙上是麦昆家的男孩子们用白油漆涂写的自己的名字。

珍妮特经过培训，像父亲一样成为了一名出租车司机。她必须在夜里拉活儿的时候，李就要帮着照顾她的孩子（保罗和盖瑞）。“我父亲死后，他会过来看我们，还带着恐怖电影，”盖瑞说，他后来成为了麦昆品牌的男装设计师。“我想麦昆早期的作品明显受到恐怖元素的影响。他会在房子里追着我们跑，试图捕捉我们，还说我们的床下住着一位老妇人。他经常发疯似地大笑。他也常常画很多草图。我记得他画过一个卷心菜，很多妖怪，也有一些时装。他那时的画作中就带有自然主义（nudism）的风格，画中有男人和女人的裸体，一些羽毛和鸟。李也喜欢装扮我们，他常摆弄我的头发，把它弄得像个鸟窝。我一直很喜欢他，因为我也有艺术基因；我过去总是不停地画画，我想他也和我一样。和我哥哥相比，我的内心更黑暗一点——我想这可能是李更爱吓唬保罗的原因吧——因此我更能体会他的幽默感。”有一天，盖瑞把他的床头板改成了一块墓碑，上面还刻着安息（RIP）的字样。他四肢舒展平躺在床上，闭着眼睛耐心等着祖母乔伊斯的到来。乔伊斯吓了一大跳，在平复了情绪之后称赞盖瑞“藏得好”。

保罗回忆起他的叔叔李是如何悄悄爬上楼梯，然后大喊“我来抓你了”。李喜欢被宠爱的感觉，他会让他的侄子帮他按摩足部，然后付给他们 50 便士的酬金。李并不排斥昂贵的护肤品——“闻一闻他脚上散发出的味道就知道了，”保罗说。在这个阶段，他不记得李有多少朋友，“李总是特立独行，被同龄人排斥，”他说。

李在西汉姆技术学院上学时曾挑选了一些自己的作品在时装秀上展示。如今，珍妮特很后悔没有参加那次活动，但“回顾当时，我们谁都没有想过李将来会成为有史以来最伟大的时装设计师之一”。李还曾在学校的一家快餐店里做兼职挣零用钱。

据麦昆自己说，1986 年的一天下午，他在比格斯塔夫路的家中看到电视中播放着裁剪的技艺正在逐渐消亡。报道称，萨维尔街（Savile Row）缺少裁缝学徒，于是麦昆的母亲对他说，“你为什么不去那儿试试呢？”1997 年，乔伊斯回忆道，“他之前一直想成为一名设计师，一直想，但是他从毕业后就不确定自己到底要做些什么。我们家里有一些人从事裁缝的工作，所以我就对他说，‘我想，你为什么不去试一下呢？’”在母亲的鼓励下，李乘地铁来到邦德街（Bond Street），走过梅费尔（Mayfair）时髦的街道，来到萨维尔街 30 号——安德森与谢泼德（Anderson & Sheppard）裁缝总店。“我从学校毕业时，几乎没有掌握什么与裁剪有关的技能，所以我认为学习裁剪的最好方法就是先了解服装的结构，以此为起点，”李说。

安德森与谢泼德裁缝店创立于 1906 年。创始人之一名叫皮特，也可以称他为佩尔古斯塔夫·安德森（Per Gustaf Anderson），他是佛莱德里克·斯科尔特（Frederick Scholte）的门徒，后者曾为温莎公爵（the Duke of Windsor）改良英式垫肩西服而出名。另一位创始人是西裤裁剪师西德尼·霍雷肖·谢泼德（Sidney Horatio Sheppard）。“斯科尔特外套在前胸和肩部有放量，形成特有的优雅垂感，”一位时尚评论员写道，“衣料从肩胛骨处垂坠下来，形成柔软的垂直涟漪，但并不是百分之百的完美顺滑贴身。上袖的袖筒宽松，便于活动，但筒洞较小位置较高，这样的设计是为了使穿着者在抬高手臂时，衣领会一直贴合脖子，防止衣服往上跑。肩部没有加垫，而是随穿着者的曲线自然下垂。”

安德森与谢泼德裁缝店的成功归于斯科尔特拒绝一味迎合名人顾客，“认为他们是既挑剔又难伺候的一帮人。”不久，安德森与谢泼德裁缝店就迎来了一拨特别的顾客，有英国剧作家诺埃尔·科沃德（Nöel Coward）、英国作曲家艾弗·诺韦洛（Ivor Novello）、英国音乐家科尔·波特（Cole Porter）、美国著名演员加里·库珀（Gary Cooper）、美国著名演员小道格拉斯·范朋克（Douglas Fairbanks Jr）和美国著名舞者弗雷德·阿斯泰尔（Fred Astaire）。据说，弗雷德曾要求将试衣间的古董地毯卷起来，只是为了体会一下穿着新西服在地板上跳舞的感觉。德裔美国演员兼歌手玛琳·黛德丽（Marlene Dietrich）是另一位有名的顾客——“我们欢迎女士光顾，只要她们愿意穿男士的西服。”

1986年的一天，李跨过厚重的双重门，穿过人字拼花地板，走进一间镶有红木板的屋子。李穿着一件宽松上衣和一条牛仔裤，看上去有些萎靡不振。这座高大的新古典建筑物的内部装潢与比格斯塔夫路形成了强烈的反差，但这种奢华权势并没有吓退李。“他不是个胆小的人，”约翰·希区柯克（John Hitchcock）说，这个人从1963年就开始在裁缝店工作了。在堆满昂贵的粗花呢面料的长桌旁边站着一位西装革履的人，李告诉他自己很想当学徒。过了一会儿，当时的销售主管，后来的总经理诺曼·哈尔西（Norman Halsey）下来面试李。诺曼满头银发、鹰钩鼻、面目慈祥，是一位敏锐干练的老者。他和17岁的李聊了一会儿就给了他这份工作。这份工作薪水不高，一年只有几千英镑，大概相当于三套安德森与谢泼德西装的价格。“很明显，他刚来的时候什么也不知道，就是一张白纸，”希区柯克说，他在80年代中后期当过裁剪师，现在是总经理。

麦昆给公司里最好的外套（萨维尔街称之为西服夹克）师傅之一康纳利·欧卡拉汉（Cornelius O’Callaghan），也就是人们口中的肯（Con）做学徒，尽管这个爱尔兰男人很严格，但麦昆称之为“裁缝大师”。工作时间是固定的——从早上8点30分到下午5点。学徒第一天，李得到了一枚顶针——他把这枚顶针戴在了右手中指上——一小块布料和一些线，还被告知了一些缝衬垫的基本技巧。“新学徒要反复练习这种（缝衬垫）针线活，不断练习，”约翰·希区柯克说，“一个学徒要进行上千上万次的这种练习，尽管这个过程很枯燥，但他们必须要学习这个技术。练习一周后，学徒就可以学习外套内部的缝制，如何给外套加衬里，怎么把口袋缝制上去，前襟怎么处理。通常来说，学会这些简单的技能要花费两年的时间。”

麦昆回忆称他在安德森与谢泼德裁缝店的时光是一段浪漫的插曲。“就像狄更斯（Dickens）盘腿坐在长凳上，整天做填充领子和缝纫的工作——这是非常惬意的，”他说。但是麦昆再一次感觉自己被孤立了，因为性取向。“那段时间对我来说怪怪的，16 岁、17 岁、18 岁，我已经逐渐接受并适应了自己的性取向。但我的身边都是异性恋者，常常能听到一些厌恶同性恋者的言论，”他说。“在楼下制衣间我不会顾忌自己是同性恋，但是楼上都是来自绍森德（Southend）和南部伦敦的人，像其他学徒一样，都是些幼稚的小男孩，所以我大部分时间都尽量不说话，因为我真的是一个大嘴巴。”

据约翰·希区柯克所说，大家都知道麦昆是同性恋，但这并不是个问题。“在这个行业里有很多同性恋，”他说，“我从来没有因为这件事烦恼过。很多人都被艾滋病吓坏了，而且相当一部分男人真的是害怕了。但这真的很傻，你又没和同性恋者谈朋友。最有意思的是这些同性恋者和女孩们都处得很好。女孩们一点儿也不在乎，她们认为大家都是一样的。他们有些女孩子气，但那并不影响什么。”

希区柯克记得李每天来上班总是穿着肥大的牛仔裤，一件厚重的黑色或灰色的翻领毛衫，有时搭配着格子花纹夹克和马丁靴。一张当时在工作间拍摄的照片中，李上身穿着一件红色衬衫，扣子一直系到了衣领，下身穿一条水洗发白的牛仔裤，用皮带紧紧地勒住。据大家说，李并不是一位受大家喜爱的员工。

和李同期的一位学徒德里克·汤姆林森（Derrick Tomlinson）说，“对我来说，李太严肃了。他总是想和我聊那些严肃的话题，可我并不感兴趣。在同一个工作间工作的两个女孩，和李相处得也不太好，他们性格不合。”大家是因为李是同性恋而不喜欢他吗？“我不知道他是同性恋，他从未对我提起过，”德里克说，“他的行为举止确实有点奇怪，但我并没有因此联想到他是同性恋。”

工作时，裁缝们和学徒们听2台的轻松音乐，在私下里，李是浩室音乐（House Music）的发烧友。“李向我推荐了浩室音乐，之前我对这种音乐类型一无所知。”德里克说，“浩室音乐在那时还是一种新新时尚事物，迷幻浩室潮流（ACID house），锐舞风潮。”

每一位新学徒的目标就是做成一件被称作“前成品（forward）”的衣服——一件几乎全部完成、可以让顾客初步试穿的衣服。通常来说，一位新的学徒学会所有必要的技能要花费4到5年的时间，而麦昆两年就全部学会了。“肯教得不错，”希区柯克说，“李很愿意去学而且他有天分。”

在裁缝罗斯玛丽·伯格（Rosemarie Bolger）的印象中，李是一个安静的、默默工作的、没有什么特别之处的男孩。“我实际上根本就不知道他叫亚历山大·麦昆，我只知道这个孩子叫李。”她说，“又一拨没有学成的孩子，他只是其中一个罢了。有些人没能成功是因为他们针线活不够好，另一些人是因为缺乏自我约束力，李属于第三类，这些人并没有真正想做裁缝，而是把这几年的学徒训练作为踏板。然而在那时我并没看出李与其他孩子有什么区别。”

如果麦昆在安德森与谢泼德裁缝店的故事是真实的，这个年轻的学徒确实留下了自己的痕迹。“刚开始的时候，你会整整三个月都在缝翻领，”李后来说，“你会觉得厌烦，然后就会在夹克的内里胡乱写点什么，可能会写些下流话——像16岁的男孩无聊时做的一样。但这只是一个过渡阶段，早知道未来这件事会被问到那么多次，我当时就不会提了。”在一期弗兰克·斯金纳（Frank Skinner）的电视采访节目中，李夸大了这个故事为了博观众一笑。“我当时和一群老裁缝在萨维尔街的这栋老房子的顶楼，真是无聊死了，恰好手里正在缝制查尔斯王子（Prince Charles）的夹克，”李说，“我就在夹克内衬上画了一个大阴茎。”这个故事的另一个版本是他用圆珠笔在夹克里写了“我是荡妇”这几个字。

这是真的吗？约翰·希区柯克说，麦昆的老板肯“是一位虔诚的天主教徒，他定期去做礼拜。如果他看到成衣里面的问题，他一定会修改。所以说，李所述非实”。据希区柯克所说，查尔斯王子的贴身男仆看到了关于麦昆的所谓颠覆性涂鸦艺术的新闻，他打电话到安德森与谢泼德裁缝店投诉。希区柯克召回了当时提到的那件夹克，小心地拆开缝线去查找麦昆留下的痕迹，结果一无所获。“麦昆想要的是曝光度，让大家知道他曾为查尔斯王子做衣服，他成功了，但却成了我们衰落的开始，”希区柯克说。“这么做并不好，”罗斯玛丽·伯格和他的老板观点一致，“他本不该那么做，这和肯敢于去尝试吊袜带一个道理。”

尽管如此，有很多人还是相信李所言并非凭空杜撰，其中包括创意总监莎拉·伯顿（Sarah Burton）。“他当然做过这件事，”姐姐雅基说。“游泳的时候，别人要是在上面游，他就会在水底游。他会做任何叛逆的事情。他并不是为了给任何人留下印象，没有人值得他去引起注意，除了他自己。”李后来的男朋友安德鲁·格鲁夫斯（Andrew Groves）也怀疑麦昆可能很喜欢在织物上留下印记，一个大胆越轨的记号作为麦昆自己的标识。“他会颠覆任何他在做的事情，”他说，“他总是想推翻任何权威和业已确立的想法。”

李在安德森与谢泼德裁缝店当了两年学徒后，他开始上班迟到，或者整日都不出现。麦昆反复无常的时间观念开始影响公司的平稳运行——如果他在某天里不能完成指定的任务，就意味着其他员工不能按时完成他们的工作。“说他的巴士晚到，这并不管用，因为我们会告诉他早点起床，”希区柯克说。“肯曾要我去和麦昆谈谈，他觉得麦昆的行为实在是不妥。我告诉麦昆，他不能再这样不管不顾了，他听了有点不高兴，接着就离开了。我们没有解雇他，他是自动离职。后来我们才知道当时他的母亲生病了，但如果他如实相告，我们会给他一周的假期来照顾母亲的。”很明显，李的行为给公司留下了很不好的影响：记者林恩·巴博尔（Lynn Barber）联系安德森与谢泼德裁缝店，想听听大家口中的麦昆，并把这些话收录在她 1996 年的《观察家报》（*Observer*）设计师简介栏目中。诺曼·哈里斯（Norman Halsey）的答复是，“人们到处说麦昆在我们这里工作过，但这栋楼里的所有人都不记得有这个人。他也许在这儿工作过几周。如果你不是一位女士，我会用一堆脏话，比如‘什么什么胡说八道’。你不知道吧？嗯，第一个词的第一个字是‘狗’。”

离开了安德森与谢泼德裁缝店，麦昆在萨维尔街上走得更远了。他来到了吉布斯和霍克斯（Gieves & Hawkes）企业，在那里做裁缝学徒。麦昆 1988 年 1 月 11 日开始工作，在这里仅仅待了一年多时间。“我当然记得他曾与我们一起工作，”罗伯特·基弗（Robert Gieve）在 1997 年的采访中说，“而且，很遗憾我们失去了他的才能——我们没有任何办法挽留他——他的头脑和天性就是喜欢寻根究底，总是在不停地提问。为什么这样，为什么那样，要制造胸部效果或收腰效果，为什么在外套的这个地方设计开口，而不是那个地方？他的工作方式和说话方式明显地体现出他的这种特质。”

麦昆说吉布斯和霍克斯（G&H）企业里弥漫着厌恶同性恋的氛围，他忍无可忍最终下定决心于 1989 年 3 月离开。“我直接走进吉布斯和霍克斯（G&H）的高层办公室，告诉他们公司里的这种情况必须要有所改变，”麦昆说，“既然至今还一切照旧，那么我只有离开了。”

麦昆开始了自由职业生涯，为戏剧服装供应商伯曼和纳森（Berman & Nathan）工作，这个公司制作过电影《悲惨世界》（*Les Miserables*）和《西贡小姐》（*Miss Saigon*）的服装。“李为《西贡小姐》制作服装，而我制作道具，”安德鲁·格鲁夫斯说。“我们后来遇见才知道的。”尽管后来李说他并不喜欢那段经历——“我的周围都是十足的女王，反正我也不喜欢戏剧”——李总被要求在短时间内制作出大量作品，格鲁夫斯相信这段经历对他后来的服装秀影响深远。“他的想法和我的一样——如果你要办一场服装秀，那么它就要像个秀。你希望人们走的时候说，‘哇’，或者害怕、厌恶、惊讶，而不仅仅是，‘噢，那条裙子不错。’”

为了贴补微薄的收入，麦昆又回到斯特拉特福德学校对面的镜像（Reflections）酒吧工作，但那时酒吧已经换了数任老板。一个名叫阿奇·瑞德（Archie Reed）的人后来和麦昆保持了相当长时间的关系，据他所说，“镜像是东区最粗野的酒吧，”而且还住着与西汉姆联（West

Ham United）足球俱乐部有关的流氓帮派——城际帮（Inter City Firm）。科雷家族（The Krays）曾一度接手，后来酒吧再营业，也招待同性恋。“大门关上的一瞬间，你会心头一颤，”阿奇说，“这个酒吧里什么都有，打架、性。”阿奇回忆说，曾见过李低着头在酒吧里四处收拾杯子。“我总是被李吸引，他从不直视任何人，”他说，“后来我问他为什么不直视，他告诉我他不用看就知道周围发生的事情。我也曾问过他为什么要在这里上班，他说‘在这个酒吧里发生的事情太有意思了，一会儿那儿有两个男人在接吻，过一会儿又会有两个女孩在亲吻，下一段时间又会看到一个男人和一个女人接吻’。酒吧里充斥着大量的犯罪，随时都有人会打起架来。”

李在一本杂志上看到了一篇介绍设计师立野浩二（Koji Tatsuno）的文章，这位设计师出生在东京，却在伦敦成名。他立刻来到了立野浩二的工作室谋职。李面试时下身穿一条锥形裤，上身穿一件皮夹克，脖子上系着一条真丝领带。“我看上去十足是个怪胎，”李后来说。尽管立野浩二仅以实习生的形式雇佣麦昆不到一年时间，但这位设计师对这个20岁的小伙子产生了巨大的影响。立野浩二在山本耀司（Yohji Yamamoto）的资助下进行了织物裁剪的创新试验，并一举成名，他将无生气的二维裁剪方式转化为三维的立体裁剪。立野14岁就离开家，五年后因采购古董到达伦敦。1982年，他发布了自己的品牌“文化冲击”（Culture Shock），这个名字对麦昆有一定的吸引力，而且立野所缺少的正规训练使他创造了一种独特的审美。“我喜欢随性创作，”1993年时他说道，“照例应该先把一块布料铺平，再剪下一块，对我来说，这块布和身体毫无关系。"他没有遵从惯例，而是摸索着把布料裹在模特身上，勾勒出轮廓，进行立体裁剪。麦昆后来也采用了这种剪裁方法。"他的作品是基于英国的裁剪方法，再混合先锋的元素，而且我认为在伦敦独此一份，"李说。李在立野位于伦敦梅菲尔区（Mayfair）蒙特街（Mount Street）的工作室工作，在那里他学会了如何不用图样就能裁剪出衣料。"我们从来不谈流行的趋势，"立野说，"我和他都被萨维尔街的裁剪技术吸引住了，我们都不仅仅遵循传统，而是喜欢尝试一些新的事物。我对李的第一印象是他有些怪怪的。我知道他很喜欢在黑暗中挖掘美的一面，我也一样。"

为立野工作期间，麦昆遇到了被认为是时尚教父和同志里的良师益友般的这么一个男人，他把麦昆引向了财富、权力和文化的世界。

比利博一（BillyBoy*）是那种看起来就像从颓废小说里走出来的超现实唯美主义者。他生于维也纳，在纽约长大，很小的时候就对服装的流行款式极敏感——12 岁时，比利博一在巴黎的一个跳蚤市场发现了一顶由意大利籍女设计师设计的帽子，这顶帽子看起来像"被压扁的小丑帽上缝着一只昆虫"，从那以后，他开始收集夏帕瑞丽（Schiaparelli）的经典服饰。比利博一的成长过程中始终与艺术家、作家和电影明星相伴：6 岁时，西班牙著名画家萨尔瓦多·达利（Salvador Dalí）曾为他画像；仅仅 5、6 岁时，他就参观过沃霍尔的工厂（Warhol's Factory）；著名时尚专栏作家戴安娜·弗里兰（Diana Vreeland）和杰克·昂纳西斯（Jackie Onassis）视比利博一为他们的门生。他的监护人兼好友贝蒂娜·贝热里（Bettina Bergery）原名伊丽莎白·肖·琼斯（Elisabeth Shaw

Jones)，是艾尔莎·夏帕瑞丽（Elsa Schiaparelli）巴黎门店的橱窗设计师。其中一个标志性的形象是在额头上装饰了一束花，据评论员说，这是受到设计师儿时一件事情的启发："夏帕瑞丽的母亲是公认的美女，她在夏帕瑞丽小时候经常说自己的女儿长得丑。夏帕瑞丽就在自己的嘴里、鼻子里和耳朵里种上了花种，为了让自己的丑脸变得更美丽更独特，可想而知结果惨痛。"在夏帕瑞丽的自传中，她写到，她一直渴望"拥有一张像天国花园一样被花朵覆盖的面庞"。这个形象深深地打动了麦昆，这个年轻人十分在意自己的外表，在后来的职业生涯中，他将夏帕瑞丽的话变为了现实，在他的时装秀上，模特们走在T台上，脸上铺满鲜花和蝴蝶。"他对作为无政府主义者和叛逆者的夏帕瑞丽很感兴趣，"比利博一说，"我给他讲了所有夏帕瑞丽做过的反主流文化的事情，像骷髅长袍和龙虾裙，他觉得这很吸引人。"

这两个男人——1989年通过共同的朋友结识了——出生在两个截然不同的社会阶层：李是工人阶级家庭出身，住在简陋的斯特拉特福德的一幢房子里，而比利博一被纽约的知识分子精英家庭养大，有私人教师，上蒙特梭利学校。"李曾经带我去他小时候住过的地方，我惊呆了，我从未见过那样的地方，"比利博一说，"当然，我震惊失语，但是我终于了解了李愤怒的根源。我对他的生活有着近乎病态的好奇心，就像他对我的一样。"李20岁之前没有出过国，而比利博一在8岁时就已被父母送出去，游历过世界三分之一的国家。麦昆觉得他的家人，尤其是父亲难以接受他是同性恋的事实，而比利博一在十几岁时，他的母亲就曾询问过他的性取向，当母亲得知比利博一是同性恋时，可以说是喜极而泣，她抱着比利博一说，“谢天谢地，真是谢天谢地，我真怕你不是；如果你不是同性恋，你的生活会是多么单调，作为直男永远不会使你开心的。”

比利博一到伦敦会住在像萨伏伊（the Savoy）或利兹（the Ritz）这样的豪华酒店，“我们常出去串酒吧，而李会来利兹，一方面他赞叹酒店的奢华，另一方面又对酒店冷嘲热讽，”他说，“李有点爱叫板。他想成功，像其他人一样有权有钱又有名，但同时，他又厌恶这些人。他的性格中存在的这种矛盾性他自己也解决不了。我们就像白天和黑夜，正常来说，我们不可能成为朋友。我认为他并不喜欢自己的出身，甚至厌恶它。我感觉他羡慕我的出身背景，尽管我的也不那么幸福。我们的童年有着相似的痛苦经历。”

比利博一的母亲出生在一个天主教家庭，父亲是个犹太人——生他的时候，比利博一的母亲只有 14 岁，父亲 15 岁。他的出生对两个家庭来说是莫大的耻辱，结果是他被送到了孤儿院。“这个孤儿院专门秘密接收那些巨富和名门望族的私生子，”他说。4 岁的时候，他被一个生活在曼哈顿的俄罗斯贵族家庭收养，后来得知他的父母在生他的 4 年后双双自杀。“我是他们的唯一继承人，根据订立下的遗嘱，我要使用他们的名字，他们两个的名字，”他说，“我的养父母很为难，他们决定叫我比利博一，博一（Boy）是一个英格兰伯爵家族的名字，比利（Billy）是根据威廉（Wilhelm）（或实际上是 Vylyam）的名字取的，其他名字为：Zef Sh’muel Roberto Atlantide。名字中有大西洋（Atlantide）是因为我是双鱼座。当然我又加上了星号。”

李被比利博一讲述的身世迷住了——弃婴，收养有钱人家私生子的哥特式孤儿院，双亲自杀，极度奢靡的生活，先是在纽约后是在巴黎（20 世纪 70 年代晚期比利博一搬到了巴黎）。在法国的首都，他交往的“人物无一不是艺术和时尚界的名流”，其中有著名演员兼歌手玛琳·黛德丽（Marlene Dietrich），巴黎著名设计师莱恩·沃特兰（Line Vautrin），艺术家迪亚哥·贾科梅蒂（Diego Giacometti），法国著名画家贝尔纳·布菲（Bernard Buffet），法国著名时装设计师于贝尔·德·纪梵希（Hubert de Givenchy），迪奥设计师马克·博昂（Marc Bohan），法国著名设计师安德烈·库雷热（André Courrèges），法国著名设计师伊夫·圣·罗兰（Yves Saint Laurent），以及巴黎的亚历山大（Alexandre），剪了他头发的人。当比利博一把他经历过的那些事件描述为“有点像《罗密欧与朱丽叶》，含有一抹现代流行艺术的色彩”时，李被惊到了。在很小的年纪，麦昆就对重生这个概念很着迷，一些人拥有这种能力，能够重新打造自己，让自己恍若新生。比利博一告诉麦昆，教育在拯救他的生命中扮演了重要角色。“我所接受的教育是我童年时得到的最好的东西。我的意思是，我的养父母可能是任何人，而他们是明智的父母，让我受到良好的教育，”他说，“在这一点上我要感谢我的养父母，我也要感谢我的亲生父母，有点奇怪，不过准确说他们的死帮了我……我感觉和他们很近……他们的灵魂、思想和金钱以及养父母为我所担负的非同寻常的教育费用，在他们的辅助下，我更加了解自己或者说更容易接近真实的自我。”

这两个男人同样因时尚而结缘。现在身为艺术家的比利博一记起，他有几件精美的服装就是李在立野浩二工作室工作时为他制作的。从那时开始，他就一直穿着麦昆为他制作的那几件绝美单品：孔雀毛编织的外套，另一件的灵感来源于 18 世纪的骑士夹克，他说“这是一件伟大的设计，我会终生穿着它”。

一天，比利博一到立野浩二位于梅费尔街的工作室买一些展示样品，李看到他在试穿一件超低胸丝绸裙。

“你应该穿那件，只有你能穿，”李对他说。

“难道你不觉得我穿上那件衣服看起来有点像个荡妇，一个该死的荡妇？”比利博一问。

“不，你看起来像个男人，”李回答说。

“你的意思是勇敢？”

“嗯，也可以那么说，”他说着，笑了起来。

麦昆也很好奇他的新朋友会如何改变着装：某天，比利博一会穿一件安德森与谢泼德裁缝店制作的帅气但中规中矩的西装。隔天却穿了一件超现实的前卫套装，带有挑衅和不安的意味。李对“我的第一印象应该是我是一个怪异的杂合体，雅俗都能接受，我既能穿传统的西服打领带，也能穿约翰·加利亚诺（John Galliano）首创的浪漫唯美服装或者 BodyMap 品牌的怪异夸张的服饰”。

比利博一认为李并不那么擅长绘图——“他过去常常在纸盘子和餐巾的角落画一些微小的草图”——但是他好像有天生的裁剪天赋。“他可以在布料上直接剪出服装样式，同时还可以打褶或铸模，而你则需要把布料固定在人体模型上，沿着模型裁剪、构思和打模。他的这种才能真是让人惊叹不已。”

1989年，立野浩二的公司宣告破产，麦昆开始寻找新的工作。他拜托公司的一个女同事帮他打听是否有人需要制版师，同事帮他联系了韦恩（Wayne）和吉拉德·海明威（Gerardine Hemingway）夫妇创办的街头风格时尚品牌“红色与死亡”（Red or Dead）的首席设计师约翰·麦基特里克（John McKitterick）。“麦昆为人很谦和，怎么也看不出他是个对时装感兴趣的人。”麦基特里克说。“他不太会与人交往，还有点不修边幅。但是他一来到工作室，那时候工作室还在温布利（Wembley），明显知道自己要做什么。他精于缝纫和裁剪，像他这么年轻就能掌握这种技能是很难得的，此外他做事有条理，而且守时。我们很快变得熟络起来，但那时我们还不是朋友。我从未见他去过工作室以外的地方，他很少去酒吧这样的地方，我常参加的那些活动他也很少参与。我喜欢他，他是个可爱的家伙，但是他不知道如何开始与人交谈。他就像一只辛勤的工蜂，工作能力很强。我那时没觉得他是个有趣的人，后来才发现了这点。”

那段时间，李和麦基特里克一起为“红色与死亡”品牌制作了很多系列的服装，包括：“查理万花尺”（Charlie Spirograph）（1989年秋冬系列），“空间宝贝”（Spacebaby）（1990年春夏系列）以及“我们爱动物”（We Love Animals）（1990年秋冬系列）。随着对服装设计精妙之处的了解愈深，李对其兴趣愈加浓厚，工作中，李开始向约翰询问时装发布过程相关技术层面的具体问题。“他开始思考自己的真实需求是打入时尚界，”麦基特里克说。“我认为当时他自己并不清楚要到达何种程度。在同他谈话时，我忽然萌生出一种想法，我建议他去意大利。我曾经在意大利工作过，在那个时候，80 年代末，意大利是个可以让人跻身时尚圈的好地方，那里有很多发展方向，比如：运动休闲装和男装，这些在当时的巴黎和美国都无迹可寻。”

李有着与生俱来的说干就干的特性，他想马上飞到意大利，但是约翰告诉他要等待时机——找工作的最佳时机是时装秀刚刚办完的时候，那些顶级设计师会考虑下一季做什么，正是需要人的时候。约翰还在他的通讯录里查找相关人士，把他们的联系方式列出了一个单子——里面有编辑、猎头、代理以及设计师。拿着这份名单，李找到了当时在旅行社工作的姐姐特雷西，帮他订了一张去米兰的单程机票。“我觉得他有点疯狂，”约翰·麦基特里克说，“他留着难看的发型，穿着宽松的衬衫和肥大的牛仔裤，裤腿膝盖上还有个洞，一切看起来都糟透了。我想，‘真不知道他到底在干什么？’”

1990 年 3 月，21 岁的麦昆踌躇满志，抵达了意大利的时尚之都米兰。尽管他打算为任何一位设计师工作，但名单上的第一位是：罗密欧·基利（Romeo Gigli）。“那时候在伦敦没有什么特别让我关注的，罗密欧·基利就是最棒的，他的作品随处可见，”李说。在《麦克道尔的二十世纪时尚指南》中，科林·麦克道尔是这样评价基利的，“他的不规则设计拉长了身体轮廓，很快使他跳脱出意大利时装主流……基利的发布会成为狂热追逐的对象，他设计的服装被世界各地的年轻贵妇疯狂抢购。他的设计融合了伦敦后朋克街头风格和日本先锋派式样，配以意大利柔和的裁剪和丰富的色彩，使服装呈现出极致的精美与典雅……很多时尚界的资深人士认为基利是 80 年代最重要的设计师。”麦昆被基利的浪漫主义精神深深吸引，他的拜占庭风格的镶嵌、中世纪轻柔布料的使用以及对秀场的把控能力激起了人们的强烈反响——1989 年基利在巴黎举行了他的首秀，比安卡·贾格尔（Bianca Jagger）在描述那年基利的夺目光彩时说道，“在服装发布结束时，时尚编辑们都从座位上跳了起来，几近疯狂。”——她说，“他是我至今见过的最令人激动的设计师，他让女人穿上男人的衣服，却不失妩媚。”

那天，麦昆穿着一条 70 年代拼接喇叭裤配一件方格衬衫，从米兰的加里波第门（Porta Garibaldi）下地铁，沿科莫大街（Corso Como）去往基利的工作室。他没有预约，但他希望自己的作品集——后来他认为是迄今“最糟糕的作品集”“全都是舞台装的设计”——能使自己成为基利工作室的一名制版师。前台打电话通知了莉泽·斯特拉斯迪（Lise Strathdee）——莉泽出生在新西兰，曾在马兰戈尼学院（Istituto Marangoni）专门学习时装以及服装设计，当时她为基利工作，是“基利的左右手”——她走下楼来与麦昆见面。“我不记得麦昆给我看的作品集里的服装样式了，我感兴趣的是他的工作经历……出奇的复杂，我想罗密欧可能对这个会感兴趣，”她说。“那天早上罗密欧正在和卡拉（Carla）开会——卡拉·索萨妮（Carla Sozzani）是基利的合作伙伴，《时尚》（*Vogue*）意大利版主编弗兰卡·索萨妮（Franca Sozzani）的妹妹——尽管我们的工作室是开放式的，但不能干扰会议的进行。”莉泽回忆说，“李讲起话来柔声细语，可能是太紧张了。我们坐下来聊，我翻看了他的图册，让李介绍一下自己，还问了他一些问题……他给我的印象是他想离开伦敦在米兰试试运气。”

翻看了他的作品集后，莉泽留下了李的联系方式，并感谢他的到来。莉泽对李说再见时，她能感到李的失望，当她回到自己的办公室时，罗密欧刚好结束了会议。莉泽径直走向罗密欧，告诉他有一位在萨维尔街工作过的年轻人前来应聘。“在两个会议之间，罗密欧有几分钟的时间，所以他同意见见李，”莉泽说，“我飞奔出工作室，右转上科莫大街，一路边走边寻找李的身影直至加里波第门地铁站。”莉泽瞥见了李，他正在下楼梯走进地铁站，她大喊叫住了他。后来，李回忆当时的情景说，基利的“助理像一个疯妇一样追上我，告诉我罗密欧要见我”。莉泽告诉李她的老板愿意见他，但是时间不多，他们必须要快一点回去，“李的面庞犹如太阳初升，温暖而幸福，他变得有说有笑……我们一边兴奋地说笑着一边几乎一溜小跑回到了工作室。我把李带到罗密欧办公桌前，介绍他们认识。我记不清他们交谈时我是否在场，但有一点肯定的是李当场就被雇佣了。”薪水不多——120 万里拉一个月（只是这个店里一件普通衬衫的价格）——但是李还是很激动。李打电话给麦基特里克，当他听到这个好消息时，“吓了一跳，还有点惊讶，但为李感到高兴。”

麦昆一部分时间待在扎马斯博德（Zamasport）工厂——位于距米兰 30 英里的诺瓦拉市（Novara）——另一部分时间待在位于当时被公认为“简陋寒酸”的科莫大街上的工作室——位于一间“汽车门店”的阁楼上——工作室“空气清新，墙体雪白”。李开始为基利的另一个品牌卡拉汉（Callaghan）设计服装。他的第一个任务就是在一件衬衫上试着做出罗密欧在一张照片中圈出的一种褶皱。该照片由玛格南图片社（Magnum）的摄影师约瑟夫·寇德卡（Josef Koudelka）拍摄，图片中的吉普赛男孩的衬衫被一个男孩拉拽着。"李为这个图样工作了一周，但最终没有成功，"基利当时的一位设计助理卡门·阿蒂加斯（Carmen Artigas）说，"罗密欧走进来说，'不对，不是这个样子，'真是令人又尴尬又沮丧。我记得在罗密欧说这些话时，李冷汗直冒，显得很紧张。"6年以后，卡门去伦敦看望麦昆，麦昆拿出了一个塑料文件夹，里面是那张吉普赛男孩照片的副本。"还记得这个吗？"他对卡门说，"我还以为那天我要被解雇了呢。"

卡门出生在墨西哥城，有一次她发现李看上去很不舒服；他时不时地托住下巴，很痛苦的样子，好像那里的皮肤不能碰，卡门给了他一片阿司匹林，后来两个人就成了朋友。同一周，两个人一起去吃了午餐，李向她讲述了自己在斯特拉特福德的童年生活。"当他看着你时，他那一双蓝色的眼睛眼神锐利，"她说，"他腼腆、善良，是一个好人。我感觉他并不是一个同性恋。他穿着宽松的牛仔裤和T恤衫，配着下袋链，像个街头男孩。他的牙齿形状不好，他很在意这一点。"李患有牙龈炎——卡门注意到他的牙龈红肿呈亮粉色，"他还缺了一颗牙——他说话时，你看不出他少了一颗牙，但如果他仰头大笑，你就能看到。"

李和卡门的工作就是把马上要推出的系列图案画在用来包裹基利作品的牛皮纸上。为了逗逗他的新朋友，也许是为了吓吓她，麦昆把他画的一些草图从桌子上递给卡门看，这些草图隐约透露出麦昆后来发布的时装系列中的部分形象。其中一幅图中画的是一个半人半兽，一半身体是女人，另一半是鱼；她的头部，或者说其他部分，戴着面纱，她的胸部装饰着金属小球，腹部被一支箭射穿。另一幅图上画了一只凶恶的狗，旁边是一只怪异神奇的鸟。麦昆会在这些草图上署名，“给亲爱的卡门，李”，但有时卡门对李的一些画却百思不得其解。“那个时期的画都倾向于拉斐尔前派，都是美女，可李却在画妖怪，”她说，“我想，这家伙怎么了？”

李搬进了莉泽位于阿瑞比图街1号（Via Ariberto1）的四居室公寓，靠近圣阿戈斯蒂诺地铁站（Sant' Agostino）。这是个酒店式公寓，装修堂皇，“房间宽敞，地面镶着瓷砖，木质吊顶”，地处“城市不知名的一片区域”。李每次出入公寓，都能看到门房里坐着一对老夫妻；老大爷的呼吸系统有问题，随身带着呼吸机。麦昆在沃斯（Voss）系列（2001春夏系列）中有一个压轴形象——一位肥胖的裸女头戴面具和呼吸机——莉泽认为麦昆设计的这个形象的灵感部分源于此。“某天你回家，乘坐电梯或是走楼梯，路过黑色框架的玻璃房子，就会看到一对老人肩并肩坐着，中间放着一张小桌子，”莉泽说，“老人会穿一件白色的汗衫，胳膊上汗毛浓密，由于带着呼吸机，只能看到他的半张脸，两位老人会齐刷刷地望向屋外，目光透过玻璃、穿过你，投向远处。一股刺鼻的硫黄味道连同他们空洞的表情从昏暗的玻璃房传过来。真有些恐怖。”

除了莉泽，公寓里还住着李的其他两位同事，卡伦·布伦南（Karen Brennan）和弗朗斯·昂科弄（Frans Ankoné）。“他房间里的大型手提录音机里传出了喧嚣的音乐声，李告诉我这是三人饶舌组合迪拉索（De La Soul），”莉泽说，“他有地道的伦敦做派，只要他在公寓，我就感觉自己好像在伦敦。但是他很少在公寓，我也是。我们每天工作 10 到 12 个小时，也许共进晚餐，也许一起去跳舞，然后到了第二天早上，因为四个卧房只有一个卫生间，我们都是出来进去的。（我记得）偶尔能听到敲门声以及‘快点，我要用卫生间’类似的话。”莉泽还记得麦昆有时会尝试做饭，但饭的味道实在是令人难以下咽。“他似乎对做饭一窍不通，”她说，“所以自那之后我就坚持给他做饭吃，每天至少一顿，有时两三顿，虽然大多数只是意大利面，但是我总是不厌其烦地告诉他要吃好。”几年后，两个人在伦敦再次见面，李叫莉泽“意大利妈妈”，“他一定把这当作一种恭维。”

一天晚上，在阿瑞比图街的公寓里，莉泽、卡伦、弗朗斯和李在一起吃晚餐，李对同性恋关系发表着一些“奇怪”的言论，之前莉泽一直以为麦昆是个“恐同者”。“我以为他可能是不那么敏感或者是无知，”她说。没有人继续李的话题，弗朗斯开始谈起了在米兰新开的酒吧，“而李则滔滔不绝地一口气说出了所有同性恋酒吧的名称，”“除非你常常光顾这些酒吧，或是在米兰住了相当长一段时间，不然不可能知道这么多细节……行家才能给出这样一份酒吧名单。”莉泽记得当时有些尴尬和窘迫，但后来大家又转移了话题，她心想，“喂！这时候你该知道一二了吧，”但是李仍坐在厨房的餐桌前，微微低着头，“他谁也没看。”那时候她意识到“李有很多不为人知的方面，比他暴露在人前的要多得多”。后来，李曾经给他在圣马丁学院的朋友西蒙·昂格莱斯（Simon Ungless）讲述他在意大利的性生活，而昂格莱斯认为这些故事都是李胡编乱造的。“他讲的事情，在实际中根本是不可能的，”西蒙说，“某种方式的托举，同时和很多男人在一起，这简直是荒谬。”

其他人也对麦昆的行为感到惊讶。一个周末，李邀请卡门和她恰好在米兰的妹妹参加一个派对。他们约好在餐厅外的街角见面，后来下雨了，李拿着一把由竹子和蜡纸制作的日式古董油伞出现了。“伞是他的一位日本朋友的，因为这不是一把在雨中使用的伞，他就这样把这把伞弄坏了，”卡门说。卡门提醒李伞快要坏了，他只是哈哈大笑，然后继续他的派对。在这个聚会上，李留在卡门心中的印象再一次受到了挑战。“主人是一位帅气的男子，他在范思哲工作，聚会上净是些漂亮的人，”她说，“我很好奇，他是在哪儿认识的这些人。”

麦昆决心尽可能多地观察身边的人并向他们学习，他密切关注着罗密欧·基利的一言一行。罗密欧是个极富个人魅力的男子，如卡门所描述的，“罗密欧并不英俊，但他就像一张电影图片，有着浪漫的情怀，与众不同、神秘莫测”。李被基利的故事迷住了：出生在富裕的家庭，十几岁就失去了双亲，他用父母留下的遗产环游世界。“至少有十年的时间，我生活得像个王子，”基利说。他的母亲总是穿高级定制的服装（迪奥和巴黎世家），这些服装华丽精美，有的仿佛是从雕塑身上移嫁过来的，基利被深深吸引。“我关注的是这些服装究竟是怎么做出来的，”他说，“无论我做什么，我要知道它的制作原理。”多方面的杂糅在他的创作过程中占据了核心位置，他从书、画、外国文化以及旅行见闻中汲取灵感。“我的服装系列的灵感来源于我父亲的图书馆，”他说，“并非单一流派，而是兼容并蓄——我全部知识的融合。”

麦昆学习基利如何塑造并维持公众形象。“基利总能得到众人的目光，我想知道原因，”后来李说，“这与他的穿着无关，更多的是他个人的魅力。这对任何人都适用。对于服装的喜爱永远排在第二位，次于对于设计师的喜爱。当然你要知道你也必须是个好的设计师。没有专业技能的支持，其他都是废话而已。如果你设计不出好的服装，说那些天花乱坠的东西又有什么意义？”

在米兰的最后那段时间，麦昆与同住在公寓的同事发生了一些龃龉。一天晚上，莉泽回到公寓，发现房间里漆黑一片，寂静无声。她打开自己的房门，看见李躺在她的床上，脚搭在她的枕头上。李“很难过”，他一边讲发生的事情一边“小声啜泣”。莉泽回忆说，“那时很晚了，我很累，我尽量安抚他，让他离开我的床，回到他自己的房间。不久，他就收拾行装，离开了。”李离开时，莉泽记得“前门砰地被撞得大敞四开，看到了黑漆漆的公寓楼梯间”。

麦昆在基利公司工作的时间很短，1990 年夏天就离开了。卡拉·索萨妮与基利关系破裂，很快公司就解体了。李告诉卡门他不知道接下来要做些什么，但又说要回到伦敦，找个工作，他把母亲的通讯方式留给了卡门，以便今后联系。李离开了，留给她几幅怪异而美丽的草图，还有几张照片。在她的宝丽来一次成像照相机中，有一张李的特写，照片中的他看上去有点变形，好像他曾用外科手术刀把自己的图像刮花了。

表面看，麦昆的生活前景似乎又变得一片黯淡。他回到伦敦，搬回比格斯塔夫大街的父母家，再次为约翰·麦基特里克工作。这时，麦基特里克已经离开了“红色与死亡”，以自己的名字开创了一个新的品牌。当时他把目光放在了恋物癖着装上，因此麦昆制作的服装需要大量的皮料和PVC，还要处理很多拉锁，细部还要用到很多特色铆钉。“在这一点上，他确实开始听取我有关设计流程的意见和建议，”麦基特里克回忆说，“他有在萨维尔街工作的经历，但只不过是个学徒裁缝，后来是个兼职的制版师，做了点针线活儿，并不是多么棒的一份简历，不足以给他信心。他当时说自己确确实实想当一位服装设计师，我告诉他必须要学习服装制作的整个过程。我说他可以通过和其他人工作学到这些，但最好的方法就是去上学。”麦基特里克告诉李中央圣马丁学院（Central St Martins）是伦敦艺术与时尚的摇篮，位于查令十字街（Charing Cross Road）Soho办公的附近，他还告诉李自己如何在圣马丁学院拿到了本科和硕士学位。“现在学习还为时不晚，李在时尚圈的工作经历相当于读了一个本科，”麦基特里克说，他现在正在圣马丁学院教授硕士课程，还把博比·希尔森（Bobby Hillson）（圣马丁艺术学院时装课程的创建者和系主任）的联系方式交给了李。

李知道，如果他能在圣马丁学院学习，他的人生会有很大不同。“我都想学，每一样，让我知道一切，”他说。

第三章

“如果你无法与他人和谐相处，与周遭的一切都格格不入，那么来艺术学校吧，这里会让你感到舒适自在。”

路易斯·威尔逊教授

Lee McQueen

李拿着一大叠衣服，沿着狭长、略简陋的走道来到了博比·希尔森（Bobby Hillson）的办公室。他敲了敲门，安静等候。这位时尚写手笔下“略带保守贵族气质的”博比打开门，看到一位年轻人，她误以为是位信差。

“有事吗？”她问，“你找谁？”

“你，”李回答说。

“但是你没有预约。”

李告诉希尔森，是约翰·麦基特里克（John McKitterick）让他前来拜访的。博比告诉李自己现在很忙，他可以进来，但只有 5 分钟时间。李把衣服扔在沙发上，告诉希尔森，“这些都是我在为罗密欧·基利（Romeo Gigli）工作时打的版，我想来你这儿做一名打版师。”博比在心里否定着李的想法——她认为，作为一位打版师，李太年轻了，她的学生们根本不会把他放在眼里——但是她对李在基利和萨维尔巷的工作经历很感兴趣。

“你做过设计吗？会画画吗？”她问。

“我的一生都在画画，”李回答。

博比让麦昆几天后再过来一趟，带上他的画册。希尔森看了麦昆的画作——她后来用“卓越超群”来形容——当场给了他一个时尚硕士课程的名额，尽管麦昆并没有时尚设计、编织或印染一级或二级甲的学士学位。“他很吃惊，可以说是惊呆了，”博比说。她告诉麦昆不能给他提供奖学金——所有的奖学金申请已经结束——但是，如果麦昆可以缴纳相应的学费，她很愿意给他这个机会。“毫无疑问，他有这个才能，”她说，“他看上去不太讨人喜欢，而且似乎没什么特殊之处，但是我想如果他真想来这里学习，我应该给他一个机会。”希尔森把麦昆带到当时的时装与纺织学院院长简·莱普利（Jane Rapley）面前，对她说，“简，我收了一个学生；他没有相应的学历，而且很有可能中途退学，但是我同意他来上课了。”

后来，麦昆形容博比·希尔森就“像他的母亲一样”，“唠唠叨叨，但自己很依赖她”，一位时尚写手曾写到，这两个人“怎么看也不可能走到一起，就像是一位不可一世的公爵夫人和一个足球流氓”。希尔森曾就读于圣马丁艺术学院，师从传奇人物穆里尔·彭伯顿（Muriel Pemberton），担任过《时尚》（*Vogue*）的时尚插画师。在希尔森的时尚生涯中，她还参加过20世纪50年代香奈儿的回归秀。“这样你们就知道我的年龄了……很多人都去观看表演，甚至包括玛琳·黛德丽（Marlene Dietrich）和芭芭拉·史翠珊（Barbra Streisand），”她说。希尔森任教期间，曾指导过最优秀、最聪明的英国天才设计师——史蒂芬·琼斯（Stephen Jones）、约翰·加利亚诺（John Galliano）、里法特·兹别克（Rifat Özbek）、约翰·福莱特（John Flett）和索尼娅·纳塔尔（Sonja Nuttall）。“硕士课程与其他任何课程都截然不同，”博比说，

"课程的实际用意是让学生们能够相互合作，就像在这个行业中，他们是一个团队。时装一部分是设计剪裁，一部分是印染。如果只是单纯的学术课程，我并不会很感兴趣，课程的全部要旨是要把学生锻炼得更加专业。"

李回到家兴奋不已，他知道自己很可能会去圣马丁学院读书，但是当时一年的学费是 1 985 英镑，李清楚自己家里凑不出那么多钱。他的姑妈瑞内·霍兰德（Renee Holland）伸出了援手。蕾妮的父亲塞缪尔·麦昆（Samuel McQueen）1986 年去世后，给她留下了一小笔遗产。"蕾妮原来从事过服装业，在东区当过女裁缝，"李的姐姐珍妮特说，"很久以前，她就感觉到了李的才能，而且很早就指出了这点。李曾给蕾妮做过几条裙子，她都乐疯了。她知道李会裁剪，她对衣料的垂坠感和与身体的服帖程度都很满意。所以，后来在蕾妮的帮助下，李才进入了圣马丁学院就读。"

1990 年 10 月，李开始到圣马丁学院学习，这是他有生以来第一次找到了归属感。"我喜欢这里，在这里我可以畅所欲言，周围都是和我志趣相投的人，"他后来说，"对我来说，那是一段非常开心的日子，因为我知道，还有其他和我一样的人。"路易斯·威尔逊（Louise Wilson）教授后来接替博比·希尔森担任硕士时尚课程的导师，她说，"艺术院校有其美好之处。如果你无法与他人和谐相处，与周遭的一切都格格不入，那么来艺术学校吧，这里会让你感到舒适自在。"威尔逊对坐落在查令十字街（Charing Cross Road）107 号的圣马丁大楼怀有一种特别的喜爱。"如果非要描述一下它的样子，就好像来到了一所久置不用的俄罗斯医院大楼，”她说，“仿若走进一座未加翻新的破落仓库。窗子坏了，红色油毡地板被刮得一道一道的，四个打版桌其实就是在旧五斗橱上搭一片厚木板，桌子很低，工作一会儿你就会觉得腰酸背痛。但是这一切都太棒了。”

中央圣马丁学院——1989年成立，是由两所院校合并而成，分别为1896年成立的中央艺术与设计学校和1854年成立的圣马丁艺术学校——以塑造文化激进主义精神而闻名。往届的毕业生有画家卢西恩·佛洛伊德（Lucian Freud）、演员兼导演约翰·赫特（John Hurt）、帆船运动员彼得·布莱克爵士（Sir Peter Blake）、雕塑家安东尼·葛姆雷（Antony Gormley）、导演麦克·李（Mike Leigh）、歌手贾维斯·考科尔（Jarvis Cocker）、音乐家P. J. 哈维（P. J. Harvey）以及碰撞乐队（the Clash）的成员。1975年11月，英国著名朋克乐队性枪手（the Sex Pistols）第一次在酒吧现场演奏，引起轰动，当时的贝司手格伦·马特洛克（Glen Matlock）曾就读于圣马丁学院。圣马丁不但鼓励学生实验，甚至全力支持。“你要是能画，你就能成功，”穆里尔·彭伯顿（Muriel Pemberton）说，“没有什么是不可能的，你只是需要找对方法。”1984年毕业于该校的约翰·加利亚诺（John Galliano）后来告诉时尚记者哈密什·博尔斯（Hamish Bowles），“你的周围都是雕塑家、艺术家、平面设计师和电影制作人。”学生们常聚在位于圣马丁学院大楼一层的大卫咖啡屋，这是一个昏暗的房间，里面摆放着破旧的沙发和塑料贴面的桌子，脏兮兮的。六层——艺术系之家——有一片淋浴区，这个地方因为大量同性恋者的出没而臭名远扬。“我的学生中有一些在索荷区做应召男孩，”路易斯·威尔逊说，“他们会把他们的客户带回来洗澡。”

李在圣马丁上学的第一天就与同学西蒙·昂格莱斯（Simon Ungless）成了好朋友。当时，西蒙和其他硕士课程的学生在二楼的工作室里参加小组评判。每个学生要在其他导师面前展示自己的作品，并讲解他们的设计理念及目标顾客。西蒙展示了一系列格子呢印染作品，综述了他的设计概念。李立刻被这些各式各样的宗氏图案深深吸引，他问西蒙是如何做到的。

“我想，这个男孩也就十四五岁，可能是某个导师的孩子，”西蒙说，“他穿着一条肥大丑陋的牛仔喇叭裤，上身穿着一件看起来脏兮兮的古董篮球衫，胸口上印着美国人的头像。其他人都尽量让自己穿得像在圣马丁读时尚专业的学生，他却完全不同。我不能不承认，当时我对这样一个小家伙问我作品的问题有点不屑一顾。但我们仍继续讨论，一个学生用很多俊俏的类似芭比娃娃的图样来展示了他的时装设计。博比问他目标客户是谁，这个家伙回答说，‘凯莉·米洛（Kylie Minogue）’。那时，凯莉还没有红起来，我和李开始大笑起来。接着，李站起来介绍他的作品。那时我对自己说，‘天哪，他竟然是这里的学生。’他向大家展示他的画作，画中的女孩们没有头发，鼻子尖尖的，毛衣的超高领几乎盖住了她们的脸，整幅画作仿佛是用鸡爪子蘸着墨水画成的。‘哇，真是有趣。’从那天开始我们就对彼此有了好感。”

随着二人交谈的深入，李和西蒙发现他们的相似之处是如此之多。西蒙和李一样，出身工人阶层，是同性恋，正在为进入时尚业而努力积累经验。昂格莱斯曾提到是李上课时的那一份天真质朴打动了他。他和麦昆会在工作室里谈论时尚名人，如马丁·马吉拉（Martin Margiela）和海尔姆特·朗（Helmut Lang），就像在打艺术乒乓球，你来我往，而其他一些学生却似乎对这些时尚基础知识并不了解。李和西蒙曾嘲笑他们的一位同辈一定要把范思哲（Versace）的名字读作“范思瑟”。

“从那天开始，有的人喜欢李，有的人讨厌他，”李的同班同学丽贝卡·巴顿（Rebecca Barton）说。她记得有一次在课上，学生要按要求展示自己的系列作品。李站了起来，说起他如何从爱斯基摩人那里攫取灵感——他的服装是白色皮革制成的，有着巨大的袍子和大个的兜帽。“然后，他开始抨击每个人的作品，说，‘这个就是垃圾，这个不对，那个不对。’一些人对李的这种行为很不满，我想很多人认为李很难相处。但是我认为他很可爱，我们相处得很好，我想是因为我们都爱嘲笑别人吧。”

他们的一位同学常把工作室外的走廊当作T台，矫揉造作地走来走去，丽贝卡记得李“会模仿他的这位同学走来走去，穿着他的垮裤，露着屁股，哈哈大笑”。给巴顿留下的最深印象之一是麦昆的笑声——“他常笑，笑得很大声，声音很尖锐，”她说。李咄咄逼人的个性使他和一些学生疏远了，但是他自己对别人的批评更是极为敏感。他的一位同学阿黛尔·克拉夫（Adele Clough）记得，有一次她看到李画的一幅推广学院活动的海报，她想都没想就批评说，“画得真差劲儿，还拼错了单词，真丢人，”她说，“如果你不能为你的作品感到自豪，你就成功不了。”但阿黛尔忽然意识到自己说得有点过头，因为李在那里一言不发。就像有些人看着你，从他们的眼神里你就知道他们被这样教训过不知多少次。托尼·麦昆深深记得他的弟弟对待这门课程的认真态度。他记得有一次，麦昆要做的一个设计，要串一些珠子。麦昆让他的哥哥和姐姐帮助他把不同颜色的珠子按照一定的顺序排列好，用线串起来。但是中间，托尼串错了，李让他重新再串。“这样有什么区别吗？”托尼问。“闭嘴，重新穿。”李顶了回去。

李还与瑞瓦·米瓦萨嘎（Réva Mivasagar）成了朋友。瑞瓦是个年轻的同性恋，而且还是个混血儿，一半印度血缘，一半中国血缘。瑞瓦比其他学生晚到圣马丁学院两周，最初，他发现麦昆的举止很粗鲁而且极不友善。一次，瑞瓦走近李的时候，他正坐在工作室里，用着灯箱，画草图。李问他从哪里来的，瑞瓦告诉他自己在悉尼长大，接着，李问了一连串“有关身为澳大利亚人的愚蠢问题，以及一些有关烧烤的老掉牙的事情，然后又忽然说，‘别打扰我，我正在画草图’”。最初将两个人连接在一起的是对于时尚的热爱。“大部分的设计师他都不喜欢，只是喜欢海尔姆特·朗、川久保玲（Rei Kawakubo）和马丁·马吉拉。”瑞瓦记得，李会去军用剩余物资店买一些便宜的服装，在衣服后面缝上一片纱布和四个白色针脚的商标，让人们以为他穿的是正品马吉拉服装。瑞瓦喜欢李的“无限创意、干劲儿和欣赏美的角度”。李曾经说他们两个都是“不合群的人”——“我想，实际上是因为我们两个与其他同龄人相去甚远，我们能成为好友更多的是自然选择的结果……我和李都需要好好认识一下伦敦，不管是通过欣赏美术展览，看电影，听歌剧，参观博物馆，去图书馆还是夜晚在大街上闲逛，以及任何其他的方式。作为设计专业的学生，我们的共同之处就是我们始终都在不断寻找新的视觉刺激或养眼之物以达到创作的一次次高峰。”

路易斯·威尔逊原来是圣马丁学院的客座导师，后来成为了该校硕士课程的主任，在这18个月中李的那种永不满足的好奇心给她留下了深刻的印象。有一天，一位圣马丁学院的毕业生杰拉尔丁·拉金（Geraldine Larkin）回校时带了一些刺绣围巾，“李溜达过去，把所有的刺绣都看了一遍，还问了她很多有关珠饰的问题，”路易斯说，“他就是这样——他会尽可能多地获取各方面的信息。”大家都知道路易斯说话直接严厉，她发现李在裁剪方面有某种天赋，除此以外，并没有发现什么过人之处。“但是我记得李总是待在学校里，充分利用打版设备，而且总是一个人在那里默默做着自己的事情。”

有时，李会打断来访设计师或客座讲师的讲话，就某一点开始讨论。一些学生觉得这样很不舒服，就到博比·希尔森那里去投诉。“几个人、几个人地来找我，一般三四个人吧，他们会说，‘博比，你为什么要把李收进来？和他一起上课很尴尬。’我会说因为我觉得李极有天赋，然后安抚他们说李慢慢就会好了。李很聪明，就是受教育比较少，他不懂得什么样的行为是得体的，但那不是很有趣嘛。”尽管如此，有时麦昆的社会经验还是很有用的。丽贝卡·巴顿记得有一次一位设计师来访，这位设计师让学生就某个概念开始设计。“李拒绝设计，因为他说这个设计师会抄袭他们的设计概念，”她说，“他可真是的，谁都不信，但是你知道吗？我在一件T恤上设计了一个红色十字，结果这个创意被那个设计师抄走了，卖得很火。李说，‘我早就告诉过你的，你就是个傻子。’”

学业在继续，丽贝卡和李在一起的时间越来越久，大部分是在她威斯敏斯特的小公寓里，后来又搬到了伦敦北部的另一间公寓。两个人达成了一个互惠条件：李会为丽贝卡做饭（李做的意大利面很好吃，这是他在意大利学会的手艺），作为回报，丽贝卡在睡觉前会把自己的影碟机借给李看同志色情片。麦昆患有极严重的牙龈疾病，丽贝卡和他睡在一张床上，每次醒来，她都会发现枕头上到处都是血。“有时和他说话时，他的嘴里也会溅出鲜血，”她说，“那个时候，他可一点也不迷人；又胖，脸上又长满粉刺。他和很多人上床，而且不停地换人。有时，他会整晚泡在公厕里和男同性恋做爱，回来后给我讲那些令人作呕的细节。他还会去卡姆登水闸市集（Camden Lock），见到合适的人，就到小巷子里做爱。他做的一切都是要放纵发泄。”有一次，两个人去夜总会，李告诉丽贝卡，她跳得很差，他才不要和她一起跳舞呢。“李的乐感不错，但就是太疯了，”她说。

西蒙现在还记得他和李第一次晚上外出的情景。几周前他和他的男朋友去希腊跳岛游，刚回到伦敦，他忽然特别想念麦昆。于是西蒙打电话给麦昆，两个人去打吃角子赌博机（Fruit Machine），周三晚上又到位于查令地铁站地下的天堂同性恋酒吧玩。“这是我们第一次一起外出，我们玩得很高兴，”他说，“我们都爱跳舞，喜欢出去玩，我们都不是规规矩矩的孩子，喜欢带男孩子出去，找乐子。”那天晚上，西蒙记得一个帅气的男子在李身边走来走去——他看着这个男子走过来和他的朋友李说了两句话，又匆匆离开了。西蒙问李怎么回事，他回答说，“我问他鸡巴大不大。”我说，“李，你和别人搭讪，怎么能一上来就说‘你鸡巴大不大’？”但这时李已经笑得直不起腰来了。

李会和瑞瓦去老街（Old Street）附近的伦敦学徒夜店（London Apprentice），那里类似吵闹的酒吧，或者去各种“东区的皮装夜店”。据瑞瓦所说，“一路上都是夜店，太多了……满眼都是低级夜总会，肮脏的、低俗的、危险的……他想找一个有特点的夜店。因为看到了太多不同的夜店，现在我一个也想不起来了。只记得在那里没看见一家还不错的正规舞厅。”

李和瑞瓦经常光顾点对点（Ad-Hoc）商店——为非正常客人提供服饰的地方——该店位于摩尔大街（Moor Street）和旧康普顿大街（Old Compton Street）的交角处。在这个地方你能找到任何你能想象到的服饰——有性虐裤，PVC背心，男鞋号的女鞋，这些商品的购买对象千奇百怪，比如夜店男孩、妓女、同性恋肌肉男、变装皇后、造型师和设计师。“有一天，我正在店里，忽然安娜·苏（Anna Sui）、马克·雅可布（Marc Jacobs）、史蒂文·梅塞（Steven Meisel）和安妮塔·帕伦伯格（Anita Pallenberg）走了进来，买了一大包东西，”弗兰克·弗兰卡（Frank Franka）说，如今他已经是纽约的摄影师了。

“还有一天来了一位上了年纪的男子，他想买些女士鞋。他在各种商品中翻来翻去，几乎手脚并用。”夜店促销人员会在店里发放当晚节目单，因此想要了解伦敦丰富多彩的夜生活，来点对点商店就可以了。“这个地方是朋克复兴的起源地，”李的一位熟人弗兰克说。店主艾瑞克·萝丝（Eric Rose）在温哥华（Vancouver）长大，从80年代晚期开始一直住在伦敦。他记得在那几年，麦昆会来到他的店里，在挂满衣服的横杆上翻找他需要的服装。李喜欢加拿大人的机智、同性恋间的幽默（camp humour）以及各种不同的社会圈子，而麦昆的胆大妄为给艾瑞克留下了深刻的印象。有一天，李、艾瑞克和曾在点对点假发店工作的大卫·卡珀（David Kappo）一起去伦敦上流住宅区梅菲尔（Mayfair）参加向凯莉·米洛（Kylie Minogue）致敬的家庭派对。"我们痛饮一番，然后决定离开，"他说，"李说，'真是垃圾，我们走吧，'我们跑下楼梯时，麦昆拉响了警报。我说，'你在干什么？'他说，'这个派对糟透了——我们都觉得无趣，那其他人也是一样。'我认为这有点不妥，但是他是个有趣的人，大家不会在乎他的行事风格。"

每周五晚上，李都会在索荷区附近的披萨店与丽贝卡·巴顿见面。两人会享受《标准晚报》提供的付一得二的优惠——"我是付款的那个，他是得优惠的那个，"丽贝卡说。就是在这间披萨店，李告诉她自己小时候遭受性侵的事情。"他并没有告诉我后来具体的情况，但我知道这种事情绝不是只发生过一次，"她说。丽贝卡记得在圣马丁学习的时候，李曾在索荷区的一间酒吧里为她筹办过一次惊喜生日派对。李送给她一条自己亲手做的项链，还有一张奇怪的黑白照片，照片中李从腰部以上全裸，身上裹满了食品保鲜膜之类的东西。照片背面他写道，"给我最亲爱的贝卡，特别爱你的李。""他真是个十足的乖孩子，"她说，"他又可爱又有趣，还很调皮。"

李还常常和朋友塔尼亚·韦德（Tania Wade）待在一起，塔尼亚是他在变电站酒吧（SubStation）认识的。那时，塔尼亚住在沙夫茨伯里大街（Shaftesbury Avenue）附近的一间公寓里，晚上玩乐结束，她会邀请很多年轻的同性恋男子到她的住处过夜。“这些与众不同的男孩子躺得到处都是——有的盖着枕套，有的盖着法兰绒毛巾或茶布——李就是其中之一，”她说，“我立刻就喜欢上他了，他真是太有趣了。”塔尼亚告诉李，她的姐姐米歇尔（Michelle）在希腊街（Greek Street）上开了一家不错的法式甜品店，名叫“梅森比尔陶克斯之家”（Maison Bertaux）；李会点一份水果蛋糕或是苹果丹麦酥，一杯格雷伯爵茶，然后到楼上的长宴会桌上享用。“他总想给我做衣服，我永远忘不了他坐在缝纫机旁的样子，”塔尼亚说，“他那么专注，那么痴迷，像个疯子。我告诉他，他给我做的一些服装需要好几个人才能帮我穿进去，甚至有些衣服根本没办法穿。‘你这个不要脸的小母牛，真讨厌，’他回答说。”有一次，一帮朋友聚在一起，李想给塔尼亚做裙子，让她拿点材料过来；塔尼亚没有找到合适的材料。“原来他想用自己的灯芯绒床罩给我做裙子，”她说。

1991年10月，时尚专业的学生集体前往巴黎，用尽各种方法参观时装秀，其中也包括李、阿黛尔和丽贝卡。“对于伦敦时尚专业的学生来说，混入各个时装秀是一种仪式，”时尚记者玛丽恩·休谟（Marion Hume）说。“圣马丁学院的学生很善于做这件事情。”他们乘火车或渡轮来到巴黎，住在墙灰脱落的廉价旅店里。丽贝卡早已经弄到了纪梵希时装秀的门票，在她的记忆中这场服装秀净都是些“印着花朵图案的服装，难看死了”。李对这场秀的印象也很差。“你竟然让我参加那么糟糕的一场服装秀，”他说，“简直就是垃圾。我绝不会为这样的品牌设计服装。”五年后，丽贝卡听说麦昆成了纪梵希的签约设计师，她笑了。

在巴黎，李怂恿他的同学阿黛尔·克拉夫假扮模特混入海尔姆特·朗的时装秀。这个计策奏效了——正好几位签约模特生病了，朗的团队只得另觅人选。身着基利套装的阿黛尔终于混了进来，但忽然想到自己的身份会被识破，又想到自己会走上T台，害怕得要死，她躲进了卫生间考虑下一步该怎么办。“后来，我走出来，发现椅子上放着很多富余的票，我赶快把这些票拿给了李和其他的同学，”她说。这次成功让李勇气大增，他故技重施，让阿黛尔混进由公关顾问琳妮·弗兰克斯（Lynne Franks）筹办的时装秀。但是这一次保安措施很严密，而且承办方有每一位签约模特的照片。李并没有放弃，他很快又想到了另一个主意：他让阿黛尔假扮为造型师爱德华·艾宁甫（Edward Enninful）的工作伙伴。“李把他知道的有关艾宁甫的事情简要地向我说了说，我把这些原封不动转述给了琳妮·弗兰克斯，琳妮让我描述一下爱德华的长相，”阿黛尔说，“然后琳妮转过身说，‘难道你不应该告诉我他是一位黑人吗？’这时我才意识到所有这些都是李胡编的。”

学生们回到伦敦，博比·希尔森问他们都去参观了巴黎哪些博物馆。“我们一次展览也没有去过，一笔素描也没画，我们只是玩得很开心，”丽贝卡说。博比对此很不高兴，她把学生们说了一顿，但她斥责的程度远不及路易斯·威尔逊。路易斯的话中总是夹杂着脏字，一位评论员说，“任何一位学生要是不小心把针掉到了地上，她会把人体模型踢翻。”

从课程的一开始，麦昆和路易斯·威尔逊就相处得不太融洽。李认为批评的理由正当，他才会接受，比如有一次“李正在往欧根纱上缝珠子，威尔逊认为珠子的数量不够，李辩解说这是从卡拉汉（Callaghan）

品牌得出的灵感”。到后来，随着课程的推进，路易斯接替博比担任主任一职，两人的关系更恶劣了。“他与路易斯之间摩擦不断，因为他们两个人太像了；他们都爱控制别人，都是怪人，”瑞瓦说。

学校布置下一项任务，要为威斯敏斯特市长（the Lord Mayor of Westminster）雪莉·波特爵士（Dame Shirley Porter）设计一套服装，但是李拒绝了，因为“他说他不会为任何特权人物免费设计服装”。尽管路易斯随后承认她可能太过直率，但麦昆还是觉得有时会被她欺负。“要是她能够除掉李，她肯定会那么做的，”阿黛尔说，“李能在两分钟之内完成他的作品，无需动手只需用眼就能完成服装版型设计，版型设计老师说这样会不够好，李就按自己的方法用花棉布剪裁了一件服装，穿在模特身上刚刚好，但他们还是会说你这样做是不对的。我认为他们就是嫉妒李的才华。而李一直相信自己会成功——这一点在他心中丝毫没有动摇过。”

李一度当着一组学生的面冲路易斯大喊道，“你那么胖，你怎么能知道女人们想要穿什么样的衣服？”从那时候开始，两个人的冲突开始转向人身攻击。“李希望路易斯赶快完蛋，总是想一些坏点子，”阿黛尔说。有一次他把一个放屁坐垫放在了路易斯的椅子上。李对博比怀有深深的感恩之情，是这位女士看到了他潜在的能力，让他来圣马丁读书，因此他对博比关怀备至。“在路易斯·威尔逊的管理下，李的日子确实不好过，”博比说，“但当时我并不知情。后来听到李说，‘路易斯什么事情也没有为我做过，我的一切都是博比给的，’我才知道这件事。”

在学习期间，李开始对黑暗美学感兴趣。根据丽贝卡·巴顿的回忆，李对波克（Burke）和黑尔（Hare）相当着迷，这两个爱尔兰移民在 19 世纪初的爱丁堡连续谋杀数人，并将 16 具尸体卖给医生做解剖。同期，李还阅读了帕特里克·聚斯金德（Patrick Suskind）的畅销书《香水》（*Perfume*），小说讲述的是在 18 世纪的法国，一位香水学徒为了寻找“完美香味”连续杀害了数位少女。“这部书中的主角就是他，”丽贝卡说，“这本书触发了他的所有感官。他喜欢事物肮脏的原始状态，但能将其与绝对的美丽融洽地结合。”

李告诉他的朋友，他的家庭与开膛手杰克（Jack the Ripper）有渊源。1991 年，李和瑞瓦一起观看了由朱迪·福斯特（Jodie Foster）和安东尼·霍普金斯（Anthony Hopkins）主演的电影《沉默的羔羊》（*The Silence of the Lambs*），之后李对维多利亚连环杀手产生了更加浓郁的兴趣。他痴迷于野牛比尔（Buffalo Bill）这个角色，这个精神变态的裁缝杀害女性，用她们的皮肤做衣裳。“把女人们缝制进衣服中的想法对麦昆启发很大，”瑞瓦说，“还有，将蝴蝶和飞蛾的形象融入织物中，你在麦昆的服装系列中会看到这些元素。”

麦昆在设计毕业服装系列时，瑞瓦一直陪在他的左右。李先画草图，但一旦开始制作，这个设计会很快被修改和调整。“他会从领口线开始裁剪制作，是那种非常贴合脖颈的领口，”他说，“紧接下来是非常窄的袖口。如果你看看旧维多利亚时代的各种服装，你就会看到这些紧身内衣式样的女士外衣。他的桌子上有一本厚厚的有关维多利亚服饰的参考书，他会翻阅这本书，让我看书中的斗篷，他一直都很喜欢斗篷。”

李邀请西蒙·昂格莱斯帮他准备毕业服装秀。第二年的一整年，麦昆几乎都在印染室里，而且待的时间越来越长，他向西蒙学习印染技巧，比如浸染和扎染。其中一件作品，李设计了一件长袍，用上了西蒙印在粉色丝绸上的锋利的尖刺图样。"我和李合作了其中的几件作品，"西蒙回忆说，"我记得有一天，我和李正在工作室里忙活着，他在给一件上衣缝制腰部装饰，这些花棉布的装饰要完全撑开，与地面呈 90 度角，而我正在琢磨如何把一些橡胶材料缝合在一起。我们两个都不知道怎么才能弄好，这时，当时的客座讲师艾克·鲁斯特（Ike Rust）走了进来，问我们，'这些是做什么的，怎么弄到一起？'我们看了看他说，'嗯，我们也不知道，'接着，他说，'你们两个简直是疯了，'然后走了出去。"

李曾经在《脸》杂志（*The Face*）和《i-D》杂志看到过西蒙·克斯汀（Simon Costin）制作的珠宝和人体雕塑的图片，在毕业服装秀的最后准备阶段，李写信给克斯汀，请求借用几件饰品用在他的毕业展上。克斯汀借给李七件物品，包括两条巨大的用鸟骨制成的项链。后来，作为场地布置和艺术指导，克斯汀与李合作了很多次服装秀。"他对死亡意象尤其偏爱，"克斯汀说，"我们两个很相似，都对死亡艺术着迷。第一次见到他时，我总能想到比利·巴特（Billy Bunter）。李很活泼，很幽默，粗鲁无礼还满嘴脏话，但对他所从事的行业充满了热情。"

麦昆完成了他的作品，据他描述"这件服装可以平时穿着也可当作晚礼服，其设计灵感来自于 19 世纪的妓女"，约翰·麦克特里克（John McKitterick）来到圣马丁学院，看到这些挂在架子上的衣服，他震惊了。"如果你从侧面而不是从正面观看这些服装，你就能看到这美妙绝伦的轮廓，鸟类的廓形，"他说，"麦昆总是说他喜欢鸟，但他考虑的要素丰富得多。降低腰线，使腿部看起来更短的想法带有某种同志色彩。”麦克特里克想起了插图画家图克·拉科松南（Touko Laaksonen）（也称为芬兰的汤姆）的性感图片。图克画中的男人都是“短粗的双腿，细腰，较长的躯干”。麦昆“将这些阳刚的元素运用在了女性身上，使女人看起来更性感”。麦克特里克也记得圣马丁学院给李重塑了信心。“这所学院确实改变了他，”他说，“他了解得更多，对他谈及的事情有了信心。他意识到自己比在座的大多数人更具才华，也开始谈论世界、时尚和时事。他完全不一样了，是圣马丁学院赋予了他一直在寻找的东西。”

1992 年 3 月，毕业秀的当天，李和西蒙·昂格莱斯离开西蒙在初廷区（Tooting）的房子，前往切尔西市（Chelsea）。秀场位于英皇道（King's Road）上的营房，气氛紧张而杂乱，很多事情还没有做完。后台准备完毕后，两个人去找路易斯·威尔逊核实一下最后的细节。“而路易斯却从她的包里拿出一瓶香水一边向李的面部喷去，一边叫喊着，‘你这个满身恶臭的家伙’，”西蒙回忆说，“李摔在地上，回骂道，‘啊呀，你这个臭婊子。’”

观众陆续入场就坐，对刚才发生的对骂一无所知。灯光暗了下来，毕业服装秀开始了。李的母亲乔伊斯和姑妈蕾妮坐在观众席间观看表演，一排排模特穿着各式服装走上台来，直到背景墙上打上“李·亚历山大·麦昆”的名字，二人开始全神贯注起来。毕竟她们都深知李走到今天的不易。“对我来说，看到他的毕业秀已是欣慰，”乔伊斯 1997 年说。随着模特走上 T 台，扬声器中传出了沉重的鼓点。李一共展示了 10 组服装，其中包括带腰部装饰的短裙；黑丝夹克配一条紧身红裙；粉色丝绸尖刺图案的黑裤子配黑色紧身束胸衣；一条布满烧毁痕迹的白棉布裙，上面镶有由杂志内页制成的装饰物，搭配一件带有又尖又长的翻领的黑色夹克。

李设计的服装中织入了他自己的毛发，商标织物的塑封小袋里也是李的头发，有时是他的阴毛。他的市场报告首页——翔实地记载了这个服装系列的背景——满纸讲的都是"李的母亲是一位系谱学家、开膛手杰克如何如何和撒在封面上的阴毛"。后来，麦昆解释了他把毛发融入服装中的想法。"头发的灵感来自于维多利亚时代，妓女们会把头发卖掉做成发束，人们会买来送给情人，"他说，"我把头发嵌入塑封袋作为我的商标。在最早的几个系列里，我用的是自己的头发；意思是我把自己奉献给了我的作品。"

麦昆将他的这个系列命名为"开膛手杰克跟踪他的受害者"（Jack the Ripper Stalks His Victims），在一个层面，他把自己当作时尚的连环杀手，裁剪布料，重新勾勒出在审美上更加令人愉悦的女性轮廓。但同时把自己的毛发织入服装中，也说明李在另一个层面对受害者的情感认同。这种行为也含有一丝甜蜜的浪漫，如麦昆所述，在维多利亚时代，妓女们为了生存把头发卖掉，人们会买来这些发束送给情人作为爱的象征。麦昆也希望同样的浪漫故事会出现在他的生活中，远离现实中的丑恶，获得更多的甜蜜、温情和平等。他相信这缕融入衣物中的毛发会为他带来好运，终有一天，爱会降临，他会脱离苦海。

麦昆在他的作品中倾注了大量心血，希望能够做终场展示——最后展示服装的荣誉——但结果是一位名叫加贺美敬的学生（Kei Kagami）

获得了这个机会。那段时间，路易斯·威尔逊对日式的设计比较感兴趣；后来，她告诉瑞瓦，她给予这位日籍设计师这个荣誉出场位置是因为“他比其他学生更有条理，所有完成的作品都很完美”，瑞瓦说，“李因为没有得到这个最后出场的机会，非常失望，他觉得自己应该得到这个荣誉。”观看了那场毕业秀的一些人也认为李应该被授予最高荣誉。“他很突出，很棒，从一开始就能看出来，”毕业秀承办人莱斯利·戈林（Lesley Goring）说。博比·希尔森回忆说，当时对李的毕业秀有一点失望，“但是现在想起来，我觉得我错了。”李离开了圣马丁学院，和其他学生一样合格毕业，没有带着任何荣誉。

毕业秀的第二天，李和丽贝卡正坐在通往博比·希尔森办公室的走廊，时尚界的风云人物伊莎贝拉·布罗（Isabella Blow）打电话给博比，当时她在英国的《时尚》杂志任职。原来，布罗也观看了昨天的服装秀，她被麦昆的设计吸引住了，想来学校仔细看看。“我没有拿到毕业秀的座位票，只能坐在地上，看着一件件服装从我眼前一晃而过，那么特别，我从未见过，当时我就告诉自己，我要它们，”布罗后来说，“颜色设计非常极致。他应该再做一件黑色的外套，用头发做它的衬里，这样里面是血红色，整体看起来就像人的身体——有血有肉。我当时就想，这是我见过的最美的衣服。我知道他身上有一些与众不同的东西，非常现代，是摧毁与传统的融合。”丽贝卡听说了布罗对李的设计感兴趣的消息，她对李说，“你就要变得非常非常出名了”，李听了，只是笑了笑。“从他的脸上你能看出他非常兴奋，”丽贝卡说，“一夜之间，一切都变了。”

第四章

“我们已经开始了这次探险，像布狄卡女王一样乘着战车出征”

迪特马·布罗

Detmar Blow

伊莎贝拉·布罗穿着高缇耶（Gaultier）黑流苏的裤子，挺胸阔步地走进了陈旧破烂的圣马丁大楼，吵吵嚷嚷要找到麦昆，这个她后来称作“能让服装飞起来”的学生。她匆匆赶到二楼，向满脸惊愕的李介绍了自己。他的反应不算不正常；毕竟曾有评论员将伊莎贝拉描绘为“一件公共艺术品”，还有人将她比作“萨尔瓦多·达利风格的罗德·赫尔的鸸鹋”。“当时，李并不知道她是谁，也并不完全信她，”瑞瓦·米瓦萨嘎说，他目睹了二人的第一次见面。“她不停地说要买下李的这个系列，但是李将信将疑，不确定她是否真的会买。她高调地谈论她的人脉，毫不隐晦，李觉得她疯了。”

然而，布罗仍不停地纠缠李和他的母亲。李给过她家里的电话，布罗就一遍遍地打过去。当时李住在家里，“这个打电话的疯女人是谁？”乔伊斯问他的儿子。最后，经过一番讨价还价，李以每套服装几百英镑的价格把整个系列卖给了布罗，而布罗当时没办法一下子拿出那么多钱——“金钱只不过像沙子一样从她的指缝中流走”——她答应以分期付款来支付。在随后的几个月中，李都会跟着布罗去伦敦的各个银行支取现金，拿到钱的同时，李会把存放在黑色箱子衬里中的服装交给她。尽管李一开始接触布罗时，总是小心翼翼的，但随着他对布罗的深入了解，才意识到这个女人会对他的事业发展有多大的帮助。她告诉李，她与美国版《时尚》杂志的主编安娜·温图尔（Anna Wintour）交好，熟识《尚流》（*Tatler*）的首席造型师迈克尔·罗伯茨（Michael Roberts）和英国版《时尚》的主编利兹·蒂尔伯瑞斯（Liz Tilberis）。她还说自己是艺术家安迪·沃霍尔（Andy Warhol）的老朋友——布罗曾穿着比尔·布拉斯（Bill Blass）的黑色套装参加艺术家纪念活动，并在随后的派对中表演脱衣舞——与迪斯尼女演员凯瑟琳·奥克森伯格（Catherine Oxenberg）在伦敦同住过，与演员鲁伯特·艾弗雷特（Rupert Everett）也是多年的相识。布罗与麦昆的关系越来越深厚，超越了赞助人与设计师的关系。随着李对布罗身世的了解——她谈论自己的过去，就像袒露她的胸部一样，显出一副无所谓的表情——他发现，尽管布罗拥有上流社会炫目的头衔，但和他一样忍受着种种伤害。

伊莎贝拉死后，她的丈夫迪特马·布罗向大家介绍他的妻子，称其童年生活仿若一部“黑色童话”。1964年，伊西一家住在英国柴郡的多丁顿公园，当时她5岁，正和她两岁半的弟弟在家里的花园中玩。母亲海伦让她帮忙照看一下弟弟，自己回屋一趟。但是小姑娘分神了，就在这几秒钟之内，她的弟弟强尼被一片饼干卡住，掉到旁边的游泳池淹死了，而她的弟弟本可继承家族始自1660年的爵士头衔。后来，伊莎贝拉说，当时她的母亲去屋里涂口红。“我想这就是为什么我那么迷恋口红的原因吧，”她会那么说。麦昆对伊莎贝拉祖父的事情也非常感兴趣。伊莎贝拉的祖父乔克·德尔夫斯·布劳顿爵士（Sir Jock Delves Broughton）曾被指控在肯尼亚（Kenya）的幸福谷（Happy Valley）杀死了他第二任妻子的情人，第二十二任艾罗尔伯爵（Earl of Erroll）乔斯林·海（Josslyn Hay），后被宣告无罪。这宗丑闻在詹姆斯·福克斯（James Fox）的书《欲望城》（*White Mischief*）中有详细记载。1942 年，乔克在利物浦的一家酒店里注射吗啡自杀身亡。

李对神秘恐怖事件的敏锐识别力像血液一样流遍他的全身，他发现伊西身边那些异乎寻常的事件对他极具吸引力，一些秘史——比如伊西的祖母维拉（Vera）在去往巴布亚新几内亚（Papua New Guinea）的途中无意间吃了人肉——尤其对他的胃口。还有一些事情常常萦绕在心头，令人挥之不去：迪特马的父亲乔纳森·布罗（Jonathan Blow）1977 年喝了一瓶百草枯除草剂自杀身亡。乔纳森 12 岁的儿子阿莫里（Amaury）目睹了一切。“他说爸爸没有喊叫，但是因为痛苦而双拳紧握，”迪特马说。2007 年 5 月，伊莎贝拉也用同样的方法结束了自己的生命。

伊莎贝拉告诉她的这位新朋友，她爱美是为了掩盖自己的不足，用时尚的力量来武装自己。和麦昆一样，伊莎贝拉讨厌自己的样子——她认为自己的脸很“丑”——而且对自己的“龅牙”很敏感，称它们为“她的联合收割机”。在 80 年代的时候，她曾到纽约去看过一位著名的牙医，但是医生说她耽搁的时间太久了，已经无能为力。“她总是爱涂口红，主要就是想掩盖这个缺陷，”迪特马说，“对她自己面容的厌恶像魔鬼一样伴随了她的一生。”

迪特马记得他的妻子第一次谈到麦昆的情景。当时她刚看完圣马丁的服装秀，冲回家里告诉迪特马，她看到了一个“可以像上帝一样裁剪服装的男孩”。尽管偶尔可以从伊西那里拿到几百英镑，还能从社保部门拿到一些现金，但麦昆依然没有足够的钱租一套自己的公寓。他迫切要离开家，伊莎贝拉就把她婆婆海尔格（Helga）名下的一幢房子借给他住，这是一幢高大的维多利亚式的联排别墅，位于奥尔德尼（Alderney）街33号。一毕业，李就和瑞瓦·米瓦萨嘎搬了进去。“伊莎贝拉希望他能住在那里，这样她可以看着他工作，做她的衣服，”瑞瓦说，“她非常喜欢麦昆的作品，只要是他做的，伊莎贝拉都觉得好。麦昆很激动，终于开始了他自己的事业，同时也迎来了创作的高峰时期。”一开始，伊莎贝拉就以亚历山大称呼他，她认为“亚历山大”这个中间名听起来更响亮，更像要创立自己品牌的年轻时装设计师的名字。后来，李一直没有改变他的名字，他说仅仅是因为布罗认为“亚历山大”听起来更高端。“我正式开始工作后，就不再用‘李’这个名字了，而且那时我已经签约了，”他说。

麦昆还协助伊莎贝拉摄影。夏日的一天，麦昆来到约翰·麦克特里克（John McKitterick）的工作室借一些带有拉链和铆钉的皮装。“他周二借的这些服装，周五晚上我和一个朋友到伦敦南部的一个同性恋酒吧玩，竟然看到李，他赫然穿着从我那里借来的衣服，”约翰说，“他的头发梳得整齐光滑，还做了一条皮领带。看见李穿着这样的衣服简直太意外了——他从来没有穿过类似的衣服——我和朋友面面相觑。李看见了我们，脸红了，他很尴尬，但我们很快就打破了这个气氛，把这件事当成了笑谈。”

李和瑞瓦一直流连于伦敦的夜生活，当时他最喜欢的夜店之一就是由时尚经理人格林沃德（Gerlinde）和迈克尔·考斯蒂夫（Michael

Kostiff）创办的“金奇·格林奇”（Kinky Gerlinky），位于莱斯特广场（Leicester Square）的皇家剧院。

80年代中期，随着传奇夜店“禁忌”（Taboo）倒闭，“金奇·格林奇”开始经营得风生水起，以“多形性反常”而出名，这个由弗洛伊德造的词是指身体的任何部位都能得到性快感的能力，概括了90年代早期各种形式的性生活状态。在这家夜店，各色奇葩人物可以毫无顾忌地展露他们的“与众不同”。“这是一间同志夜店，规模巨大，能容纳三千人，”迈克尔·考斯蒂夫说，“但我们不仅仅欢迎同志客人，什么人都可以，没有禁忌……想做什么就做什么，想说什么就说什么，想去哪儿就去哪儿。”

装扮是一种需要，越离奇越有意思。G片明星艾登·肖（Aiden Shaw）与麦昆走得很近，有一次他把自己打扮成米老鼠的女朋友米妮。如今在美国版《时尚》杂志任职的时尚记者哈密什·博尔斯（Hamish Bowles）曾把自己装扮成20世纪40年代的好莱坞女明星。“我一直认为有崇拜的人很好，就盲目地喜欢吧，”他说。“‘金奇·格林奇’这个地方对李很重要，”瑞瓦说，“我记得有一次李戴了一顶（女帽商）菲利普·崔西（Philip Treacy）的帽子，像一对公羊角，只不过是用欧根纱做的，他还借了一件银色女外套，似乎是约翰·加利亚诺（John Galliano）设计的。李用学生设计剩余的布料给自己做了一条短裤，脚上还搭配了一双伊莎贝拉的鞋，一身伪娘装扮。”

后来，麦昆和崔西成了朋友，同时也成为了最具创意的合伙人，但是在1992年二人第一次会面时，气氛却冷得要命。亚历山大和菲利普都认为作为新进门生，自己在伊莎贝拉心中占有独一无二的位置——她总是夸他们才华惊人——但现在他们知道自己必须要努力以赢得伊莎贝拉的注意。

1992 年 7 月，李受邀前往布罗位于格罗斯特郡（Gloucestershire）的希尔斯庄园（Hilles）。英国版《时尚》杂志委托奥博托·基利（Oberto Gili）拍摄有关布罗夫妇和他们的手工艺术庄园的一部纪录片，伊莎贝拉则邀请麦昆为她设计所有的服装。迪特马·布罗的祖父是一位建筑师，希尔斯庄园就是他的作品，建于 1913 年，也称为迪特马庄园。李刚一到达，就被眼前的建筑深深吸引住了。1940 年，《乡村生活》（*Country Life*）杂志有一段对此处的描绘："在佩恩斯威克（Painswick）地区有这么一处庄园，它坐落于科兹沃尔德（Cotswolds）小镇西边山顶下的岩脊上，英格兰与威尔士接壤处（Welsh Marches）最美的一片景致可以在此处尽收眼底，但因其位置险峻，虽是梦想之地，但鲜有人涉足。俯瞰山谷，塞文河（the Severn）缓缓流淌，经马尔文镇（Malverns）辗转到切普斯托镇（Chepstow），绝妙景色向西绵延不绝。"在希尔斯庄园的第一晚，麦昆被安排住在最好的客房，睡在四帷柱的大床上。李转到任何一侧都能看到让他惊奇的事物：狭长的客厅铺就着生榆树木地板；卧室原来的墙面在 1951 年的一场大火中被烧毁了，现在镶嵌的是蹄骨板；安妮皇后（Queen Anne）的手绣地毯被当作挂毯悬在"大厅"之内，大火之前，这里是一间客厅和一间餐厅；詹姆士一世外套的袖子上饰有一只雄狮、一只独角兽以及"Beati Pacifici"的字样（意为愿主保佑和平缔造者）；希尔斯庄园的建筑师迪特马·布罗的画像，由奥古斯都·约翰（Augustus John）手绘而成。“所有房间的装饰和摆设都是硬邦邦的，”一位到过希尔斯庄园的人说，“整个地方都色调暗沉，中世纪剧院式的装饰，空气中弥漫着一丝冰冷的感觉。”

尽管这栋房子看上去年代久远，似乎已传数代，但它本质上是现代的，象征着辛勤劳动和进取向上的结晶。“我记得伊西曾告诉过亚历山大，我们都出生在伦敦的克罗伊登（Croydon），我的祖父富有创意，家里人生活勤俭，”迪特马说，“他知道这所房子属于我的母亲，我们并没有钱。我是个律师，收入还过得去，伊西也有她的工作（在杂志社），收入并不高。”用迪特马的话来说，这栋房子所代表的精神是“理想、平等”，这让李和其他宾客感到舒服自在。在后来的 20 年中，伊莎贝拉和迪特马的“磁性”“吸引了时尚界和艺术界一些最耀眼的明星”来到希尔斯庄园。迪特马·布罗仍记得第一次见到麦昆时的激动心情。“他特别兴奋，开心得不得了，”他说，“他这个人很风趣，聪明，有抱负。我们已经开始了这次探险，像布狄卡女王一样乘着战车出征。”

伊莎贝拉对麦昆为《时尚》杂志短片设计制作的服装爱不释手：黑色羊毛猎装；一条精致白色欧根纱连身裙，层层面料之间点缀着玫瑰花瓣，远处看似一块块的血迹，以及布罗从李毕业秀服装中购买的一件印有尖刺图案的粉色丝质女外套。迪特马穿了一件淡粉色英国摄政时期服饰风格的束腰外套，“透明材质中点缀着花瓣”，一件白色飞边的无领律师衬衫，“但是在这些透视的纱质材料中饰有更多玫瑰花瓣”。其中一张照片，伊莎贝拉和迪特马站在走廊里；头顶有一束鲜花，这是“倒置的亚历山大”拿着的。

伊西如今将李视作“伟大的亚历山大”：她对李赞不绝口，反复说他是个天才。“伊西认识美国艺术家巴斯奎特（Basquiat）以及摄影师沃霍尔（Warhol），二人都对她的装扮印象不错，”迪特马说，“李23岁就获得了时尚界的认可真是不可思议。”1992年11月版的《时尚》杂志里刊登了六页关于麦昆服饰的特辑，题为“希尔斯庄园之外篇”（Over the Hilles and Far Away）；一位评论员曾说到，类似的广告费用“会达到成千上万英镑，但这次，年轻的亚历山大·麦昆却获得了免费宣传”。

李与伊莎贝拉关系紧密，李常把伊莎贝拉描述为伦敦桥附近比林斯门鱼市（Billingsgate）的卖鱼妇和贵族女人卢克雷齐娅·博尔贾（Lucrezia Borgia）的杂合体。他们每天至少通话四次，在一起时，笑声——下流、污秽的咯咯笑声——不断。伊莎贝拉会邀请他与著名设计师侯赛因·卡拉扬（Hussein Chalayan）、里法特·兹别克（Rifat Özbek）、菲利普·崔西（Philip Treacy）和马洛诺·伯拉尼克（Manolo Blahnik）这样的人一起用餐。她会经常去看望乔伊斯·麦昆，和她喝茶聊天，两个人成了好朋友。“她有一种古灵精怪的幽默感，有和麦昆一样蓝色的眼睛，”伊莎贝拉谈到乔伊斯时说，“她长相很清秀，总是在开玩笑。我觉得在这一点上，麦昆和他的母亲很像。”在2005年的同一次采访中，伊莎贝拉接着又谈起了麦昆的性格。“他过去和现在完全一样：幽默，聪明，而且内心温柔——他是柔弱与力量的完美结合。”

伊莎贝拉曾经想购进瑞瓦·米瓦萨嘎（Réva Mivasagar）的几件衬裙，麦昆知道后很不高兴，这挑起了他的占有欲和嫉妒心。1992年的整个夏天，住在奥尔德尼大街（Alderney Street）的这两位年轻人的关系开始恶化。瑞瓦发觉，李不但偷看他的备忘录，甚至开始穿他的内衣，后来还偷他的内衣，这真“吓”到他了。“他开始动不动就生气，情绪激动时，我们打过好几次架，”瑞瓦说，“他不愿意打扫厨房，有一天我抱怨他没有做他该做的事，还说很明显他被他的妈妈宠坏了，他说，‘别他妈的说我的妈妈！’我说，‘谁让你不打扫卫生，’他抄起一把裁缝剪子就向我捅来。我飞快地跑上楼，他也跟了上来，我只好把卧室门反锁上。他总是在找机会用剪刀刺我。那时候我知道我该搬出去了。”

迫于无奈，瑞瓦写信给一位巴黎的朋友，告诉他自己目前的处境，他的朋友在回信中给他出了点主意。瑞瓦读完信后，把信撕碎，扔到了废纸篓里。一天，瑞瓦不在，李溜进他的卧房，把碎纸拿起，一一拼了起来。麦昆看到“他很难相处”，以及瑞瓦“想搬出去”。冷漠的气氛像毒气一样在房间中蔓延，两个男孩无论在走廊上还是在楼梯上遇见彼此，都视而不见。“后来，李竟打电话给伊莎贝拉，让她不要再理我，”瑞瓦说。

几个月后的一天，瑞瓦回到圣马丁学院，看见李和一个朋友在一起，就走过去打招呼。“但是李却对我毫不理睬，径直走开了，”他说，“后来，我们就再也没有说过话。我认为李对自己未来的发展方向很清楚，也知道通往自己事业的路径，更明白自己该怎么做。”

麦昆从皮米里克区（Pimlico）搬到了南部的图丁区（Tooting），住进了莱辛汉大道（Lessingham Avenue）169 号一幢由西蒙·昂格莱斯租下的二层房子。西蒙住楼上，李住楼下。李在前厅有一个卧房，后厅有一个房间是李的工作室，里面有一个缝纫机，总能看到他在一堆布料中工作。伊莎贝拉有时会打电话到这里，如果是西蒙接的，她就会说一个词，“亚历山大”。西蒙会说，“不，是西蒙，”但是伊莎贝拉会一个字一个字地重复一遍亚历山大的名字。“我说，‘老天，你也太没礼貌了吧，’李则会在旁边笑得前仰后合，”西蒙说。

那个夏天，西蒙和李这一对相亲相爱的朋友长时间腻在一起，在陶亭碧露天游泳池（Tooting Bec Lido）服用催情药品，假装在水下进行花样游泳。两个男孩都热爱自然，西蒙的父母住在维尔特郡与伯克郡（Wiltshire/Berkshire）的边界地区，他每次回家都会带来几只野鸡或法国鹧鸪，两个人会把它们料理干净吃掉，留下羽毛做衣服，腿骨做耳环。西蒙还把李介绍给了肖恩·利尼（Shaun Leane）。肖恩15岁时就在英国珠宝集散地哈顿公园（Hatton Garden）做学徒，学习传统英国珠宝的制作工艺。他们第一次见面在希腊街（Greek Street）的三条灰狗酒吧（Three Greyhounds），那个时候很多圣马丁的学生都常来这里。肖恩发现李非常害羞，就尽量让他放松点，很快李就能从容地进出肖恩的公司了。这三个朋友会去伦敦东部的一间名为沃克斯豪尔的同志酒吧（Vauxhall Tavern），在那里会喝上一两瓶啄木鸟气泡酒，有时也会去麦尔安德路（Mile End Road）上的白天鹅酒吧或天堂酒吧（Heaven）以及布里克斯顿（Brixton）的冰箱酒吧（Fridge）。肖恩还记得李在图丁的住处工作时，常常是一地狼藉，仿佛是灾难过后，地上堆满了硅树脂、煅石膏，摆放的植物上也沾上了红色的颜料。

在图丁的房子里，李第一次读到了马奎斯·德·萨德的《索多玛120天》。“他对这个故事近乎痴迷，”西蒙说。“德·萨德给我一些启发，人们都认为他是性变态，我却认为他是一位杰出的哲学家，是那个时代的伟人，”麦昆曾对大卫·鲍伊这么说，“他能够激发人们的思索，方式很特别，常让我吃惊，我就是那么想的……”

1993 年，李通过插画家理查德·格雷（Richard Gray）与克里斯·博德（Chris Bird）结识，克里斯认为麦昆的作品与萨德的小说有很多相似之处，尤其是萨德的小说《瑞斯丁娜——喻美德的不幸》（*Justine, of The Misfortunes of Virtue*）和《于丽埃特——恶行的走运》（*Juliette, or Vice Amply Rewarded*）。“按时间顺序详细记载了人对人的残酷暴行——不是纵容这种行为而是展现给大家，”他说，“李曾在他的某个系列的一件服装上绣着‘生命就是痛苦’的字样。他的作品中有浪漫主义的成分，同时也有残酷的元素。有束缚的一面，但是他希望解放妇女，使她们在 T 台上变得凶猛刚强。”

圣马丁中心的时尚历史与理论教授卡洛琳·埃文斯（Caroline Evans）曾经在他的《边缘时尚：奇观、现代性和死亡预示》（*Fashion at the Edge: Spectacle, Modernity and Deathliness*）一书中分析了德·萨德与麦昆之间的关联。“麦昆在剪裁和服装秀的形式选择上透露出野蛮统治与主宰的冷酷，这让我们想到了德·萨德侯爵笔下的风流女郎，”她写道，“萨德笔下的危险女性都无一例外是强悍的女人……麦昆和萨德一样专注于受害者与袭击者的辩证关系，他在 T 台上塑造的站街女子类似萨德笔下的袭击者而不是受害者……在他的视觉想象中构成了一种复式存在：每一种善良美好都辅以残暴恶毒，每一种统治主宰的姿态都伴随着卑微顺从的表情。随着服装秀的推进，这些被装扮成受害者的模特化身为更加有力的形象，猎物成了捕食者。”

德·萨德还阐述了道德是人为构建的摇篮，这个由种种规则和限制编制的摇篮约束并控制了人类的“自然”欲望。麦昆在《索多玛120天》中找到了共鸣，他感到自己终于可以不再掩饰自己的性取向——一些人对同性恋持否定态度，他们或认为同性恋是肮脏、下流和污秽的——这一点让这个年轻的设计师感到心里舒服很多。在他眼中，没有什么边界限制之说，也没有什么会令他触目惊心。“在性方面，李总是吃不够，他喜欢被人干，”他的朋友克里斯·博德说。

一天早上，克里斯·博德在图丁的房子过了一夜后冲了个淋浴，然后走到卧室把身上的水擦干，这时，李突然跑了进来，引诱克里斯和他做爱。“他并不是我喜欢的类型，有点像《家有双妻》（*Run for Your Wife*）里的剧情，”克里斯说，他指的是雷·库尼（Ray Cooney）的喜剧。“后来，有一次，我向他提到了那天早上的事情，他有些紧张，他不愿意谈论过去的事情，甚至有些排斥。”

李常常给他的朋友和同事讲自己性生活中的趣事。爱丽丝·史密斯（Alice Smith）——1992年的秋天，她在伦敦丹泽（Denza）时尚猎头公司工作时认识了李——把他比作满口下流段子的宫廷小丑，常给她和她的合作伙伴克雷西达·派（Cressida Pye）详细讲述他在汉普特斯西斯公园（Hampstead Heath）寻觅性伙伴的故事。“他总是对性很感兴趣，总愿意给我们讲他在这方面的经历，讲得还特别详细，”爱丽丝说，“我记得有一次他讲到在克拉芬公园（Clapham Common），他被一个男子捆在一棵树上，然后那个人跑了，直到早上才把他放了。他的笑声是最响亮的，像是古老的女巫的尖叫声。我们常说，‘小点声，李，’因为我们当时在和玛百莉（Mulberry）或类似品牌的人员通电话，而他正坐在一旁讲黄段子。”

李毕业后立刻就到丹泽猎头公司登记，第一次面试他的是阿尔伯特・菲尔蒂（Alberta Ferretti）。李当时穿了一身三件套，“活像一只小仓鼠”。“我想他要总是这样的装扮，穿得像个公司职员，他永远也找不到工作，他确实也没找到，”爱丽丝说。后来史密斯和派独立出来创立自己的猎头公司，就坐落在圣马丁大街（St Martin's Lane），李也跟着他们，希望他们能帮助他找到一份工作。“知道我们离开了那家大公司，自己成立了公司，他很兴奋，”爱丽丝说，“我觉得我们之间有一种亲切感，我想是因为他自己有点怪，不太合群。他很高兴克雷西达（Cressida）和我也是类似的人。”很快，这个女人就发现了麦昆的才能：在史密斯和派公司的个人简介表里，李填上了自己的地址等个人信息，他们则写上了这样的一句话，“这是一位明星。”他用 H 铅笔勾画的草图看上去清淡、整洁、克制、精准，好看却不张扬，像是出自建筑师之手。

爱丽丝会邀请李到她位于樱草山公园（Primrose Hill）的公寓为她做裤子：她会去（Berwick Street）市场买布料，付给李 50 英镑，他就会很快做出一条松身裤，从腰部就开始放宽的那种阔腿裤。“我会说我想要怎样怎样的裤子，但他却不予理会，只说‘我不会那么做的’，”爱丽丝说，“他会把布料铺在我狭窄的公寓地板上，直接去剪裁，根本不用提前画样子打版。我简直不敢相信。我记得他总是随身带一把大号裁缝剪子，我想那是他的姑姑买给他的。他总是缺钱，我们会从公司借钱给他——我说‘借’，但他从来没有还过。尽管我们自己也没有什么钱，但我们真心认为他很聪明，相信他会成功，所以一路和他走下来。一想到这一点我们就会激动得忘乎所以。”

李为了能够多挣一点钱——当时他还在靠领失业救济金生活——开始制作售卖马甲，他还把其中的一些带到了《时尚》杂志社。当时的时尚编辑安娜·哈维（Anna Harvey）仍记得那时看到这么多“制作精良的马甲”，还想过要给自己的儿子买一件，她的儿子是一个完美主义者，眼光很挑剔，结果安娜没有买，至今想起来这件事，安娜还感到十分后悔。“李格外与众不同，但是他的害羞腼腆真的让人很头疼，在时尚设计工作室里，周围是说笑着的姑娘，李显得格格不入，”她说，“我记得他当时脸色发白，看上去战战兢兢的。但他的内心中有一股无声的信心，看着那几件设计新颖、制作考究的马甲，我想这个年轻人知道自己的方向。”

1992年的后半年到1993年的春天，麦昆着手他的首秀“出租车司机”。史密斯和派二人主动担任了这次秀的公关咨询。爱丽丝给她在《天空》（*Sky*）杂志任职的朋友凯蒂·韦伯（Katie Webb）打电话，让她帮忙把头版留给麦昆。但有个问题是：李知道自己需要曝光，但不想被拍照，他怕社保部门会认出他，不再发给他救济金。麦昆和摄影师理查德·伯布里奇（Richard Burbridge）想到用电工胶带把脸缠住的办法。“我觉得这个创意有点马丁·马吉拉（Martin Margiela）风格，”克里斯·博德说，他指的是那位拒绝拍照的比利时设计师。“这张照片让麦昆显得更加神秘莫测。”很明显，这种捆绑和恋物癖的装扮吸引了李：

就在同一时期，麦昆送给西蒙·克斯丁（Simon Costin）一张自己的照片，照片上他的脸被胶带缠绕着，上身裸露，只戴着一条克斯丁用鸟类头骨做的项链。麦昆曾告诉韦伯，“我们中的一些人生来就不完美，不是太矮就是太胖，我是做设计的，我要让人们用能负担得起的费用购买我设计的服装，我想让他们看起来更好，给他们自尊与自信。我想在时装秀上用普通人做模特——毕竟，我们不可能都像伊万娜·特朗普（Ivana Trump）一样有那么完美的身材。”

麦昆为了设计他首秀的服装，去看电影找灵感，尤其是那段时间在国王十字街（King's Cross）的斯卡拉剧院（Scala）看的电影。“我喜欢帕索里尼（Pasolini）和斯坦利·库布里克（Stanley Kubrick），”他说，“我要向这里的电影和摄影致敬。”当然，1976年由罗伯特·德尼罗（Robert De Niro）饰演的被骚扰的出租车司机特拉维斯·比克尔（Travis Bickle）以及由年轻演员朱迪·福斯特（Jodie Foster）饰演的雏妓艾瑞斯·斯丁斯玛（Iris “Easy” Steensma）在他的系列中占据了重要位置：麦昆让西蒙·昂格莱斯帮他印染一幅德尼罗的角色肖像，后来把这幅肖像印在了塔夫绸夹克上。不难看出麦昆对这部电影着迷的原因——他可以在治安员比克尔和他拯救的被剥削虐待的艾瑞斯他们两个人的身上找到自己的身份认同。

麦昆很卖力地筹划这次首秀，他告诉在《观察家》（*Observer*）杂志工作的路森达·阿尔福德（Lucinda Alford），他会在这次服装秀上做一些突破，运用并展示新的技术。他并没有按传统将布料四周裹边而是沾上乳胶，加入塑封的羽毛，像“塑料夹心三明治”。对于细节的关注令人惊叹，“一般来说，袖子是由三片布料缝合，而麦昆设计的服装缝合处较以往有两倍之多，”阿尔福德说，“衣领和袖子的裁剪缝合运用了折纸原则；胳膊下方肘部的衬里有一处缝合，这样夹克的袖子虽紧贴身体却仍可以活动自如。”

在 90 年代早期，英国的时尚业了无生气——英国经历了房价大跌，高利率、汇率高估仍在慢慢恢复。1993 年，四位曾获“年度最佳”殊荣的英国设计师——约翰·加利亚诺（John Galliano）、薇薇安·韦斯特伍德（Vivienne Westwood）、凯瑟琳·哈姆尼特（Katharine Hamnett）和“工人要自由”（Workers for Freedom）——与当时的首席设计师里法特·兹别克（Rifat Özbek）一起，决定离开本土，去米兰或巴黎展示他们的服装系列。贝蒂·杰克逊（Betty Jackson）通过视频来展示她的作品，约翰·里奇蒙德（John Richmond）则选择在巴黎布展。“伦敦的时装周没有吸引到足够多的国际媒体以及买手的关注，”里奇蒙德说，“我想拓展我的事业，就必须在巴黎举办服装秀。”1990 年，有 21 位设计师在伦敦举办服装秀，250 个品牌在附近的贸易展示会上布展，而到了 1993 年的 3 月，“只有 13 位设计师举办服装秀，在利兹卡尔顿酒店的展示会也只有 60 家参与布展，”《星期日独立报》（*Independent on Sunday*）的罗杰·特瑞德烈（Roger Tredre）报道说。“英国并不缺有才之士，”特瑞德烈说，他认为贝拉·弗洛伊德（Bella Freud）、阿曼达·维克利（Amanda Wakeley）、福莱特·欧斯戴尔（Flyte Ostell）、萨尼塔格与穆里根（Sonnentag & Mulligan）以及艾比·汉密尔顿（Abe Hamilton）等人都是冉冉升起的新星，麦昆就是其中之一。“当然，钱，是最关键的问题。"

为了解决这个问题，英国时尚协会（British Fashion Council）拨出一小笔资金资助六位杰出新星：亚历山大·麦昆、萨尼塔格与穆里根（Sonnentag & Mulligan）、丽萨·约翰逊（Lisa Johnson）、保罗·弗里斯（Paul Frith）、艾比·汉密尔顿和库伯维特·布伦德尔（Copperwheat Blundell）。库伯维特（Lee Copperwheat）与李·麦昆在圣马丁学院就认识了，当时库伯维特是该学院硕士课程的客座讲师；两个人成了朋友，常一起去酒吧。"他很疯狂，我们兴趣相投，他愿意尝试任何事情，有点淘气，"库伯维特说，"后来我们开始一起出去，走得更近了。但是我真正了解他的才华，还是在利兹卡尔顿的服装展示会上。"

那次联展是在酒店的几个房间里举行的，规模很小；没有模特，服装是挂在旋转轨道上的，而麦昆的作品使用了多罗西·帕金斯（Dorothy Perkins）品牌的衣架展出。"我感觉这次展览成功无望，后来走廊一头传来一阵阵咯咯的笑声，我被吸引过去，"时尚评论家莎拉·穆尔（Sarah Mower）回忆道，"那是伊莎贝拉·布罗的笑声，她头上戴着一顶菲利普·崔西羽毛爆炸帽，向人们推介衣架上精致剪裁的服装，身后是一个留着子弹头发型的伦敦男孩。"《星期日泰晤士报》（*Sunday Times*）的编辑尼尔吉里·优素福（Nilgin Yusuf）也认出了麦昆的作品。她发现了一件服装，其"夹棉的衣领""珠宝镶嵌"，制作精美，堪称"女皇精品"，如获至宝。《观察者》杂志的路森达·阿尔福德对麦昆也是赞不绝口，她在文中写道，"其裁剪制版技术无可争议。麦昆只需寥寥数剪，高级时装定制就可以一次性完成。麦昆大胆革新，将自由斜剪裁、前卫的造型以及印染工艺注入传统技艺中。”李的姐姐珍妮特和她的母亲乔伊斯、姑姑蕾妮一起去观看服装展；她的观点与其他时尚编辑大相径庭。“我还记得当时我看着这些时装，心里暗想我可不要穿这样的衣服，”珍妮特说，“我比较传统，保守，没有李那么前卫激进。但是伊莎贝拉·布罗却为之疯狂。”

几乎所有的媒体都给予李褒扬——毕竟《星期日泰晤士报》都刊登了他的作品。“毫无疑问他们的设计是属于当代的，”伊恩·R. 韦伯（Iain R. Webb）就该场联展的六位新星评论道，“他们的名字很快就会家喻户晓。”李和西蒙·昂格莱斯把展出的服装打包放进了黑色垃圾袋里，两个人就去喝酒庆祝了，先去了索荷区的康普顿大街（Comptons），后来又去了中心车站国王十字街的另一家同性恋俱乐部“人类恶臭”（Man Stink）。为了省下俱乐部的存包费，两个人把袋子塞在了门外的垃圾箱后面。“我们喝酒、跳舞，玩了几个小时，后来就直接回家了，把门外的衣服忘得干干净净，”西蒙说，“第二天早上，李回去找衣服，发现那些垃圾袋都不见了。”

如今，时尚收藏家和博物馆的负责人都带着崇敬和敬畏之心来保管和珍藏麦昆亲制的服装——一件古董衣单品就价值数万英镑——而在90年代早期，麦昆的设计却被随意地丢弃，毫不在意。爱丽丝·史密斯记得在1993年3月初的一天，《每日电讯报》（*Daily Telegraph*）要拍摄几组有关设计师和他们的缪斯们的专题照片，拍摄时，爱丽丝穿了一件麦昆设计的紧身皮胸衣，其夸张的环状衣领是由野鸡羽毛制成的。拍摄结束后，两人搭上了出租车，一路上，羽毛不停地从这件衣服上掉落下来，弄得座位上和地上都是。“这个你还要吗？”爱丽丝问。李摇了摇头，这样，这件作品就被遗弃在了出租车上。“那个司机跑过来问我这件衣服是不是“野性之美”（Savage Beauty）系列中的一件，我只好告诉他不是的，”爱丽丝说，“有数不清的衣服都被丢弃了。李过去会把很多服装挂在我们办公室，我们对他说，‘能把这些衣服拿走吗？’因为我们确实没有那么大的地方存放这些。”再一次，这些作品被丢进了垃圾箱。

1993 年 3 月 17 日，李在“梅森比尔陶克斯之家”（Maison Bertaux）和一些朋友庆祝了他 24 岁的生日，其中包括塔尼亚·韦德（Tania Wade），她的生日比李早一天。“我记得他送过来一件上衣，上面写着麦昆，但是不知什么原因，这件衣服就在店里不见了，”塔尼亚说，“李想知道衣服怎么会不见了，我告诉他，可能是厨师认为是一块该死的抹布，扔掉了。‘你这个不要脸的小娘儿们，’他回答说。”李和塔尼亚的姐姐米歇尔·韦伯（Michelle Wade）也相处得不错。有一天，他告诉米歇尔他想在店铺外搞一场服装秀。他曾想过搭建个 T 台，沿希腊大街（Greek Street）向路人发放零钱（hay），但这个想法一直没能实现。“这时我会问自己，‘这个人到底是谁？’这个人的想象力真是太丰富了，”米歇尔说，“开始，他有点害羞、孤僻和笨拙——很明显他是一个充满矛盾的人——但是慢慢地他开始能够适应与人交往。但他并不是那种优雅自然的人，我想是因为他的脑子里总是有很多点子在绕来绕去吧。”李曾给米歇尔做过一件黑色的长款军装大衣，格子呢的衬里。“现在，即使过去 15 年了，我每次穿上这件大衣，还是感觉很好。这就是他为女人做的设计，让你感觉很棒。”

第五章

“我的大部分设计中含有性暗示”

李·麦昆

Lee McQueen

灯光暗了下来，赛普瑞斯·希尔（Cypress Hill）称颂吸食大麻的歌声响起，“我要兴奋起来”，一位消瘦的女模特朝观众蹒跚走来，她穿着银色的超低腰露臀裤和精致剪裁的双排扣礼服。这是1993年10月20日“虚无主义”（Nihilism）服装秀的现场，地点在伦敦国王路的蓝鸟车库（Bluebird Garage）。随着服装秀的进行，“女性时尚”形象变得逐渐阴郁而令人不安。一位模特伸出中指向观众致意，另一位模特身穿一件白色无袖及地长裙，上面涂着红色的油彩，模拟被攻击的受害者。后来，还有一位面色惨白的年轻女子穿着一件由保鲜膜制成的迷你裙，上面的图案犹如抹上的泥浆与鲜血，模拟嘉莉被困时装屋的效果。

“亚历山大·麦昆的这次首秀是一次恐怖的时装秀，”马里昂·休谟（Marion Hume）写道，《独立报》（*Independent*）给了休谟的评论文章整个版面，题目是“麦昆的残酷剧场”。“在强烈的浩室音乐间隙是诡异的沉寂，只能听到电机的呼呼旋转声和按快门的咔嗒声，很多的资深摄影师已‘久经沙场’早已麻木，但这次却都不再打盹。”休谟承认这些模特的装扮让她和她的同事们极度恶心，她已经习惯了T台上裸露的肉体，但这次不同。“这些模特身上缠着湿乎乎的保鲜膜，装扮成刚经受了严重车祸的样子，胸前血腥、溃烂的装饰，让人们想象到透过薄上衣看到被割去的胸部。”

当然，没有任何一位时尚记者能够了解这些T台形象的灵感来源，他们不会知道这是李一次次目睹他的姐姐珍妮特被丈夫暴打，自己在孩童时被同一个男人性虐的经历。结果，一些评论人士斥责这次服装秀令人极度不适，显示出了厌恶女性的倾向。时尚杂志《德雷柏报告》（*Draper's Record*）的一位评论员甚至认为此次服装秀无聊至极："除了偶尔出现的双色菱形印染的80年代套装和男性化剪裁的高领衫，其余作品根本不值一看。"

但是，休谟看出麦昆"对女性违反常情的态度"，无非想要通过他的设计表达出一种现代性的新精神。这场服装秀诉说了"残酷经历下伤痕累累的女性，她们穿着裸露的服装，在狂野的黑夜靠毒品的刺激来逃避日复一日的枯燥生活。他设计的服装更准确地揭示了现实世界的真实，而不是浪漫华美的华伦天奴（Valentino）晚礼服"。她感受到麦昆的设计中有新的东西要表达，就像川久保玲（Rci Kawakubo）和薇薇安·韦斯特伍德（Vivienne Westwood）一样。川久保玲的品牌"像个男孩"（Comme des Garçons）在欧洲的首秀，几乎一半的观众中途退场，同样地，韦斯特伍德喜欢在肉色的紧身裤上画上阴茎图案，这让休谟本人也觉得讶异和作呕。但是，让年轻的设计师能够大胆实验是很重要的，她补充到。"对于新事物的诧异也就是止于诧异，"她最后说，"如果一些创新会让像后来的简布罗迪小姐（Miss Jean Brodies）一样的时尚论客啧啧非议，或者感到下流庸俗，那就这样吧。"

当时，伦敦时装周还无法与耀眼夺目的巴黎和米兰时装周相提并论。爱德华·艾宁甫（Edward Enninful）在《i-D》杂志十月刊特辑中介绍了六位有潜质的年轻设计师——麦昆是其中之一，还有尼古拉斯·奈特利（Nicholas Knightley）、约翰·罗查（John Rocha）、艾比·汉密尔顿（Abe Hamilton）、福莱特·欧斯戴尔（Flyte Ostell）和考博威特·布兰德尔（Copperwheat Blundell）——英国的创造力曾被举世崇敬，但本土的设计师却因为匮乏的商业惯例和欠完美的技艺而裹足不前。"我们向世界展示了新近毕业生独一无二的设计才能，却只能眼睁睁地看着他们被欧洲其他国家的时尚公司挖走，"他写道。然而这一代的时尚设计师让世人看到，他们凭着精明的商业直觉可以将服装的可穿着性和市场前景很好地结合，让"饱受诟病的英国时尚产业获得重生"。随艾宁甫的特辑发表的还有一篇由艾薇儿·梅尔（Avril Mair）执笔的麦昆简介，李曾经对她说，他"完全不是矫揉造作"，只是希望新的系列能将"高级时装定制的工艺融入到普通成衣中"。从某种程度来说，他作品的核心是情色——"我的大部分设计中含有性暗示，"麦昆说。梅尔认为麦昆看上去"更像一个足球流氓，而不是通过灵敏、精准的裁剪让女性形体更加完美的时装设计师"。

李曾经求助于圣马丁学院硕士课程的印染导师福利特·比格伍德（Fleet Bigwood）。据福利特回忆，麦昆毕业秀结束后的两天，李出现在他的面前，穿着羊皮马甲、方格布衬衫和牛仔裤，怒气冲冲地对福利特说他要做自己的服装系列。"我受够了，"他说，"没有人对我的设计感兴趣，除了那个有钱的疯婆娘（伊莎贝拉·布罗）。""我喜欢他的愤怒，"福利特说，"他要告诉所有人他受够了，整个行业、记者和那些买

“如果你无法与他人和谐相处，与周遭的一切都格格不入，那么来艺术学校吧，这里会让你感到舒适自在。”

MA 时尚课程主任路易斯 · 威尔逊教授说。

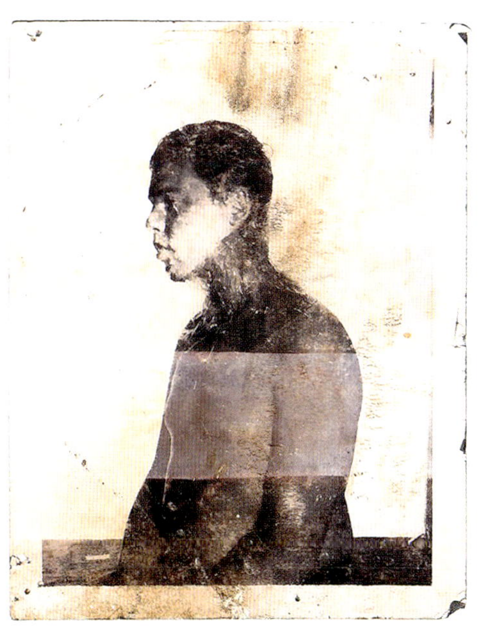

▵ 李在伦敦圣马丁学院的学习生活改变了他的一生。

▿ 1986 年，李开始在萨维尔巷的安德森与谢泼德裁缝店当学徒。

“我从学校毕业时，一无所长，我认为首先必须要完完全全地了解服装的构成，就从这儿开始吧，”他说。

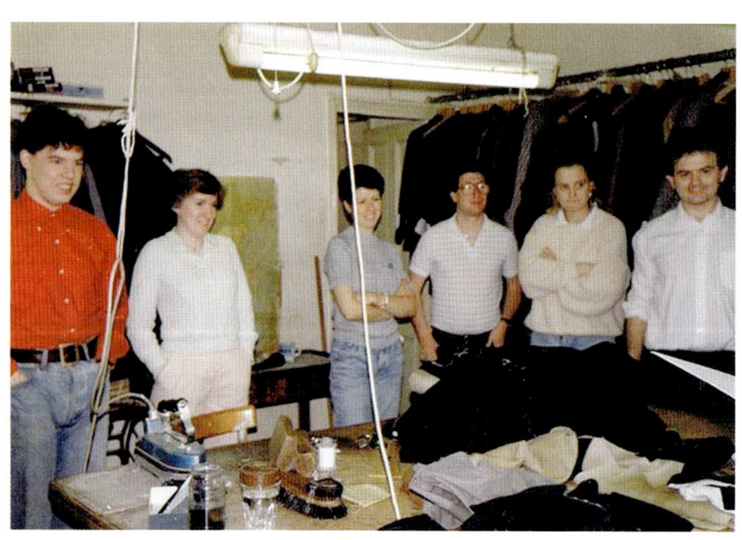

▵ 一开始，伊莎贝拉就以麦昆的中间名称呼他，她认为“亚历山大”听起来更响亮，更像要创立自己品牌的年轻时装设计师的名字。后来，李一直没有改变他的名字，他说仅仅是因为布罗认为“亚历山大”听起来更高端。

“我正式开始工作后，就不再用第一个名字了，而且那时我已经签约了，”他说。

▵ 1992年麦昆毕业设计MA系列中一件印有尖刺图案的双排扣长礼服 ——

“他非常喜欢尖刺”——“它们很好地代表了我，展现出我的真实模样，”他说。

▽ “我是为了拉长上半身的线条，而不只是为了展示臀部，”麦昆提到自己设计的“超低腰露臀裤”。“对我来说，不是臀部而是脊椎的尽头，才是人们身体中最具挑逗性的部位，无论是男人还是女人。”

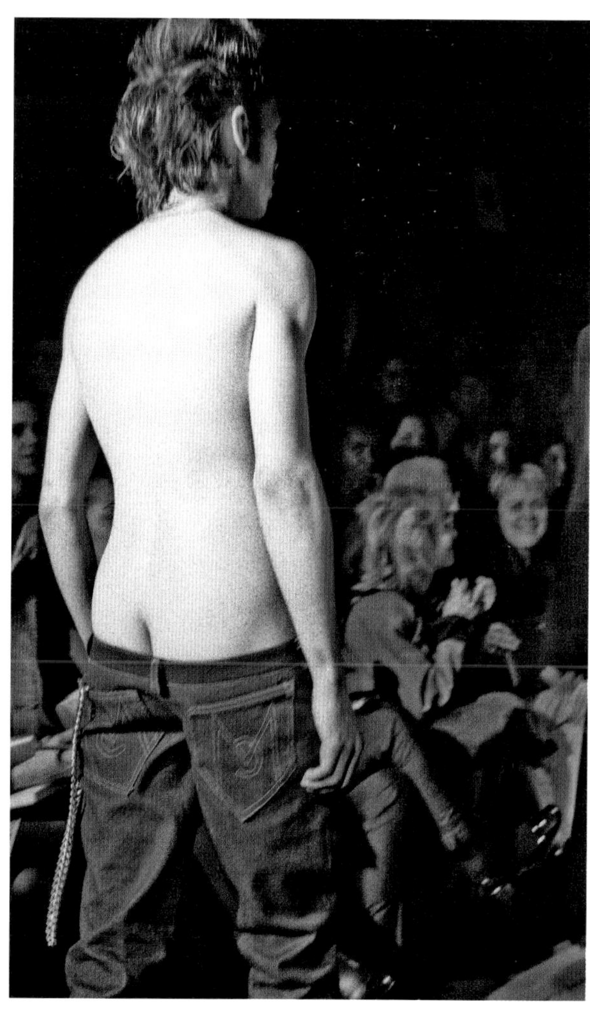

▲“亚历山大·麦昆这次名为‘虚无主义’的首秀是一场恐怖的时装秀，”

马里昂·休谟写道，《独立报》给了休谟的评论文章整个版面，题目是“麦昆的残酷剧场”。

▵ “黑人模特黛布拉戴着珠链框架在T台上走着扭曲的步伐，与奴隶制毫无关系，”他谈到“贝尔默的人偶”系列时说。“这是模仿人偶造型设计的。”

▿ “你来巴黎竞争不过华伦天奴和香奈儿……别想 27 岁就成为赢家，”1997 年 1 月，利兹·提尔布利斯看过麦昆纪梵希首秀时说。

▵ “第 13 号”服装发布会上的莎洛姆·哈罗。她像八音盒上的芭蕾舞女孩一样在舞台上旋转，躲闪抵抗两个机器人向她喷洒黄色和黑色的油漆。

▵ “伊舒”系列发布之后，麦昆被抨击为厌女症患者。“恐怖的尖刺穿过鼻子，直抵眼睛附近，让人胆战心惊。”2000 年 2 月一位专栏作家写道。“不知设计这个造型的男人到底在想些什么？”

▵“我就是麦昆的脉搏显示器，时尚最大的恐惧正在后方虎视眈眈。”“沃斯”系列中戴着氧气罩的模特米歇尔·欧力说，“我在里面代表着时尚的死亡，即美丽的死亡。”

▵ 李开始设计“柏拉图的亚特兰蒂斯”系列时，对他的员工说：“我不要看到任何的形状，也不要去参考，图片、画作等。我要的是一种全新的东西。”

▵ 2007 年 3 月的“纪念 1962 年萨勒姆的伊丽莎白 · 豪”

“是他向世人道别的开始”。

◂ “丰饶角”系列发布会上，模特们好像刚刚逃离“沃斯”精神病院，无意间闯入了法国女装设计师的房间，里面挂满了璀璨靓丽的服装。

▹ 2000 年 5 月，李和安娜贝拉 · 尼尔森在蒙特卡罗海滩酒店。

▿ 麦昆在纪梵希服装秀后台与超模卡拉 · 布鲁尼和海莲娜 · 克莉丝汀森。乔伊斯 · 麦昆谈到自己的儿子将来能够在巴黎高级服装定制占有一席之地简直就像一个“神话故事”，而李对服装设计的看法是，

“让你梦想中的时尚成为现实。”

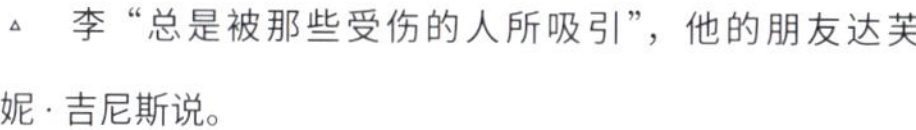
▵ 李“总是被那些受伤的人所吸引”，他的朋友达芙妮·吉尼斯说。

▵ 减肥后，消瘦的李与模特凯特·摩丝。凯特曾用以下词汇形容李：“无政府主义的，有趣的，消瘦的，有争议的，友善的，忠诚的，有魅力的，创新的，黑暗的，坚定的。”

◃ 麦昆和他的朋友达芙妮·吉尼斯。“如果现在让我对亚历山大说点什么，我会和他聊聊毒品和自我保护，”她说。

▲ 1999 年 9 月麦昆在纽约“眼睛”系列服装秀上谢幕。

手。他感到沮丧，没有人能理解他的作品，给他认可。”比格伍德那时住在斯特里汉姆（Streatham），距离李在图丁的住所只有半英里左右，他常过去看李在衣料上“来回鼓弄，一会儿烧，一会儿烤”。“在这方面他毫无经验，”福利特说，“他总是在设计、裁剪，创造自己独有的衣料。他是学制版出身的，没有受过这方面的训练，但这并不阻碍他努力深入到成衣的各个环节。”福利特观看了麦昆的“虚无主义”服装秀后有一点点失望。“我出生于1962年，那个时候朋克风盛行，但是李那时还太小。我有点疲惫了——他总能做出点什么来惊动世人，而且觉得我们都是过来人了。现在回想起来，他对于时尚业的影响可以比肩朋克，长盛不衰。”

演员丹尼斯·霍珀（Dennis Hopper）的女儿、美国版《ELLE》杂志的时尚总监玛琳·霍珀（Marin Hopper）饶有兴趣地观看了“虚无主义”这场秀。这一年的春天，李和玛琳就互相认识了，李告诉她，自己在萨维尔巷做学徒时会在衣服衬里写一些话。“我觉得他挺朋克的，”玛琳说，接着她就在自己杂志的特辑里刊登了李的作品。后来，麦昆告诉伊莎贝拉和迪特马·布罗，他和玛琳在巴黎的考斯特酒店（Hôtel Costes）睡觉了。“如果真有这样的事，我会第一个站出来承认的，”她说，“他确实挺有风情的，但我们之间没有那种事情。我们会聊性生活，聊他对那些男孩子的爱慕，但他绝对是同性恋。也许他认为我们上床的这件事情会让人们震惊——既刺激了新新一代，也冲击了资深的一代。”

那天的服装秀，博比·希尔森也坐在台下。当她看到女孩们在这个褪色的艺术空间款款走来——后来蓝鸟车库被改建为一家瑞士餐厅——

麦昆的这位伯乐深感自己下对了赌注。“我的汗毛都竖起来了，”她说，这场秀让身体与情感都得到了升华，如同观看了一场一流的戏剧。

“虚无主义”的秀台上超低腰露臀裤“包屁者”（bumsters）首次出现在大众的视野中，根据一位时尚写手的话，“这款设计让女人们露出了比乳沟更能引诱人们一探究竟的欲望”。时尚历史学家朱迪斯·沃特（Judith Watt）认为超低腰露臀裤的概念——最终导致了整个世纪的男男女女争相穿着腰线下移的裤子——很可能来自胡安·德·阿尔塞加（Juan de Alcega）1589年版的《裁缝样书》（*Tailor's Pattern Book*）（该书原是西班牙文，其英文版于1978年问世）。“麦昆把腰线与当代的裁剪技巧结合起来，打造了一种全新的具有情色意味的风格，”她说。

麦昆认为脊椎的尽头是人的身体中最性感的部位。他通过“包屁者”向人们展示了人体弧线之美，贺加斯（Hogarth）S曲线的“美丽线条”（Line of Beauty），这恰是2004年阿兰·霍灵赫斯特（Alan Hollinghurst）的同名小说《美丽线条》的核心形象。该书充满了对感官愉悦的追求，尤其是后腰处诱人的双曲线。“我是为了拉长上半身的线条，而不只是为了展示臀部，”麦昆在1996年说道，“对我来说，那部分身体——不尽是臀部，而是脊椎的尽头——才是人们身体中最具挑逗性的部位，无论是男人还是女人。”

西塔·尼兰德（Seta Niland）是麦昆的朋友，为《脸》（*The Face*）这类的杂志做造型师，她参与了“虚无主义”服装秀的组织与造型。她认为“包屁裤”是伊夫·圣·罗兰（Yves Saint Laurent）“吸烟装”（Le Smoking）的自然演化，这款法国高级定制西装将男性化元素引入了女性时装。"李把包屁裤称作壮男的裤子（或短裤），"西塔说，"他会看到男模露着屁股走来走去，也许这正对他的胃口。不过让女人穿这样的裤子？有点恐怖吧，我不得不说服模特穿上它，后来终于有一个女孩试穿了，我发现这条裤子美妙绝伦，但穿上这样的裤子很冒险。"

西塔吸引李的地方是她自身的灰暗经历：她告诉李自己的姐姐是被谋杀的。而李吸引她的地方在于他"局外人"的状态。"尽管后来我的口音变了过来，但肤色不同，我觉得自己有点格格不入，"她说。李从圣马丁学院毕业后认识了西塔，两个人常常躲进"梅森比尔陶克斯之家"（Maison Bertaux），点杯咖啡或茶，一块蛋糕，一坐就是好几个小时，大多是西塔付账，当时李还是"穷光蛋"一个。

"他总是念叨着要设计自己的服装系列，我问他，'我们哪有钱呀？'我参加过一些服装秀，知道办一场这样的秀的花费实在不菲，"她说，"但是他说，'让我们试试吧。'我开始到处游说，让朋友免费为我们提供材料。我骗蓝鸟车库的人说我们要办一场计划外的服装秀。我认识几个在格拉斯顿伯里（Glastonbury）音乐节打灯光的人，让他们过来帮忙，还找大厦的人凑了一些椅子。我到处求人、借人，让朋友帮我邀请媒体和圈内人士，我动用所有的关系找免费的模特，我们确实找到了几个姑娘。"

在整个布展的过程中，因为缺乏资源，这场秀一直处于功亏一篑的危险中：李当时还在领社会失业救济，而西塔住在肯宁顿（Kennington）的廉租房里，杂志工作的收入也很少。服装秀当天，李和西塔才意识到他们没有钱给模特买内衣。西塔看到一卷保鲜膜，忽然想到办法，她把保鲜膜一层层地缠在模特身上当作内衣。“紧迫局势激发了天才和创造力，”她说着，笑了起来。当然后果就是“所有的人都没有酬劳，服装秀结束后，模特把身上的衣服脱下来直接扔进了垃圾袋里”，克里斯·博德（Chris Bird）说。

这场服装秀的音乐也是由西塔负责，其中之一是电台司令乐队（Radiohead）1992年的单曲“讨厌鬼”（Creep），讲述了“对无望的爱恋自我撕裂般的狂怒”。服装秀结束后，李来到后台，告诉西塔他很不喜欢西塔选的背景歌曲。“他非常的恼火，但是他并不了解我为什么选这首歌曲，”西塔说，“我希望人们会说，‘他也许看上去像个讨厌鬼，但看看他的才华吧。’时尚圈确实认为李是一个怪异、粗鲁的设计师，直到后来他设计出的作品让人们心服口服。服装秀的结尾具有讽刺的意味，因为他并不是一个讨厌鬼。回想那次服装秀，一切都差不多准备就绪，有点粗糙，没有过多的修饰，但这正是李的魅力所在。剪裁绝妙，服装极具创意，有一种野蛮的优雅，这就是他的作品特色，我能想到的就是这些。”

“虚无主义”服装秀还推出了另一个麦昆的标志：设计师的独特标识，一个大写的“Q”中套着一个小写的“c”。这是爱丽丝·史密斯的创意，她当时的男朋友是一位图标设计师，帮着画的图。“当然李没有付费，”爱丽丝说，“所有都是义务服务，我们分文未取，这点我原谅他了。李早期的服装秀极富有创造力，有很多新东西，你从未见过，而且每件设计都做工精美。我和克雷西达（Cressida）都落泪了，我们真的为他感到高兴。你不能确定他是否能成功，所以当你看到他一场秀接着一场秀，规模一次比一次大，水平一次比一次高，真的是又诧异又激动。但是我们却又都感到这一切也会随时化为乌有。”

1993 年年底，麦昆的室友西蒙·昂格莱斯告诉李，他要搬去和他的男朋友同住，这就意味着麦昆要再找一个人和他同住，因为当时他自己还无法负担全部房租。李的姐姐雅基（Jacqui）因工作关系要住在布达佩斯（Budapest），她把自己在查德维尔西斯（Chadwell Heath）的公寓让出来给李住。他的哥哥托尼和迈克尔也说会帮着李搬家。一个星期六的早上，迈克尔驱车横穿伦敦赶往麦昆在图丁的住处，结果却发现他的弟弟还躺在床上。“东西都没有打包，也没有收拾，”迈克尔回忆说，“我说，‘快起来，我们大老远赶过来帮你搬家，你还睡，快起。’他一直就是这样。”

李很感激姐姐让他住在位于查德维尔西斯区斯普林克罗斯（Spring Close）的公寓，但是与伦敦南部激烈紧张的生活比起来，在埃塞克斯（Essex）郊区的生活显得枯燥和烦闷。西塔·尼兰德记得与麦昆从利物浦大街（Liverpool Street）乘火车去往埃塞克斯——他们为了逃票常常跨过防护栏登上火车——他们惊诧于郊区稀疏的房屋。这里就像一块空白的画布，她说，但是他却认为对他很有启发。“从一开始，他就带有各种各样艺术的灵感，他教会我很多，”她说，“他不是那种‘普通’的设计师，他也没有按部就班从 O 级学到 A 级，然后拿到学位，但这并不影响他自己的努力。我有一次遇到他和布罗在一起，我觉得他并没有因为二人的阶级差距而感到不舒服，反而对此饶有兴趣。”

1993 年一整年，伊莎贝拉都在游说史蒂文·梅塞（Steven Meisel）为英国版《时尚》（*Vogue*）拍摄一组故事图片。梅塞 1988 年开始为意大利版《时尚》的编辑弗兰卡·索萨妮（Franca Sozzani）拍摄杂志照片，对此并不十分情愿。“我的工作需要一种特别的敏感度，”他说，“但也需要幽默感……既要有讽刺意味和‘玩世不恭’的态度，还要有严肃认真的美感。”他的资历很深——1992 年曾与麦当娜合作拍摄《性》写真集——这个纽约人据说是世界上身价最高的时尚摄影师。“他被认为是时尚摄影界的超级巨星之一，”安娜·温图尔（Anna Wintour）说。后来梅塞接受了伊莎贝拉的邀请——1993 年 12 月号的英国版《时尚》刊登了一组黑白照片，题目为“安格鲁-撒克逊态度”——拍摄费用据传高达 80 000 英镑，成为了该杂志历史上最昂贵的照片。

拍摄的照片是有关寻找想象中的最美丽的纯英国血统女孩，称之为“伦敦宝贝儿”，普兰姆·赛克斯（Plum Sykes）说。赛克斯当时是伊莎贝拉的助手，后来与史蒂娜·坦娜特（Stella Tennant）、贝拉·弗洛伊德（Bella Freud）、路易斯·坎贝尔女士（Lady Louise Campbell）和欧诺·弗雷泽（Honor Fraser）一道成为了梅塞的模特。布罗曾邀请麦昆到《时尚》的办公室商量他的哪些设计可以用在拍摄中。“但是一些杂志编辑根本看不上他，”普兰姆说，“那时人们只认巴黎的设计师，克里斯汀·拉克鲁瓦（Christian Lacroix）和香奈儿（Chanel），一点不把伦敦放在眼里。《时尚》的一些编辑认为亚历山大（我这么叫他）只不过是一个邋遢的普通男孩。我记得有一次他带来一条带蕾丝的朋克裙，裙边是撕裂的式样——我想史蒂娜·坦娜特肯定不会穿这样的裙子——结果他真的裁剪了一个奇怪的版型。工作室的人都是上流社会的，高贵而精致，而他看起来那么粗俗。他上身穿了一件老旧的伐木工衬衫，下身穿了一条牛仔裤，挂着钥匙链，松垮的裤腰，能看到他的股沟。他总是有点脏脏的、臭臭的，给人不洁的印象，我挺怕接近他。我是正统牛津毕业的女孩，根本不理解他的服装。那时，伊西说，'这个男孩太有才了，他就是个超级巨星，看看他的裁剪。'但是我当时只在《时尚》工作了一年，根本不知道什么是好的裁剪。现在我终于明白麦昆创造了他自己独特的廓形，与他人完全不同。"

1993 年年底的时候，普兰姆·赛克斯邀请麦昆为她做一条黑色蕾丝和雪纺的朋克裙参加《时尚》杂志的圣诞晚会。她付给麦昆 20 英镑材料费、50 英镑手工费。"他带来一条裙子，走进杂志社的女卫生间，在裙子的臀部撕扯了几下说，'给，你要的。'他当时还算失业，没有存款，只是勉强糊口。我马上意识到李很聪明、反应很快而且很尖锐——神偷道奇的那种尖锐。我记得我当时心想，'这个家伙比我和我的那些（牛津）朋友聪明得多。'"

李和伊莎贝拉说服普兰姆在他的下一个系列"女妖"中走秀，时间为 1994 年 2 月 26 日，地点在伦敦的巴黎咖啡馆（Café de Paris），同时伊莎贝拉自己也答应为李走秀。在开场的前两天，麦昆接受了《每日电讯报》（*Daily Telegraph*）时尚编辑凯瑟琳·塞缪尔（Kathryn Samuel）的采访，采访中他首次公开了自己同性恋的身份，这一点让他的母亲非常生气。"你为什么要公开你的私生活？"她问麦昆。"这不是我的私生活，"他回答说，"这就是我。"他还告诉塞缪尔他这次秀的目的是"给伦敦一脚，让她发声”，并希望这个新的系列能贴近大众、贴近市场。“我的目的是把萨维尔巷的高级定制与成衣很好结合，”他说。服装秀的邀请函上印有一张由兰金（Rankin）拍摄的黑白照片，照片上是一位把双臂放置于头后的裸体老妇人。这个系列的灵感来源于“爱尔兰的民间传说，船只沉没，女妖哭泣”，麦昆说，“是关于权力在握的女人和强壮的女人。”

丽贝卡·罗瑟普（Rebecca Lowthorpe）现在是英国版《ELLE》的助理编辑，当时参加了麦昆的这次走秀，直到当天，她也不知道在T台上穿的到底是什么服装：由铁丝网和石膏做成的模具。她记得穿上这一身非常不舒服，由于腰部不能弯曲，她只能躺在地板上休息，其他模特用吸管喂她可乐喝。后台的气氛非常“紧张”，她说，整个秀叛逆不恭的精神是让人记忆犹新的。是那种“对整个时尚业的玩世不恭，令人震撼”，丽贝卡说，她曾为麦昆和其他圣马丁毕业的设计师当过模特。“他竟然把那些称为包屁裤的服装搬上了T台，模特们穿着超低腰裤，露着她们的脊柱底端，在台上走来走去。就像是一场小型的革命，准确来说是朋克风潮。”电影制作人约翰·梅布瑞（John Maybury）出生于1958年，经历过朋克风潮，他看出李的作品中蕴含着无政府运动的精神。“李天生就是朋克的，他具有朋克态度，”他说，“朋克不是一帮屌丝到处吐唾沫，仇视一切，而是由一小撮艺术学生和鲍威（Bowie）的铁杆粉丝发起的反主流运动。攻击更多的是视觉暴力，与现状不同，这就是李所要表达的。”

伊莎贝拉·布罗曾保证迈克尔·罗伯茨（Michael Roberts）、约瑟夫·艾特德圭（Joseph Ettedgui）、马诺洛·伯拉尼克（Manolo Blahnik）和苏西·门克斯（Suzy Menkes）都会出席这次服装秀，而麦昆胆子更大，而且还很会虚张声势。在接受《粉红杂志》（*The Pink Paper*）的马克·奥佛拉赫蒂（Mark C. O' Flaherty）采访中，麦昆称著名的时尚评论家兼历史学家、《设计师的骗局》（*The Designer Scam*）的作者科林·麦克道尔（Colin McDowel）为"一个该死的同性恋"，还攻击时尚界的重头人物。"我总是当面批判对方的观点，"李说，"如果像苏西·门克斯这种身份的人坐在秀场前排，穿着克里斯汀·拉克鲁瓦牌子的服装，我敢肯定台上的模特会向她吐唾沫，你知道我什么意思吗？这些人能捧红你也能让你摔得很惨。他们爱你只是一时。现在人们口中可能都在念叨你的名字，但是他们也能毁了你。"阿德里安·克拉克（Adrian Clark）曾任《时尚周刊》（*Fashion Weekly*）的记者，他对麦昆的这个系列予以肯定，称其为九分创意、七分市场。"这是城里最炙手可热的服装系列之一，使伦敦再次成为欧洲的创意之都，"他说。备受尊崇的设计师、伦敦多个店铺的老板艾特德圭相信麦昆代表着"英国时尚界的新兴力量"，认为他是继约翰·加利亚诺（John Galliano）或薇薇安·韦斯特伍德（Vivienne Westwood）之后的又一位伟大设计师。而伯拉尼克更是对麦昆的设计赞不绝口。"这就是现代的服装：成衣中难得有这么好的裁剪与创意，"他说，"如果非要找出问题，那就是他的鬼点子太多了。"

麦昆告诉记者他这一系列的灵感来自于1967年路易斯·布努埃尔（Luis Buñuel）的电影《百日美人》（*Belle de Jour*）中的形象，片中凯瑟琳·德纳芙（Catherine Deneuve）饰演了一位良家妇女，在他的医生丈夫上班时，做起了娼妓的营生。正如他对奥佛拉赫蒂所说，“这一系列的主题是布努埃尔的电影，我做了一些飘逸的长裙和及膝长袍；那些被压抑、孤单的人们发现，突然间他们生命的一部分关闭了，那里面是满满的性欲。”

普兰姆·赛克斯认为麦昆这个系列的灵感还来源于他在《时尚》1992年11月刊上看到的挪威艺术家爱德华·蒙克（Edvard Munch）的画作（也许是李参观了1992年11月到1993年2月间蒙克《生命的饰带》（*The Frieze of Life*）作品展）。“亚历山大把我们的面颊涂成棕色，这样看起来好像有好几年没有吃饭，”普兰姆说，“我不理解他在做什么——为什么他把我们化得那么丑，为什么要把我的脸化得像骷髅一样，或者像《呐喊》那幅画一样？”女人们——还有一个模特已经怀孕很久了——的头上用银色喷漆喷上了“麦昆”的名字。“他并不是坐在一旁指挥，而是亲力亲为。他帮模特穿服装，设计妆容和发型。我仍记得当时后台不时响起的麦昆那独特伦敦音的喊叫声和咯咯的笑声。”

1994年的夏天，麦昆认识了比他小一岁的时装设计师安德鲁·格鲁夫斯（Andrew Groves），地点是在坎普顿酒吧（Comptons），位于老坎普顿大街上的一间同性恋酒吧。李怪诞的幽默感一下子吸引住了安德鲁。“我还记得当时他被自己的笑话逗得大笑不止，”安德鲁说。介绍他们两个认识的是大卫·卡波（David Kappo），路易斯·威尔森曾劝说他不要沉浸在索荷区假发店逍遥自在的生活，要回到圣马丁学院。几个人喝了很多酒，一直玩到深夜。后来，几个人又来到一家夜店，被一个酒保发现，威胁要把他们扔出去。李问安德鲁自己是否要回到他在查德维尔西斯的公寓。“我记得你住的地方可离这儿不近，要搭火车吧。你这个年纪，去哪里都好像是要去探险，”安德鲁说，“你没有工作，看上去第二天也不用早起。我在想‘我要看看是不是真的是这样’。”这样，李和安德鲁就在一起了，用时尚术语说，二人的关系持续了“四季”，到1996年分手。“他总是令人兴奋，”安德鲁说，“李是我的第一个爱人，也是相处最舒服的伴侣，当时，我也不知道哪些是正常的，哪些是不正常的。我们的关系有点像伊莉莎白·泰勒和理查德·伯顿——我认为所有的高潮剧情、所有的激情与冲突都是一段完整关系中的一部分。”

当然，也有很多有趣和柔情的时刻。他们一起去南威尔士度假，潜水、冲浪。李和安德鲁还经常去看望住在比格斯塔夫路的乔伊斯·麦昆。一天，在乔伊斯家，安德鲁不留神说出了类似“操”的字眼。李转身说，“你他妈的敢在我妈妈面前说脏话。”尽管安德鲁竭力解释当时的情况，李对其根本不予理睬。

安德鲁是“吉米·展博”（Jimmy Jumble）品牌的设计师，李对他总是倾囊而授。麦昆当时在南莫尔顿大街（South Molton Street）的佩里卡诺商场（Pellicano）寄卖自己设计的几条雪纺裙子——“当时的女顾客都穿着三宅（Miyake）品牌的服装，她们希望衣服能遮住手臂，”安德鲁说——他教给安德鲁雪纺质地如何裹边。“尽管服装秀带有极强的戏剧效果，但他设计的服装都适宜穿着且符合普遍审美，”格鲁夫斯说，“这不单单只是制作出你们在T台上看到的夺人眼球的作品那么简单。”

安德鲁认识李不久后的一天，他回到在克莱普顿庞德（Clapton

Pond）六人合租的公寓，发现整栋楼都被盗了，而且住在他楼上的人是个毒贩子，藏匿了200多片迷幻药。他想最好还是换个地方住。与此同时，伊莎贝拉·布罗让麦昆搬进了她位于伊丽莎白大街67号的地下室。能免费住进伦敦上流居住区贝尔格威亚（Belgravia）的房子，听起来真是太慷慨了，但是这幢房子一直空着是有原因的。69号和71号房属于格罗夫纳地产（Grosvenor Estate），当时已经开始坍塌，需要大规模的翻修；与67号房子衔接的隔断墙已经开裂，布罗家已经被告知继续住在这里不太安全。这幢房子条件很差——没有热水，光秃秃的地板上覆盖了一层灰，他们只有一个脏兮兮的床垫可以睡觉——李和安德鲁却非常高兴，他们可以一起住在伦敦的中心地带了。"前厅里堆放着很多箱子，里面装满了菲利普·崔西为范思哲设计的帽子，我们把它们拿出来，一顶一顶地试戴，"他说，"这些帽子在米兰时装周的T台上转了一圈就被随手塞进了纸箱，存放到了我见过的最脏乱的地方，想想真是好笑。"

遇见安德鲁后，李就剃了光头，改变了形象。西蒙·昂格拉斯过去常能看到李，他说他记得那时有一段时间，大约有三周，李似乎是消失了。他再次遇到李的时候是在托特纳姆法院路（Tottenham Court Road）地铁站，他正在乘电梯下去，一帮光头男人从他的身边推推搡搡走过，他看了好几眼才认出其中有他的朋友李以及李的新男朋友吉米·展博（Jimmy Jumble）。

这一对的社交活动很狂野。点对点（Ad-Hoc）经理艾瑞克·萝丝记得有一次和李他们两个去参加派对，派对在伊斯灵顿格林（Islington Green）一间酒吧的楼上。这两人一顿狂饮，而后就"开始推推搡搡、搂搂抱抱”。萝丝环顾四周，每个宾客的脸上都是惊愕的表情，她知道他们毁了这个派对。“我简直就要笑喷了，”艾瑞克说，“似乎大家都在想，‘这是哪里来的两只鬣狗？’”

一天，在康普顿斯（Comptons）酒吧，艾瑞克把李介绍给曾在圣马丁学院和皇家艺术学院学习陶瓷艺术的戴·瑞斯（Dai Rees）。瑞斯是一位艺术家，在伦敦时装学院担任课程监理。他记得过去常和一小撮人聚在康普顿斯酒吧后面的一块地方，他们为其命名为“圣马丁平台”；不是他们圈子的人根本不敢靠前。“我们这帮人，挺怪的，也挺疯狂，”他说，“李给我的第一印象是他的举手投足和言谈举止间透出其阶层和背景的烙印。我们之间有共通之处，我们都是手艺人，从事着普通工薪阶层的工作，我们不是叫喊着时尚，而是在踏踏实实地做着时尚。”戴在皇家艺术学院读书时，他会邀请朋友们在周四的晚上来到艺术酒吧。“我们没钱的时候，就会四处转悠偷酒喝，”他说，“其中一种手段就是，我们等到酒吧非常忙碌的时候，大约在 10 点 30 分左右拉响火警，人们会马上撤离，我们就趁乱把酒杯装满酒，藏在酒吧卫生间的后面。这样当警报解除时，我们就可以回来继续喝酒了。”

艾瑞克还把李介绍给了尼古拉斯·汤森德（Nicholas Townsend），女名为“特里克西”。特里克西当时在点对点工作，起初，他认为李天真而害羞。尽管李比特里克西要大两岁——汤森德 1967 年出生——但特里克西认为李比自己要小。“他有孩子的天性，”他说，“他有一颗年轻的心，从不厌倦麻木，也不会愤世嫉俗。”特里克西记得有一次他和李在安德鲁·格鲁夫斯的工作室，他们知道伊莎贝拉会过来。“当时我们手边恰好有一个棉布袋，他故意在上面剪了两个洞当作袖子，和她开玩笑。伊莎贝拉走进来说，‘我超爱它，亲爱的，我喜欢，’她离开后，我们大笑起来。李和伊莎贝拉就像姐弟俩，一个比一个疯狂。”

李有时会到特里克西在考文特花园（Covent Garden）的公寓，在迈克尔·尼曼（Michael Nyman）的《钢琴课》原声音乐中，他的这位新朋友会向他讲述自己80年代在“禁忌”和“庇护”两家夜店里的轶事。“我过去常把80年代称为‘仇恨的年代’，李认为这很有趣，”特里克西说，“我记得我告诉过他我曾与伦敦时尚之王奥西·克拉克（Ossie Clark）有一面之缘，他对我说，‘你让我想起了夜店女王比安卡·贾格尔（Bianca Jagger），1976年我在蒙特卡洛（Monte Carlo）遇见过她，’李认为这简直太让人激动了。”李把特里克西当作类似同性恋的“母亲”或“姐姐”，他可以随时去征询意见。“李对艾滋病泛滥的那段历史很感兴趣，而我恰好经历过，”他说，“他问了我很多问题，有关安全性行为之类的，比如你什么时候要戴避孕套？”李并不谈论自己儿时的事情，但他却很喜欢听特里克西讲述自己的童年经历：特里克西在孤儿院长大，之后来到伦敦，曾经当过男妓。李还很欣赏特里克西将男子服装与女子服装的元素混搭的设计风格。他的衣柜里的一些单品值得仔细端详，比如一件蒂埃里·穆勒（Thierry Mugler）套装的复制品。“他很爱穆勒的剪裁，但不喜欢薇薇安·韦斯特伍德的服装，他觉得太俗气了，”他说。特里克西喜欢穿麦昆设计的服装——“他就像是麦昆的缪斯女神，”艾瑞克说——特里克西生日那天，李为他做了一条超低腰露臀裤。试穿那天，特里克西站在椅子上，除去身上所有的衣服，只穿了一条丁字裤。特里克西穿着这条裤子走到哪里都会吸引大家的目光。"甚至同性恋人群都觉得这条裤子太震撼了，"特里克西说，"一些人会咯咯笑个不停，另一些人则会怒目而视。'你是没钱把裤子做完吗？'一些同性恋会冲我大喊。我不知道这些人怎么了，我想他们并不是因为我露出整个脊椎骨才会这样，而是有人敢穿上这样的裤子。穿上李的服装让我感觉自己很男人。穿上他设计的超低腰露臀裤你必须要挺起身板，站得笔直。"

麦昆通过艾瑞克和特里克西认识了女演员兼制片人保利塔·塞奇威克（Paulita Sedgwick），保利塔有着"最纯正的美国血统"，是女演员、沃霍尔（Warhol）巨星艾迪（Edie）的表亲。保利塔穿着薇薇安·韦斯特伍德的黑色牛仔装，喜欢邀请各色朋友——她的朋友包括"异装癖者、满是文身的人，还有一些男妓"——到她位于伦敦泰晤士河旁（London's Embankment）的怀特霍尔宫（Whitehall Court）公寓。保利塔见到李之后，很快被他粗犷的外表和"真实"的生活经历吸引住了。很快，她为李拍摄了两部电影短片，《在逃》（*On the Loose*）和《适合》（*Fit to Be*）。"当时，她正在寻找演员，伦敦东区出来的暴徒、恶棍，她在李的身上看到了这些特质，"保利塔的朋友弗兰克·弗兰卡说。"其中一部片子是在怀特霍尔宫拍摄的，另一部在托特纳姆法院路（Tottenham Court Road）后面一间工作室的仓库中拍摄，"特里克西说，她也在片中扮演了角色。"李在片中扮演一个强奸犯，奸污了我的一个朋友，受害者扮演的是一个模特。"后来，保利塔告诉她的朋友，麦昆修补牙齿、瘦身以后，让她挺失望的。弗兰克说，"她认为原来的麦昆更有意思。"

特里克西、李和安德鲁·格鲁夫斯三个人经常一起去夜店玩。一次，几个朋友打算去位于莱斯特广场（Leicester Square）的一个夜总会玩，他们决定什么也不穿，只能在身上缠上亚光胶带。李和安德鲁脱得一丝不挂，几个人用胶带给李缠了一件显像管状的衣服，给安德鲁缠了一条裙子。“我记得在回来的路上，李把吉米（安德鲁·格鲁夫斯）身上的胶条撕掉，吉米就这样光着身子站在史丁法罗脱衣舞夜总会（Stringfellows）门外的大街上，”特里克西说，“我们从夜店回来，李要把胸前的胶条撕掉，那真是疼呀，但是吉米撕掉胶条时应该更疼，因为他的毛发更浓密。”

“美丽拐角”（Beautiful Bend）是李这对情侣最喜欢的夜总会之一，位于国王十字街中心车站，是由艺术家唐纳德·厄克特（Donald Urquhart）、变装皇后希拉·特基拉（Sheila Tequila）和DJ 哈维（Harvey）构想出的超现实视觉空间。“我们已经厌倦了所有的地方，我们想抛开周围这些夜总会品牌模式，正是这些既定的模式让夜总会文化停滞不前，”厄克特说，“我们想出个新点子，就是每次你到我们这里都会发现一个全新的世界。我们设计了很多不同的主题，在装饰上也是费了大力气。”

唐纳德看过李在巴黎咖啡店举办的服装秀，一同前往的还有《时兆月报》的菲昂娜·卡特利奇（Fiona Cartledge）和希拉·特基拉。“我在T台上从未看过这样的表演，”他回忆说，“有一点阴郁，有一种与众不同的性感，有几件服装略显土气，但是他的女妖形象让我很震惊——极具戏剧化色彩，有点意思。表演结束后，我们到后台，李看上去累坏了，一双不大的眼睛几乎睁不开了。倒是伊莎贝拉·布罗跑来跑去帮着拍照，打点一切，像个精神抖擞的拳击手。”

唐纳德，1963 年出生在苏格兰的邓弗里斯（Dumfries），1984 年来到伦敦，成了艺术家雷夫·波维瑞（Leigh Bowery）的朋友和表演合伙人。“在 90 年代早期，我日夜不停地进行变装表演——我在‘美味提姆的超越’（Tasty Tim's Beyond）、‘天堂粉房’（Powder Room at Heaven）、‘罗恩斯托姆的都铎住所’（Ron Storme's Tudor Lodge）、‘金奇格林奇’（Kinky Gerlinky）和‘普世卡’（Pushca）夜总会都走过台。当然，我说的‘变装’不是传统意义上那种穿上亮片和羽毛的衣服；我表演的是更令人作呕，但也是更复杂的变装。”唐纳德记得李和格鲁夫斯喜欢在夜总会穿上哑剧母牛装表演。1994 年的一个晚上，厄克特筹办了主题为“艺术拐角——和南希一起作画”的变装派对，主要是展示一些“滑稽艺术设施”和观看受伊夫·克莱因启发的“表演”，由唐纳德和希拉表演，他们穿着浴袍，在彼此的身上刷上油彩。同时，李和安德鲁——在母牛道具服装里——则表演对达米恩·赫斯特（Damien Hirst）无声的抗议。“当然，为了博取廉价的笑声，我们踩着黏滑的涂料开始一个个摔倒，但是我却笑不出来，母牛道具摔倒后，我们被砸在了下面，我根本起不来，”唐纳德说，“他们都喝醉了，死沉死沉的，我被压在下面，用力推搡和扭动身体想从下面爬出来，但是他们根本不动。我甚至想到他们是故意想憋死我。”

唐纳德邀请李和格鲁夫斯到“自由酒吧”参加一次现场直播的表演，也许这是他有意为之，要反过来压在他的朋友身上。“自由酒吧”

坐落在沃德街（Wardour Street），老板是罗兰·穆雷（Roland Mouret），如今已经是一位著名的时装设计师。厄克特和以往一样为同性恋广播频道“自由 FM”撰写短剧脚本和剧情梗概——灵感源于《霍恩周围》（*Round the Horne*），但更加尖锐和刺激。最有名的短剧之一是《帕梅拉的派对策划师》（*Pamela's Party Planners*），“剧中有人给中介公司打电话，想要找几位‘惊世骇俗’的变装皇后和打扮怪异的人来为他的聚会暖暖场”。帕梅拉的角色言辞刻薄尖锐，总是嘲讽伦敦夜店明星——其中包括利·波维瑞（Leigh Bowery）、尼古拉·贝特曼（Nicola Bateman）、朱莉娅公主（Princess Julia）、变性人（Transformer）和马修·格莱莫（Matthew Glamorre）。1994 年 9 月的那个晚上，帕梅拉发现李和吉米就在人群中，她决定把他们两个揪出来奚落一番：

帕梅拉：还有谁呢？嗯……也许你们想看看这两个人。他们总是酩酊大醉，牙齿像墓碑上的石头，向你们吐着难闻的气息和牙菌斑，他们自以为穿得像东区的巴洛帮，实际却看起来像刚从汉普斯顿荒野走出来的脏兮兮的一对。如果在座各位足够幸运的话，很可能会从他们的身上传染到什么病菌。

那次表演抓住了当时在伦敦同性恋圈子染上的一种娘娘腔和凡事抱怨的不良习气。“那是当时整个时代的氛围，”艺术家比利博一（BillyBoy*）说，“李可以很诙谐幽默，有时却非常残酷。在接近喝醉状态时，他是很惊人的，他会谈论感受和艺术，我喜欢他的这个部分。但是，很遗憾，他总要喝得烂醉，结果就变成了另一个人。”据比利博一说，麦昆身体里至少有三种人格。“清醒时，他是个没有安全感、不快乐的人，”他说，“当他借助酒精和毒品麻醉自己时，出现了中间那个人，超凡的天才；最后是烂醉的那个人，完全的精神错乱，我一点也不了解。那时，他会变得很暴力、令人觉得恐怖，或者下流猥琐，我不喜欢他这样。他总是谈论自杀，他会讲一些极度可怕的事情，有时我很为他担心。因为家庭的原因，我很不愿意听到自杀的话题，但是李喝醉时，他明知会伤害到我，还故意对我提到自杀。”

时装设计师米格尔·艾卓沃（Miguel Adrover）亲身体验了他的这个朋友不切实际的个性。在他的记忆中，李是一个腼腆、缺乏安全感的人，但同时也是“我见过的最有意思的人”。麦昆爱“开玩笑，是个笑话大王”，而且“很邪恶”，然而最终他不再从“黑暗中获得快乐”。1993年，在伦敦，两个人通过李·库伯维特（Lee Copperwheat）结识。米格尔出生在西班牙的马略卡岛，当时住在纽约，他很快就在李的身上发现了两个人的共同之处。和麦昆一样，米格尔也出生在一个贫苦的家庭——到14岁，家里才有了第一台电视机——“我们有某些共通之处，我们的出身相同，我们要出人头地都必须要努力打拼。”

艾卓沃曾向麦昆讲述了纽约的种种，直到1994年的春天，李终于第一次来到了曼哈顿。“虚无主义”和“女妖”的成功，让李与德里克·安德森（Derek Anderson）签约，后来又成了马丁·马吉拉（Martin Margiela）的代理，受邀来到美国，一起在市中心的一间loft里举办了一次服装秀。时尚记者英格丽德·西希（Ingrid Sischy）在《纽约客》中写道：“一群男男女女兴高采烈地在布置精美繁杂的开敞空间走来走去，向人们展示了一具具美丽的肉体。”在她的特辑中，西希剖析了艾滋病对文化的影响——“实际上，有太多的悲恸，太多的对性的恐惧，人们觉得自己必须要摆脱这样的状态。一些设计师也有同样的感受。”她设想会有那么一天“人们内心的种种欲望最终会喷薄而出，展现在公众面前”，但她并不确定时尚是否有这种能力或力量，能够表达出人们的这种情感。在未来的15年左右，这样的设想在麦昆的秀场上一一成为了现实。

在纽约，麦昆的设计反响不错，也是首次有了良好的销量，但对这个城市本身，他却没有太多感情。他从没想过在这里生活，在英国时尚杂志《眩晕与迷茫》（*Dazed & Confused*）1994年9月刊的专访中，他对萨曼莎·莫里（Samantha Murray）说，“这座城市毫无底蕴，一切都那么赤裸裸，金钱至上，阶级至上：花钱就能买到权力。在纽约，除了穷人就是富人，没有中间部分，钱能买到一切，钱能买到你的声望和地位。”

他梦想抽出时间去西班牙旅行——“去荒无人烟的地方，不用再想着时间”——因为他觉得自己开始无法掌控自己的生活。1994年10月9日，他将推出新的服装系列“群鸟”，他的脑子里充斥着这次服装秀的准备工作。“这真让我头疼，”他说，“关键是我要做的不是我真正喜欢做的，而是大家希望我做的。我感到我要失控了，但是好在我有吉米（安德鲁·格鲁夫斯），他能让我平复下来。”

麦昆让安德鲁帮他准备新的系列——“他发现我会缝纫，就让我来帮忙，”格鲁夫斯说。看李制作服装是一件令人陶醉的事情。安德鲁曾给李讲过这么一个故事：几年前，他通过同性恋杂志的个人广告认识了一个美国人。两人约会，那个美国男人用食品保鲜膜把他缠了起来。几天后，安德鲁和李在伊丽莎白大街上散步，李忽然指着一卷透明保鲜膜说，“就用它做件衣服吧！”与此同时，麦昆意识到，如果想越来越有名气，挣的钱越来越多——当时他已经与安·迪穆拉米斯特（Ann Demeulemeester）和让·保罗·高缇耶（Jean-Paul Gaultier）的赞助者之一的艾欧·博奇（Eo Bocci）签署了分销协议——他需要增加其他设计风格。

那年的某一天，李走进伦敦 Soho 区的一间卖珠子的商店，发现了造型师凯蒂·英格兰（Katy England）。1991 年，他和圣马丁学院的同学一起去巴黎蹭服装展时曾经见到过她。“她就站在那儿，穿着一件二手的护士外套，极朴素，挺适合她，”他说，“我觉得她看上去美极了。她太优秀了，我不敢走过去。”和凯蒂交谈片刻后，李发现她是自己见过的最不做作的人。

“你是凯蒂·英格兰？”他问。

“是的，”她回答。

“你愿意帮我的下个服装秀做造型吗？”

“好的，”她说。凯蒂微微吃了一惊，也许她自己也很诧异为什么会同意帮助李，而且分文不收。“开始，我的父母也不理解我是怎么想的，干活儿不要钱，”她后来说。

凯蒂·英格兰——众所周知，后来成为麦昆的“二把手”，“英国最时髦的女人”——起初觉得自己距离孤绝的时尚世界很遥远。凯蒂 1966 年出生于英国柴郡（Cheshire）的沃林顿（Warrington），父亲是一位银行经理，母亲在一间全科诊所工作。10 岁时，凯蒂开始对服装着迷，她喜欢穿上姐姐们的衣服，打扮得好似从《时尚》杂志内页中走出来的模特。她“关注服装能带来的力量和自信”，她说，“不同的穿着方式能让我有完全不同的感受，这种感觉太诱人了。”1988 年，凯蒂获得了曼彻斯特综合学院（Manchester Polytechnic）的时装设计专业硕士学位，后来到伦敦在《ELLE》杂志社找到了一份没有报酬的工作。“我来到伦敦，对杂志很感兴趣，但并不了解时尚圈，”她说，“我甚至不知道圣马丁学院毕业生的情况，也不清楚进入时尚这行有多么困难。”后来，凯蒂离开《世界时装之苑》，去了《你》（*You*）杂志社和《星期日邮报》妇女杂志社，在这里做了 4 年的时尚助理。从时尚的角度来看，英格兰处在英国的主流核心；《你》杂志非常受欢迎，但并不是该领域的前沿杂志。但英格兰认为这也有其好处。“这里很适合我，我可以通过比较正规的方式了解这个圈子，”她说，“我觉得在这里工作对我帮助很大，因为这是周刊，零经验的我必须努力工作。”后来，英格兰又开始在《标准晚报》（*Evening Standard*）工作，在这里她开始打造她自己的、更具实验性的风格。那个时期，记者尼克·福克斯（Nick Foulkes）任伦敦报刊的编辑，他记得“她那时候交上来的图片有盲目崇拜的痕迹，而且还有一点点凶险感觉。但英格兰自己并没有时尚界女祭司们常有的自以为是的‘态度’”。

麦昆凭借着自己敏锐的直觉，开始为“群鸟”系列时装秀组建团队，在这期间合作过的一些人一直伴随着麦昆的整个职业生涯。伏立特·比格伍德（Fleet Bigwood）、西蒙·昂格莱斯（Simon Ungless）和安

德鲁 / 吉米（Andrew/Jimmy）负责衣料；西蒙·克斯汀（Simon Costin）被网罗进来负责布景和“珠宝”（包括由黑色大理石、珐琅和公鸡羽毛制作的颈圈）；刚从澳大利亚过来的瓦尔·卡兰蒂（Val Garland）负责化妆；圣马丁学院的新近毕业生艾力斯特·迈奇（Alister Mackie）帮助凯蒂·英格兰做造型；山姆·盖恩斯伯里（Sam Gainsbury）毕业于伯明翰综合学院（Birmingham Polytechnic）的时尚和纺织品专业，被安排为机动人员，作为角色分配助理。

“在距离服装秀还有几周的时间时，大家还是快乐、快乐、快乐，但是到了前两周，‘气氛变得很严肃，我需要努力赶工，几乎没有时间说话，’”特里克西回忆道，“在那段时间，很多设计师服用腹泻药和催吐药。我想李也是这么做的，他似乎很快瘦了一大圈。同时他也在吸食安非他命，安德鲁也一样，在服装秀的前一周，每天工作 24 小时。那段时间，要是看到他们，我会说，‘亲爱的，你看起来棒极了，你减重这么多，’但是他们实际上却很糟糕，因为他们晚上只睡了一个小时。”

1994 年 10 月 6 日，李获知他没有获得梦寐以求的劳埃德银行（Lloyds Bank）英国时尚大奖中的年度青年设计师奖（Lloyds Bank British Fashion Awards）时，心情并没有受到太大影响。麦昆原来曾发表过文章抨击该颁奖机构，因此没有获奖也是在意料之中。“伦敦什么也不会给我，”他曾说过，“要是他们颁给我年度青年设计师奖，我会大发雷霆——他们根本就不在乎我。”

受到荷兰版画艺术家埃舍尔（M. C. Escher）的启发，尤其是他将飞鸟转化为几何形状的图案，麦昆让西蒙·昂格莱斯把他的这种构思印在新服装系列的衣料上。昂格莱斯当时是圣马丁学院的一位印染师，他可以在学校的衣料库里找到所需的材料。但是，在服装秀举办的前些天，很多准备工作都是保密的。比如，安德鲁·格鲁夫斯就完全不知道为什么要邀请拥有 18 英寸束腰的珀尔先生作为模特之一。“他喜欢让人吃惊的点子，”安德鲁说，“不仅仅是震撼，而是颠覆人们的预期。李就有这种特质——这不只关乎服装，他会说，还有布景、舞台和情绪烘托。”珀尔先生和麦昆是在国王十字街的“美丽拐角”夜总会认识的，他认为麦昆很“有意思”。“他答应给我 100 英镑让我在他的下一个服装秀上走台，当然这些钱我一直没见到，”他说，“那场服装秀一团乱，而且推迟了很久，大家都快冻僵了，我觉得很无趣。但回想起来，我还是很高兴能够遇见他——他触动了很多人，他传奇一生的大部分都献给了对美的追求，但他也为此付出了自己的生命。我觉得他并不快乐。”

麦昆能够通过对媒体的诱导，打造出观众较高的预期，而且对此越来越在行。有时，他会告诉记者完全是自己杜撰的消息，并且乐于此道。安德鲁·格鲁夫斯记得麦昆曾告诉一位记者他曾经加入过一个巡回马戏团，但是他惹了麻烦，把大胡子女士的胡子剃掉了；光洁的面庞让这位女士三个月之内都无法表演。“他很善于推销自己，”爱丽丝·史密斯说，“他曾告诉媒体迈克儿·杰克逊（Michael Jackson）和卡尔·拉格斐（Karl Lagerfeld）会来参加他的服装秀。那时，我们都信以为真，后来发现很多消息都是他胡编的。”结果是，“群鸟”服装秀当天，人们的情绪达到了狂热状态。朋友们来到位于国王十字街的废弃仓库巴格利——服装秀举办地点，发现整个街区都排满了观众。幸好唐纳德·厄克特就住在附近，看到这样的境况，他带着希拉·特基拉回到自己的公寓喝了几杯才回到演出地点，穿上他们哑剧表演的母牛装。“我们又等了很久才开始表演，但至少我们穿着毛茸茸的母牛装，不会冷，”他说。乔伊斯·麦昆坐在秀场最前排，自豪感满溢；李的父亲罗恩来晚了，只能坐在后面，在前排观众的背影中观看表演。

麦昆说他是从希区柯克1963年的电影《群鸟》中获得灵感——在影片中，由蒂比·海德莉（Tippi Hedren）扮演的女主角被一大群鸟攻击——但是在这次服装秀中，走在T台上的女性不再仅仅是被动的受害者。模特儿们昂首阔步走在公路上（肮脏的仓库地面刷上了白色的公路标识），变身为刚强有力的女战士。一些模特儿戴上了白色隐形眼镜，使她们看上去有一种超自然之感。另一些模特儿穿的裙子过紧使她们走路都很困难。服装上印有鸟类和轮胎的图案，象征着自由和汽车轮下的受害者。这些轮胎印的效果是由很低端的方法制作出来的，就是在后台把一个轮胎蘸上黑漆，印到模特的身上。“他把我们的头发弄成卷曲状，他称之为‘天使头发’，”这次服装秀的模特普兰姆·赛克斯（Plum Sykes）回忆说，“当时，我觉得很怪异，一点也不好看，但他是为了打造一种全新的类型，一种不同以往的形式。”

哈密什·博尔斯（Hamish Bowles）——1993年在《时尚》杂志上刊登了麦昆的特辑，只是因为麦昆曾告诉他自己根本不在意杂志的评价——称这次时装秀为一次“启示”。后来，博尔斯写道，“你终于看到有一位极具天赋的设计师能够以全副热情来挑战传统服装模式，是纯粹的震撼与激动，仿佛时尚走出了新路，麦昆的低微身形与狂野的想象力将会勾勒出未来的十年。”

《纽约时报》（*New York Times*）的著名时尚评论家艾米·斯平德勒（Amy Spindler）说，“这个系列的上衣堪称完美，”但是有一点有所保留：尽管在当时的伦敦，麦昆可能是“被谈论最多的设计师”，但她认为他设计的紧身裙和超低腰露臀裤毫无可穿着性。麦昆决定不受时尚记者的观点和需求的左右。“我不想让媒体或任何人改变我，”他说，“有人曾说约翰·加利亚诺（John Galliano）只为媒体设计服装，但那正是媒体造成的，现在他们却又反过来攻击他。如果我不保持自身特色，将来也会和他一样，很多媒体都在关注我的时装秀，而我的设计风格又与当时的时装走势完全不同。我希望看到普通人也会穿着我设计的服装，而不只是一小撮时尚编辑。”麦昆说，在他的理想中是每周只做一件好看的成衣，但市场需求却迫使你每周设计五件。“我觉得我早晚有一天会成为隐士，”他说。

造型师西塔·尼兰德（Seta Niland）曾扪心自问麦昆不断的成功对她的影响。随着麦昆变得备受瞩目——有谣言说，在“群鸟”服装秀上珀尔先生穿的那件上衣被麦当娜买下了——西塔感到自己被团队中的一些新人边缘化了。“要想和李并肩而行，我必须要努力抗争，但是我感觉也许这并不应该是我的战争，”她说，“但是李需要站在时尚的浪潮之上，浪潮翻滚，不断有人站上来，我必须要问自己，‘李在哪里？’”

第六章

“我要那种心脏狂跳的感觉，那种需要救护车的感觉”

李·麦昆

Lee McQueen

1994年11月24日，一个星期四的晚上，李和西蒙・昂格莱斯并排坐在自由咖啡厅（Freedom Café）一楼，等待着表演开始。虽然形容这个烟气缭绕的房间里弥漫着期待的气息，但还远远不及观众心中涌动的热望。场下有卢西安・弗洛伊德（Lucian Freud）、马克・埃尔蒙德（Marc Almond）、安东尼・普莱斯（Anthony Price）、比约克（Björk）、简（Jane）、路易斯・威尔森（Louise Wilson）、塞里斯・怀恩・埃文斯（Cerith Wyn Evans）以及污迹（Blur）乐队和山羊皮（Suede）乐队的几位成员，李也在其中。除此以外，还有数不清的唱片公司观察员、记者，粉丝不得入内。雷夫・博维瑞（Leigh Bowery）的表演开始，黑暗中洒下一缕缕光线，随之遮住舞台的百叶窗开始慢慢打开。相形之下，李的服装秀显得平淡而雅致。"在这个索然无味的年代，人们变得麻木倦息，而雷夫・博维瑞仍震惊了世人，以一种聪明的方式——原始的方式，"艺术史专家及毕加索传记作者约翰・理查德森（John Richardson）说。

"雷夫・博维瑞对李的影响很大，"李在圣马丁学院的朋友瑞瓦说。史蒂芬・布罗甘（Stephen Brogan）和斯特拉斯坦（Stella Stein）一样，是博维瑞的原污水（Raw Sewage）乐队成员之一，他认为麦昆"崇拜"博维瑞。韦恩是雷夫和李共同的朋友，史蒂芬说，"麦昆对博维瑞的设计很着迷，他总是缠着韦恩，让他讲博维瑞的事情。”麦昆的设计中融入了很多博维瑞服装的元素：超低腰露臀裤，“丰饶角”服装秀（Horn of Plenty）（2009年秋冬系列）中的妆容以及十英寸高的“犰狳”鞋（armadillo）——因Lady Gaga穿着而出名。雷夫曾和麦昆的很多朋友及同事合作过，其中包括唐纳德·厄克特和珀尔先生。雷夫让自己成为了“大家簇拥的对象，忍受着服装包裹下弯曲变形的身体”。同李一样，博维瑞和珀尔都很喜欢通过服装改变人体的外形，他们常把高级定制服装的内衬撕掉，看看其设计工艺，麦昆也很喜欢这样做。李和雷夫都把时尚当作自己情感发泄的渠道——他们通过时装来表达自己的恐惧与渴望，一个在T台上，另一个在夜总会里——但他们的方式不同。麦昆把他的情感以及幻想通过T台上走秀的女孩来展现，而博维瑞则把自己的身体当作了画布。

1961年雷夫·博维瑞出生于澳大利亚的桑夏恩区（Sunshine），1980年来到伦敦，开始了自己的事业，有记者称之为“自我的完全戏剧化，把夜总会当作了他的舞台”。尽管他有时也为朋友设计服装——比利博一曾买过几件他设计的服装，还有博一·乔治（Boy George）、“弗兰基到好莱坞”乐团（Frankie Goes to Hollywood）的霍利·约翰逊（Holly Johnson）和阿尔·皮雷（Al Pillay），即变性女歌手拉纳合·派雷（Lanah Pellay）——但他知道自己永远不可能将自己的品位与大众的品位融合在一起。

“首先，时尚是一种商业模式，你必须去吸引很多人的注意，”他说。他在1981年的日记中写道，“我认为时尚……让人烦透了。我觉得个性很重要，对于行为和外在不应该有一定之规。我希望通过独特的表现手法来展现最好的自我。我所感兴趣的服装与大众的审美截然不同，只有一小部分人和我的品位一样。”1983 年，博维瑞首次以“外太空来的巴基斯坦佬”形象出现，这是他最不受欢迎的形象之一。他的面部画着红、绿、蓝三色的油彩，上面有金色字母纹样，配饰是从红砖巷市集（Brick Lane）买来的廉价亚洲珠宝。“他在袜口处加了褶皱，围巾和制作考究的女衬衫上加了口袋，设计了复杂的衣领以及宽袖子，他的下一个装扮会是对新的褶边设计的补充。”他的朋友苏·蒂利（Sue Tilley）说，“这件服装剪裁独特，有着不对称的袖长，设计巧妙的斗篷以及荷叶边……如果雷夫足够大胆穿上它，并且不穿褶边的安全裤，他的屁股就会露在外面。这件露臀装出现在很多场合上——事件发起人苏珊娜·巴奇（Susanne Bartsch）带着博维瑞飞到日本，在 T 台上展示他的作品；1984 年的电视节目《地铁》（*The Tube*）；舞蹈设计迈克尔·克拉克（Michael Clark）曾让博瑞斯帮他设计一套戏服，这套制作工艺精良的服装被称作‘超现实主义高级定制’。”“舞蹈演员们戴着帽子，每顶帽子后面都有一小束假发垂下来，穿着银色的高跟鞋，系着透明的褶皱边围裙，穿着艳俗的内裤、过膝长袜和臀后开衩的弹力紧身衣，”《纽约客》的希尔顿·阿尔斯（Hilton Als）写道。“此后八年，英国设计师亚历山大·麦昆的‘包屁裤’才问世。”

1994 年 11 月 24 日晚上，博维瑞的那场表演对一些观众来说难以接受——卢西安·弗洛伊德当晚也观看了演出，但因为场内声音过大而早早离开了。卢西安的画作备受尊崇，而其中一部分是以雷夫为模特的。

隔天，自由咖啡馆接到韦斯特敏斯特市政委员会（Westminster Council）发来的通知，称若他们继续表演，将会被吊销营业执照。这次演出成为了博维瑞的最后一次登台——1994 年 12 月 31 日，他因艾滋病并发症去世了，当时他的大部分朋友都不知道他的身体情况。“雷夫·博维瑞的去世成为了一个明确的分界线，”唐纳德·厄克特说，“是时候丢弃尖酸刻薄和恣意堕落，重新开始认真地对待生活了。”

麦昆还没有为他的长大做好准备。“我的服装秀是关于性、毒品以及摇滚，”他说，“我要让观众兴奋，让他们起鸡皮疙瘩……我要那种心脏狂跳的感觉，那种需要救护车的感觉。”李依然喜欢和尼古拉斯·汤森德（Nicholas Townsend）一起出去闲逛，听特里克西的夸张可笑的巧辩。“你为什么总是涂红色的唇膏？”李问。“因为它印在鸡鸡上更好看，”特里克西回答道。另一个让麦昆捧腹的特里克西的段子是，“高跟鞋搭在肩膀上看起来比走在大街上更好看。”特里克西在汉堡包夜总会（Burger）工作时，常穿着 50 年代女招待的服装，李有时会过去看他。“我们喜欢去流行巨星（Popstars）、斯卡拉（the Scala）和肖恩·麦克拉斯基的梦幻烟灰缸（Sean McLusky's Fantasy Ashtray）这几间夜店，”特里克西说，“吉米和李喜欢跳舞，那时我们还喝酒——毒蛇之吻——很快地喝下。我最快乐的记忆之一就是和李以及吉米在流行巨星酒吧随着果浆（Pulp）乐队的歌曲‘普通人’跳舞。我们一边喝着苹果酒一边大笑。那是我们最开心的时光。所以留在我记忆中更多的是那时依然天真的他。我们就像一个小家庭，彼此照应。我们可能每个人身上只有十英镑，但我们还要确保每个人都安全到家，第二天早上，再一起凑钱吃早餐。”

李和安德鲁常去位于柯文特花园集市（Covent Garden）的“时代标志”（Sign of the Times）商店去看望他们共同的朋友菲昂娜·卡特利奇（Fiona Cartledge）。这个知名的商店 1989 年在肯森顿市场（Kensington Market）首次开张，专门销售狂欢晚会的服装，后来扩展为一个货摊，位于海博地区（Hyper Hyper）。后来到了 1994 年 12 月，由于经济萧条的影响，租金下调，菲昂娜终于可以在尼尔街（Neal Street）附近开一家自己的店铺了。菲昂娜的店里有很多年轻设计师的作品，其中包括吉米·展博（安德鲁·格鲁夫斯）设计的服装。她的商店于是成为了众多造型师和时尚达人的圣地，其中就包括比利博一，两个人后来还成了很好的朋友。伊莎贝拉·布罗在为《时尚》拍摄“盎格鲁-撒克逊态度”时，很多服装就是从这家店淘来的。“是伊莎贝拉带我去蓝鸟车库观看李的服装秀的，”菲昂娜回忆说，“之前我并不太认识李，后来，我们在柯文特花园市场开店后，才逐渐认识他。我发现他比其他设计师知道的要多，也许是因为他曾经在意大利工作过吧。他清楚他的方向。”菲昂娜还开了几家夜总会，把利润投入店铺，但是到了 1996 年的 11 月，商店还是由于资金短缺没能维持下去。“商店关门后，很多朋友都离开我了，但是麦昆没有，他还继续邀请我参加他在伦敦举办的每一场秀，而且给我安排好的位置。这一点，我永远也忘不了。”

1994 年新年前夜，李和安德鲁参加了位于伦敦中心区汉诺威广场（Hanover Grand）的“时代标志”的派对。当晚的主题是“西区故事”，来宾包括绿洲乐队主唱利亚姆·加拉格尔（Liam Gallagher）和音乐家特尔奇（Tricky），他们共同欣赏了一系列的表演，其中有《马克·穆尔》（*Mark Moore*）、《哈维》（*Harvey*）和《乔恩取悦维穆因》（*Jon Pleased Wimmin*）。那天晚上，艺术家杰里米·戴勒（Jeremy Deller）拍到了一张两人共舞的照片，当时李正从后面抱着安德鲁。几个月之后，另一张照片则透露给大众一个完全不同的故事。1995 年的情人节，李和安德鲁参加了由“链接休闲”工作室举办的红色派对（Link Leisure's Red Party），地点在贝斯纳尔格林（Bethnal Green）的一间仓库里，自学成才的裁剪师大卫·卡博瑞特（David Cabaret）在派对上表演了节目，他把自己装扮成了标志性艺术作品沃霍尔（Warhol）的《玛丽莲》（*Marilyn*）和切奇科夫（Tretchikoff）的《绿面女子》（*Green Lady*）。那个晚上，另一位艺术家 A. M. 汉森（A. M. Hanson）拍摄了一张照片。照片上二人斜眼瞄着镜头，因饮酒过度而耷着眼皮，面部有擦伤，李竖着中指。“李告诉我他们刚打了一架，”汉森说，“我记得我正在为一些穿着各种粉色服装、擦着胭脂的人们照相，这时李和吉米从走廊里通过，李看上去有点暴躁，可能是因为刚打过架，但是从吉米的表情看出两人已经和好，我猜。”

特里克西记得在 1995 年的春天，他和李以及几个朋友到柯文特花园集市新开业的一家名为“比利时中心”（Belgo Centraal）的餐厅用餐。“进去以后，我们才发现这个餐厅并不适合我们，”他说，“李想吃汉堡，餐厅却推荐蚌类，他显然不买账。我们点了薯条，最后我们因为食物吵了起来。对方让我们离开，李开玩笑说，‘你们难道不知道我是谁吗？’他们摆出一副‘是啊，我们不知道’的样子。”

1995 年 3 月，麦昆的“高原强暴”（Highland Rape）系列一经推出就备受争议。T 台上的模特们穿着苏格兰格子呢带蕾丝的裙子，胸部被撕裂，露出她们的乳房。报纸抨击麦昆是厌女癖，指责他把强奸和暴力作为一种娱乐形式，还在裙子上系了卫生棉条的拉线（这些“卫生棉条拉线”实际上是由肖恩·利尼（Shaun Leane）设计的精美的阿尔伯特怀表链）。“我只记得‘高原强暴’系列的时装秀期间，那些评论家们都放下手中的便签簿和报纸来看演出，”迪特马·布罗说。“我觉得麦昆有点超前了，我想很多人也是这么认为的，”《时尚》的安娜·哈维（Anna Harvey）说。

《独立报》（*Independent*）的言辞亦很激烈：“英帝国的新装：被强奸的女子穿着胸部被撕破的衣服在 T 台上走来走去，这太可笑了。玛莎百货（M&S）出售的针织连衣裙都比这些衣服要好得多，价格却不知低了多少。麦昆喜欢营造惊世骇俗的感觉。如果承认不喜欢他设计的服装就意味着承认自己是假正经的话，我们只好承认喜欢。他是一位技艺高超的裁剪师，也是一位杰出的表演者，但是为什么却让模特打扮为受害者形象呢？这场服装秀是对女人的侮辱，也是对他自己才能的荼毒。”

各方的批评激怒了麦昆，他戴着黑色隐形眼镜出现在服装秀的最后。评论家们怎么不好好看看他想表达的内容？这个服装系列名字中的“强暴”并不是指强奸任何女子，而是指英格兰人对苏格兰的强暴，麦昆说。麦昆参照了 1745 年的詹姆斯二世党人叛乱（Jacobite Rebellion）和 19 世纪的高原大清洗（Highland Clearances），以及当代时装设计师对苏格兰元素的处理。“实际上是反对薇薇安·韦斯特伍德创造的虚假历史，”他告诉科林·麦克道尔（Colin McDowell）。“薇薇安设计的苏格兰格纹看起来可爱而浪漫，竭力掩饰真实情况。18 世纪的苏格兰并不是一些美丽的女人穿着复杂的雪纺衣裙在荒野上游荡。我的服装秀是反对那种浪漫主义的。你只需稍稍动动脑，跳脱出当时的背景，看看服装的剪裁。对于智商问题我是无能为力的，但我希望人们能再努力一些。”随后，韦斯特伍德愤怒地反击麦昆，“他唯一的有用之处就是作为零才华的评测标准，”她说。

也许韦斯特伍德考虑到麦昆逐步引起了大众的狂热兴趣。“高原强暴”将要于 1995 年 3 月 13 日在位于自然历史博物馆东侧草坪上的英国时尚协会（British Fashion Council）的官方帐篷里办秀。在这之前，这场服装秀就成了人们谈论的话题，类似摇滚音乐会门票售罄或是戏剧表演门票额满。当晚，帐篷外人山人海，一些学生试图从帐篷下面爬进秀场。该时装秀的邀请函上是一块带有手术缝线的皮肤，一些估计是圣马丁学院的学生把邀请函复印了很多份，试图拿着这些副本通过秀场安检。

乔伊斯·麦昆常在后台给模特和员工们做三明治，服装秀之前，她看到儿子拿着剪刀在剪那些衣服。“那是些美丽的蓝色蕾丝裙，他就拿着剪刀乱剪一通，我忍不住哭了起来，‘不，不要弄坏那些裙子，’”她说。约翰·博迪（John Boddy）是圣马丁学院的学生，他来麦昆这儿实习已经 4 个月了，据他回忆，当时麦昆让他去拿一把史丹利刀和一罐喷漆，把它们用在了那些漂亮的服装上。“他有着像杰克逊·波洛克（Jackson Pollock）一般的精力，”约翰说，他曾在麦昆的“群鸟”系列当过服装师。“这个创作含有无序与混沌的感觉。我喜欢他的这种古怪，他身上有种奇妙的东西。有时他就像个小男孩，但同时，又有着一种邪恶的幽默感，会说出特别下流的话。他的笑声有点刺耳，有时你会觉得屋子里是一群女巫在笑。”

“高原强暴”系列中的苏格兰花呢是迪特马·布罗买单的，李向他借了300英镑后再未归还，而其余的材料是在索荷区的贝里克市集（Berwick Street）淘来的。“所有的蕾丝都是从巴里（Barry）货摊买来的，去他那里买主要是因为我们两个都喜欢他，巴里曾是个拳击手，而且他那里的价格便宜，一米蕾丝才一英镑，”安德鲁·格鲁夫斯说，“结果李用了一英镑就做了一条裙子。有意思的是，这条裙子被理查德·艾维顿（Richard Avedon）拍进了照片里，并且乘协和式飞机辗转来到了纽约，飞机上，拿裙子的人坐一个座位，裙子占一个座位。而这条裙子只花了一英镑。他喜欢这种幽默感，他喜欢把一些廉价货重新设计制作，使它们改头换面。”

麦昆和安德鲁原来借住在伊丽莎白大街的一套房子里，后来因为迪特马的母亲要修缮房屋，让他们搬离。他们就租下了位于克勒肯维尔（Clerkenwell）的一所房子，在那儿的工作室里创作了“高原强暴”系列。而这两位设计师的关系开始逐渐变淡。尽管他们二人在位于哈克尼（Hackney）的一处出租公寓存了定金，但后来起了争执，从未搬进去。之后不久，李搬进了安德鲁位于格林巷（Green Lanes）的公寓，一住就是几个月。“住宿条件太简陋了，我们需要电匙才能用电，洗澡要去楼外搭建的小屋里，简直冻死人。我们根本没有钱，太让人沮丧了，”安德鲁说，“房间里只有一个床垫，没有椅子，没有任何家具。我们没钱交供暖费，只好挤在一间屋子里取暖。想想那时，那应该是我们住过的最差的地方。住在那里任何人的心情都好不了，只会更糟。”有时，李似乎沉默寡言，不愿交流。“他自己有很多秘密，”安德鲁说，“在他身上发生过很多事情，但是他从来不说。比如，我根本不知道他办秀的钱是从哪里来的。还有一次，在下午4点左右，他说，‘现在我要去那该死的宫殿见戴安娜王妃。’我说，‘什么？’他回答说，‘是的。’他把一件脏兮兮的衬衫反穿上就去见王妃了。”

尽管安德鲁·格鲁夫斯从未见过李吸毒，但很快他就意识到麦昆早已开始试着吸食毒品。两个人总是打架，而且越打越激烈，越打下手越重。“有一次李来看我，他刚打过架，被打掉了一颗牙，”特里克西说，“几乎每次他和安德鲁出去都会打架。他来的时候脸上总是有擦伤。”克里斯·博德说，“安德鲁和李之间很暴力，总是拳脚相加，门都快被他们打掉了。”李也开始经常光顾伦敦的一些像交易（Trade）和FF这类猎艳性质更强烈的同性恋酒吧。“这是一种经历，但是我不想再多说，”他在1996年时说，“整个性俱乐部的场景对我来说是一种可怕的经历，是一种精神上的摧残。”

麦昆会整晚待在外面，清晨才回到住处。有一次，他回到家，看到一张纸上写有一串数字“362436”，至少在他看来，这是一种标志，安德鲁不忠的标志。安德鲁回忆说，“他当时就疯了，说，‘这他妈的是谁的号码？’我说，‘这是样本的尺寸36-24-36。’他发狂一样地嫉妒。他总是等着别人背叛他，然后证明他是对的，结果就是所有的男人都是混蛋，所有人都会让你失望，会毁掉你。”1995 年 7 月，约翰·加利亚诺（John Galliano）被任命为纪梵希高级定制巴黎总部的负责人。李和约翰·麦克特里克（John McKitterick）相约在东区的一间酒吧碰面。李不相信加利亚诺——从圣马丁毕业后在巴黎创立了自己的品牌——愿意为法国酩悦·轩尼诗－路易·威登集团（LVMH）工作。

“他为什么会去那个无聊的地方工作？”麦昆说。

“他自己的品牌需要资金支持，”约翰回答。

“伦敦多棒呀！他怎么会愿意离开？他怎么会愿意帮别人设计？”

约翰竭力向李解释这是加利亚诺生存下来的唯一途径，但是李并不理解他的动机。“那时，加利亚诺是他唯一谈论的设计师，”麦克特里克说，“加利亚诺并不是他要打败的人，而是鞭策自己的人。时尚总是在不断变化的，大型服装店又开始流行起来，正是加利亚诺引领了这次风潮。”

自从麦昆成为了圣马丁学院的学生，他就把加利亚诺当作了自己的竞争对手。他的同学阿黛尔·克拉夫（Adele Clough）记得，有一次她和李去参加加利亚诺服装特卖会，他认为那些衣服就是“一堆垃圾”。“我从未听过李称赞加利亚诺多么有才华，”爱丽丝·史密斯说，“但他也没说迪奥优秀。对时尚他有自己独特的见解，而这就是他所知道的所有了。”

1995 年，麦昆参加了在伦敦当代艺术学院（ICA）举办的一次辩论会，辩论的主题为：“平衡：商业与创造”。他与设计师保罗·史密斯（Paul Smith）、海伦·斯托里（Helen Storey）、造型师朱迪·布雷姆（Judy Blame）以及玛莎百货的设计总监布瑞恩·戈德博尔德（Brian Godbold）被分在了一个小组。麦昆穿着牛仔裤和简单的蓝衬衣，表达了自己对当前英国时尚产业的愤怒。他告诉辩论赛主持人莎莉·布兰顿（Sally Brampton）自己只把服装卖给了国内的一家店，而在日本，他却卖给了 15 家店。他在设计制作服装时，不得不考虑海外市场。"我设计的服装让制造商去生产，这简直可笑，"他说，"他们不会想知道我是怎么做的。"他还责备时尚专业的学生缺乏专业技能训练。"纸上练兵，说得天花乱坠，这并不难，但是要是把设计图上的东西都裁剪、制作出来，我可以说有四分之三的学生不知道如何去做。"

1995 年的初夏，麦昆搬出了安德鲁·格鲁夫斯在格林巷的公寓，搬进了位于霍克顿（Hoxton Square）51 号，盖勒房子（Geller House）的地下室里。这片区域比较荒僻，没有酒吧或者餐厅，唯一可以买东西的地方是一家 24 小时的杂货店，正如格里格·穆勒（Gregor Muir）在他的《幸运艺术》（*Lucky Kunst*）一书中写到的，"这间杂货店只出售有限的几种糖果、碳酸饮料和炸马铃薯，偶尔会有苏格兰煮蛋"。麦昆把这个地方描绘为"荒凉而艰苦"，好处就是你可以把钱存下来。

霍克顿吸引麦昆的地方不仅仅是低廉的租金，还因为它是英国青年艺术家群体（YBA）常聚集的地方——这个团体正在逐步震惊整个英国艺术界。1993 年 7 月，约书亚·康普斯顿（Joshua Compston）在夏洛特路（Charlotte Road）与文顿街（Rivington Street）的交叉口组织了一次活动，名为"比死亡更糟的厄运"（A Fete Worse Than Death），他还曾在该地区的夏洛特路 44a 号创办了"真实的废话"（Factual Nonsense）

艺术空间。居住并工作在此地的艺术家加里·休姆（Gary Hume）装扮成墨西哥土匪的样子售卖龙舌兰酒；崔西·艾敏（Tracey Emin）在给人看手相；吉莉安·韦英（Gillian Wearing）打扮成学生模样与一位装扮成“拉长手臂的女人”（The Woman with Elongated Arms）形象的人物在大街上走来走去；达米恩·赫斯特（Damien Hirst）和安格斯·菲赫斯特（Angus Fairhurst）则扮作小丑，支起一个货摊卖画，这些由纺织机织出的画作后面有他们的签名，一英镑一幅。“当天为他们化妆的是雷夫·博维瑞，如果额外支付50英镑，你还可以看到艺术家们下体处的点画，”穆勒说。

李搬进了他在霍克顿的住处，只带着一个黑色塑料袋，里面装着他的全部家当。房子里空荡荡的，只有一个小床垫和一个临时的淋浴器；他与楼下的邻居共用一个卫生间。搬家那天，他遇到了住在一层从美国来的发型师兼男子美容师米拉·柴·海德（Mira Chai Hyde）。她邀请李到她家喝茶，两人见面5分钟后，李就询问米拉是否愿意参加他的下一场服装秀。她说，他们几乎是马上就建立了互相信任的关系。“我很快就爱上他了，”她说，“你能立刻感受到他的不同之处。他非常非常的有趣，常逗得我哈哈大笑，而且他的精力异常充沛。在时尚圈，几乎每个人都听说了‘高原强暴’，都知道是一个有才华的年轻人举办了这场惊人的服装秀。从第一天我们相识，我就感觉和他很熟悉，像弟弟一样爱他。”后来，李会去米拉那里吃饭，一个月后，他搬进了米拉和她男朋友理查德的房子。“我有一张那时候的照片，你能看出我们当时有多穷。破烂的椅子上堆放着各种材料，书架是用木头和石块搭起来的，睡觉的地方，中间用一个帘子隔开，”米拉说，“为了生存，我还得去剪头发，因为参与时尚业没有给我带来任何收益。李会收集这些头发，把它们放到塑封袋里用作他服装的商标。”李喜欢米拉给他剪头发，他觉得手艺很不错，但是自己却坐不住。一次，他让米拉在他的头发中间剃出一条像心脏监控器上显示的那种半段波纹线半段平线，李把这个想法融入了他的服装秀中，而这个形象一直存留在他的脑海中直到他去世。

1995 年 9 月 3 日，星期天，李出去了一晚上，早上来到安德鲁在伦敦北部的住处。“他进来说‘我很难受’，而我却对他说，‘滚开，你又吸毒了吧，’”安德鲁说，“他说他真的很难受，我没有理他，三个小时后我叫了救护车把他送到了昂科威（Archway）的惠廷顿医院。他是阑尾穿孔，必须马上送医院做手术。”

李出院后，马上又开始了工作。米拉记得有一次李在她那里用完晚餐又回到他的房间设计制作服装，尽管当时已经是深夜。“转天早上起来时，我发现这件衣服已经做成了，”她说。从他们两个刚认识，李就会送给米拉他设计的服装，其中有一件绣有金色军队穗带的绿色羊毛外套和一条印有“小便”一词的超低腰露臀裤，这两件都是“高原强暴”系列中的服装。“他常用漂白来达到那种效果，”她说，“漂白裆部是为了象征恐惧，女孩吓得失禁。我把她们称为包屁裤女孩，因为和她们一样，我也总穿这条裤子。白天，我不敢露出我的臀部，但是到了晚上，我就敢那样穿了。李的剪裁可以让你看上去拥有世界上最迷人的臀部。他的剪裁可以说是无与伦比。每次我穿上李设计的服装都会感到自己变得强壮有力，迷人而性感。”

那年的早些时候，李曾在米拉那里听到了电影《千年血后》(*The Hunger*) 的录音黑胶片。这部由托尼·斯科特（Tony Scott）工作室出品的吸血鬼电影，由大卫·鲍威（David Bowie）、凯瑟琳·德纳芙（Catherine Deneuve）和苏珊·萨兰登（Susan Sarandon）联合主演。麦昆喜欢音乐，既喜欢包豪斯（Bauhaus）的哥特摇滚歌曲《贝拉卢戈西之死》(*Bela Lugosi's Dead*)，也酷爱德利布（Delibes）歌剧《拉克美》(*Lakmé*) 中的《花之二重奏》(*The Flower Duet*)。在看过这部影片之后，麦昆将他的下一场服装秀定名为“千年血后”。米拉就这样看着李的地下室（至今仍是他的工作室）里逐渐挤满了各种各样的人：创意总监凯蒂·英格兰（Katy England），李任命的服装秀制作人山姆·盖恩斯伯里（Sam Gainsbury），协调员特里诺·维卡迪（Trino Verkade）以及包括鲁蒂·达南（Ruti Danan）和塞巴斯蒂安·彭斯（Sebastian Pons）在内的一些设计助手。塞巴斯蒂安来自西班牙的马略卡岛，毕业于圣马丁学院，通过西蒙·昂格莱斯和李·考博威特认识了麦昆。他至今还记得他在霍克顿广场的工作室第一天工作的情景。“我走进一间阴森昏暗的地下室，除了我和李，一个人也没有，”他说，“他刚从宜家买了一张桌子，还没有开包，我们的第一项工作就是先把桌子组装起来。下午我们一起设计了尖刺印染小样。李说他爱死尖刺了，‘它们就代表了我，代表了我是谁，’”他说。“李说他要打破惯例，设计出一些惊世骇俗的玩意儿。他打造了自己的团队，来帮助他实现最终的想法。”

麦昆邀请了蒂泽·贝利（Tizer Bailey）以及她当时的男朋友、英国 Sham 69 乐队的成员吉米·珀西（Jimmy Pursey），参加在 10 月 23 日自然历史博物馆外的帐篷里举办的服装秀，同时受邀的还有袒露胸膛的戈尔迪（他晚上在霍斯顿广场的“蓝调之音”打鼓、弹贝斯）和记者艾利克斯·夏基（Alix Sharkey）。很多服装是由米兰的MA公司（MA Commerciale）生产的，包括塑料铸型。其中有印着血手印图案的男士衬衫，撕裂的裤子和裙子，还有一件透明的甲胄，可以看到里面有一些蠕动的虫子。服装秀最后，模特们打出V字手势、竖起中指向观众们致意，而挑染了一撮金发的李则突然脱下他穿的绿色迷彩裤，向观众露了一下他的屁股。后来他说，“我之所以向媒体露出我的屁股，是因为我认为自己遭受了不公正的待遇……我只有我自己，没有人支持我，我不愿意按照英国时装协会的规定去做，所以我必须做一些蠢事来平复内心的不忿。”

麦昆一回到后台，忽然意识到自己惊骇世人的伎俩有些过了。“我对自己说，‘估计我要完蛋了，’”他说，“除了少数来自世界各地采购奇装异服的人来到后台外，再没有人来。”时尚编辑苏西·门克斯记得自己来到后台，看到麦昆“正在伤心地痛哭”。苏西走过去抱住他，告诉麦昆他在时尚圈还是有希望的，让他不要难过。“他总是过分地忧虑，”她说，“那个时候他总是格外在意，在设计上付出了极大的心血。我记得第一次去看他时，他告诉我他整晚都在研究肩部的设计，可是怎么也弄不好。他骂骂咧咧说着伊夫·圣·罗兰（Yves Saint Laurent ）品牌的各种肩部设计。他对此充满了热情。”

媒体一片嘘声。伊恩·R.韦伯在《泰晤士报》（*The Times*）上写到，麦昆拥有“独一无二的剪裁技能以及新鲜的视角”，只可惜他竟然在秀场上做出“愤青的举动”……“如果没有发生这个让人折煞眼球的事就好了。”《星期日泰晤士报》(*Sunday Times*)的科林·麦克道尔(Colin McDowell)指出英国时尚存在着危机，他认为伦敦缺乏“一个基本核心”，时装周上展示的大部分服装平淡无奇、重复乏味而且充满商业气息。他指责薇薇安·韦斯特伍德以及刚刚第三次荣获年度设计师大奖的约翰·加利亚诺，说他们粗制滥造，炮制出的服装“一部分仿制电影《飘》中的服装样式，一部分带有19世纪的巴莫洛风格”。

目前，英国时尚圈缺乏原创精神，科林褒扬了麦昆在这方面的先锋带头作用，同时却批评他的系列作品粗糙而幼稚。“麦昆和曼·雷(Man Ray)和马格利特(Magritte)有共同之处，他们的才思使他们能够在他人懵懂之时，便能立足于当下而投眼于未来，”他接着说，“这是他的优点。坦白说，这一季大部分服装的构思真的是欠考虑，他的很多想法过于超前，要想成功需要再等几年。这对麦昆来说并不那么重要，因为他……明白新女性主义是竖起中指的霸气而不是20世纪50年代穿着船鞋装腔作势的社交新贵。”

后来李说“千年血后”标志着“自己已不再是过去那个鲁莽粗心的麦昆”，当然完全不是那么一回事儿。据麦昆的朋友说，他还和从前一样毫无责任感。在服装秀前些天，李请西蒙·昂格莱斯帮他做图案印染，他承诺付给西蒙500英镑，西蒙觉得虽然钱不多，但对自己的事业有益，也就答应了下来。“一些图案很下流淫秽，”他说，“其中有一幅拳交图出现在了‘千年血后’服装秀中。”服装秀结束后，李向西蒙坦白他没有钱付给他，但是可以送给他一张布朗时装店(Browns)价值 1 000 英镑的礼品券。“我不太想要这张礼品券，布朗店里的衣服我都不喜欢，但是他不停地劝我收下这张券，”他说，“当时我还在圣马丁学院工作，我俩就从圣马丁一路走到了布朗商店。我挑选了几件海尔姆特·朗的服装，到收银台结账。忽然警报响起，所有的门都上了锁，而李却不见了。原来这张礼品券是李偷的，他填好券并签上了名字。我只好把事情原委讲给商店负责人听，告诉他们是李给我的这张券。‘哦，是亚历山大·麦昆，我们喜欢他，但帮不了你，’收银台后的女店员说。‘天，别呀，别不帮忙呀，’我说。问题解决后，我走回圣马丁，在经过老康普顿大街（Old Compton Street）时，我看见李鬼鬼祟祟地在旁边的小巷里，笑得直不起腰来。我告诉他我已经把他的名字告诉了店员，他生气了。‘你怎么能这样做呢？’李说。‘我怎么说也是个名人，我有我的名誉，你这样做会毁了我的。’我说，‘嗯，我有自己的工作，我还要活下去呢。’接着，我们两个一起大笑起来。”

像这样的偷窃行为并不罕见。李从圣马丁学院毕业后，想从学院偷几个人体模型，结果被火眼金睛的路易斯·威尔逊（Louise Wilson）识破而没能得手。服装设计撰稿人利兹·法雷利（Liz Farrelly）记得这么一件事：1995 年夏季的一天，当时她在位于沃德大街（Wardour Street）盖斯帕多·莫洛（Gaspardo Moro）和安格斯海·兰（Angus Hyland）的工作室里赶稿子，她的新书《穿上我：时装与图形的交融》（*Wear Me: Fashion + Graphics Interaction*）很快就要印刷出版，这个地方李有时也会过来。利兹当时找来一些带有图形的服装放在工作室里，为之后的拍摄做准备。一个周一，她走进工作室，却发现服装不翼而飞。“我们不清楚发生了什么事，是有人入室盗窃还是什么，”她说，“当时我们都傻了——马上就到交稿日期了，拍摄时间已经定好了，但要拍摄的衣服却不见了。后来，李出现了，也许是隔天，穿得邋邋遢遢。他在周末出去疯玩儿了。我走进他的房间，发现包和箱子打开着散落在地板各处，里面是我们的T恤，他就这么‘借’走了，而且弄得脏兮兮，染上了酒吧的污物。我气得脸色乌青，这时西尔维娅（Silvia）走了进来，让我消消火，同时建议让李把衣服洗干净，或者是她自己洗干净。为了缓解矛盾，他主动提议，或者是西尔维娅给他的建议，我可以从他房间的硬纸板箱里拿走任何一件他的作品。”利兹并不是包屁裤的超级粉丝，她挑选了一件黑色蕾丝的双排扣礼服大衣。这件衣服由“一种硬蕾丝”制成，她觉得是一件“原始粗糙与复杂精致完美交融”的单品。但后来利兹发现这件衣服的背部裁剪对她来说太窄了，由于“穿着很不舒服”，也就没有拿走。

1995年11月，麦昆与设计师乔·凯瑟·海福德（Joe Casely-Hayford）、约翰·罗查（John Rocha）以及时尚历史学家朱迪斯·沃特（Judith Watt）前往南非担任“斯米诺国际时装奖”（Smirnoff International Fashion Award）的评委。抵达太阳城（Sun City）的当晚，李的钱包被偷了。起初，他非常生气，后来想通了，告诉乔也许偷钱的人比他更需要这笔钱。麦昆在身上摸到几个硬币，把它们塞到老虎机里，竟然一下子赢了2 500英镑。最终，他们来到了目的地开普敦（Cape Town）。冰岛来的琳达（Linda Björg Árnadóttir）回忆当年的赛况。当时，她拿着自己设计的透明皮革裙走进赛场，这件服装的灵感来自于因纽特人将海豹的胃制成可抵御风雪的大衣。麦昆看见这条裙子忽然来了精神，“这东西到底是用什么做的？”他问。“我告诉他整个服装的构想，他很感兴趣，不停地和我聊。”琳达说。“他看起来就像个玩滑板的男孩，我起初并没有对他多在意。他看起来人不错，而且平易近人，但似乎不是那么有经验。”当评委会宣布琳达为此次时尚奖得主时，记者席上传来了轻蔑的笑声。“当时有些人对我设计的服装颇有微词，认为它们没法穿，称不上真正的时装，”琳达说，“我当时已经有点心力交瘁，麦昆替我回答了一些问题，维护我的作品，说像这样的大奖应该颁给最佳创意得主，尽管他们的设计并不能真正适应市场的需求。”

麦昆总是支持和保护他认为弱小的人。他的姐姐珍妮特回忆起70年代他们的一次家庭聚会，当时李还是个小男孩，他发现珍妮特的婆婆（第一段婚姻的婆婆，她的儿子曾虐待过他）一个人站在角落里。“她的个子小小的，胆子也小小的，李走过去安抚她，确定她没事，”她说，“这就是李，他的心肠非常软，总是对弱者充满了同情。”1995年，麦昆去巴特西狗狗之家（Battersea Dogs Home）领回了一只浅棕色的杂种狗，起名为薄荷（Minter），纪念拳击手阿伦·明特（Alan Minter）。这个名字既有崭新的二手物的含义——符合狗狗是从巴特西狗狗之家领回的身份——还意味着拥有特殊技能的人。该词的词根源于古英语词汇“mynet”，意为钱币或钱。这点放在李的身上略有讽刺意味。1996年，麦昆还是穷困潦倒，当时《i-D》杂志的记者爱德华·恩尼弗（Edward Enninful）在一次访谈中问及麦昆的成功秘诀。“你想看看我的账户收支吗？”他说，“如果以挣钱多少来衡量成功与否的话，我就太失败了。

我真是不擅长做买卖。”

恩尼弗接着问了麦昆一些类似“如果把你一个人放到荒岛上，你会带谁去”的私人问题。“嗯，当然是缝纫机了，”他回答说，“还有一瓶啪啪药，一个振动按摩器和可乐。”他接着问在其他设计师眼中的麦昆是什么样子。他回答说，“被拧干剁碎的柠檬。”问他与其他设计师的不同之处。麦昆回答说，“如果他们探测木星，会在那儿看到我。”问他怎么看快乐的一晚，他回答，“和叫查理的人共度的一晚。”问他最尴尬的时刻，他回答，“出生那一刻。”最后，他问麦昆是否是时尚牺牲品，他回答，“不，我是时尚圈的牺牲品。”恩尼弗后来和麦昆成了朋友。

那次采访之后，麦昆时来运转，他与日本恩瓦德樫山公司（Onward Kashiyama）旗下意大利分公司的洁博（Gibo）签订了合约，洁博曾经赞助过保罗·史密斯（Paul Smith）和海尔姆特·朗这两个品牌。有了这30 000英镑，麦昆办服装秀终于不再捉襟见肘。投入的资金立刻见效了。麦昆的最新系列“但丁”（Dante）服装秀的邀请函是由全色亮光纸制成的折叠插页，封页是一对天使，内页是一张犬吻的黑白特写。这次服装系列所用的布料也较以往奢华。“我们设计制作了一款裙装，用的是纯白色高档开司米，上面印着一种黑色花纹，”他对《星期日泰晤士报》的保拉·瑞德（Paula Reed）说，“黑色蕾丝裙，打底的是肉色雪纺，这样看起来既飘逸又华贵。一件修身的紫色丝绸夹克，袖子以螺旋剪裁，并在肘部撕裂。由于是原创，而且是手工制作，使得一些单品价格昂贵。我知道人们想要什么样的服装，他们不希望自己穿的衣服像是从旧货店里淘来的便宜货。”

麦昆前两次服装秀都是在伦敦时装周的帐篷里举办的，该场地虽然设施齐备，但略显乏味，这次的“但丁”系列的服装秀，麦昆把场地定在了位于斯皮塔福德地区（Spitalfields）的霍克斯穆尔天主教堂（Hawksmoor's Christ Church）。这个系列的名称源于一次李和克里斯·博德的对话。李总是嘲笑克里斯是个书虫——“你又在读那些神乎其神的文艺书籍了，不是吧？”他会说。“我说，‘你该把你的新系列定名为但丁，’他从未读过这本书，”克里斯说。后来，克里斯半开玩笑地说麦昆接受了他的提议，麦昆看上去有点“尴尬”。西蒙·克斯丁（Simon Costin）曾经给李看过美国著名摄影师乔-彼得·威金（Joel-Peter Witkin）的作品目录，威金的摄影对象是阴阳人、尸体、侏儒、变性人和残障人等。麦昆被威金的作品震撼了——威金孩提时曾在家门口目睹一个小姑娘因车祸而身首异处——他决定在自己的服装秀上使用威金照片中的一些细节。威金有一幅作品是他的自画像，拍摄于1984年，照片中，威金戴着一个黑色眼罩，眼罩上是耶稣被钉在十字架上的图案，这个受难图案从眉毛一直延伸到嘴唇上方。麦昆给威金的办公室发去了传真，表明了自己的用意，希望在服装秀上使用该幅照片上的图案。但是，据克里斯·博德所知，对方拒绝了麦昆的请求。“李给对方回了一份传真，用词极端下流，在这儿我没法转述，‘去你妈的’，他用了这个词。”

在《女装日报》（*Women's Wear Daily*）的一次采访中，麦昆说他之所以选用商业街上的这座教堂作为秀场，是因为在19世纪，他的大部分亲戚在这里接受洗礼并埋葬于此；实际上，他的大部分先祖，至少是他父亲那边的亲戚都埋在位于雷顿斯通（Leytonstone）的圣·帕特里克公墓（St Patrick's Cemetery），当然这个地方听起来太普通了，不如霍克斯穆尔天主教堂吸引人。而麦昆选择这座教堂的真正原因是它的旁边就是著名的“十钟”酒吧（Ten Bells Pub），这间酒吧与开膛手杰克的两名受害者有关，据说还发生过神秘事件。麦昆曾告诉米拉·柴·海德，他认为霍克斯穆尔是秘密公会的成员，“你从空中看伦敦，他建的这间教堂与其他教堂组成了一个五芒星的形状。”服装秀开始前，整个气氛就很紧张。“我们都吓坏了，发生了很多奇奇怪怪的事情，比如一尊耶稣受难像掉到了地上，”男模发型师兼理容师米拉说。

1996 年 3 月 1 日，人们蜂拥至教堂，一位宗教狂热者在一旁发放“反对过度修饰的布道”小册子。观众纷纷就座，小声谈论着黑死病遇难者如何被埋在教堂的地板下，以及他们的鬼魂仍旧在地下墓室中徘徊种种。这时，音乐响起，教堂后面彩色玻璃上的基督像似乎愈加光彩夺目，随后一切都陷入黑暗中。很快，灯光又瞬间亮了一下，接着又是漆黑一片，打造出了惊悚的效果。之后，一个戴着威金式黑色面具的模特从摆满玫瑰的拱门走了出来，她穿着一条制作精良的黑裙，胸前两条呈倒 V 形的条型剪裁，露出模特的胸部。男模特被装扮成了美国黑帮，看着十字秀台上昂首阔步的强悍女模特，他们既喜欢又畏惧。实际上，秀场上的一些女模特把自己装扮成了无法界定的第三性人，或者说是人与动物的杂合体。她们有的在头上戴着鹿角或独角兽的角，有的戴着面具，好似电影《外星人》（*Alien*）中的人物。一个模特头上缠着荆棘，仿似一个花冠；另一个模特惨白的脸上布满了突出的尖刺，仿似从电影《猛鬼追魂》（*Hellraiser*）中走了出来。获得观众掌声最多的是一位穿着黑色蕾丝裙的模特，头上是用角枝架起的巨型头纱，这让模特看起来足有 8 英尺高。这件服装要表达的意思很明确：这些女人不可小觑。“我希望男人能够与女人保持一定的距离，”麦昆说，“我喜欢那种女人一出现，男人就被震住的感觉。”

颂歌与管风琴乐伴随着直升机与枪炮的轰鸣声和噼啪声在教堂响起。T 恤衫上印着暴力冲突受害者的面容。“服装秀的主题是宗教引发战争，”麦昆说，“时尚与生活毫不相干，但是你不能忘记周遭的世界。”为了强调战争主题，一些外套上还印上了战地记者唐·麦库宁（Don McCullin）拍摄的几张著名的越战照片。“后来麦库宁公司的代理看到了这些图片，他们不但要我们销毁所有带有这些图案的服装，还要起诉我们，”西蒙·昂格莱斯说，所有的图案都是他帮助麦昆印染的。“李把所有的责任都推给了我，好像全是我的错。我们最终没有被起诉——我只留了一件 T 恤，其他的服装都销毁了。”

但是，抛开那些非传统的式样，时尚评论家们从这次服装秀中发现了几件可以直接穿着的精美单品，它们由灰色羊毛、金色锦缎、紫丁香平纹皱丝以及裸色雪纺制作而成。这至少标志着麦昆开始成熟了。“过去，麦昆那些淫秽的想象力限制了他创意的吸引力，”《纽约时报》的时尚专栏作家艾米·斯平德勒（Amy Spindler）写道。“现在他的服装系列可以被人们好好欣赏了。”苏西·门克斯（Suzy Menkes）在《国际先驱论坛报》（*International Herald Tribune*）中称“时尚界迎来了麦昆时刻”。她的这次评论精辟地概括了麦昆哥特式的感悟以及通过死亡表达出的美感，被称为“死神之吻与赞美诗”（The Macabre and the Poetic）；

麦昆甚至在秀场的第一排放置了一具骷髅。门克斯还写到麦昆系列散发的死亡魅力与他的一些同代人极为相似，如艺术家达米恩·赫斯特（Damien Hirst）——1990的作品“一千年”（A Thousand Years）中包含了大量玻璃罐装的蛆、苍蝇和一个腐烂的牛头——以及电影《猜火车》（*Trainspotting*）中的画外音，“选择生活——但是我为什么要做这样的事情呢？”门克斯曾就服装秀的主题询问过麦昆，他回答说，“并不完全是死亡，而是认识到死亡就在我们身旁。”她最后总结说，“麦昆向我们证明了他并不只是一位技艺高超而且具有丰富想象力的裁剪师，而是屈指可数的能够抓住时代内涵的设计师。”

“但丁”服装秀结束时，身穿苏格兰花格宽松衬衫的麦昆走上台来向观众致敬，他留着剃成几何图形的寸头，一脸羞涩。在响彻教堂的掌声中，麦昆亲吻了两位在他生命中最重要的女人：一位是他的母亲乔伊斯，当时坐在观众席的第一排；另一位是一身黑色羽毛装、狂喜不已的伊莎贝拉·布罗，他把这场秀献给了布罗女士。李迅速回到后台，这时，模特、朋友、造型师和摄影师都上前祝贺他此次服装秀大获成功。

但只有一小撮密友知道那时麦昆和安德鲁·格鲁夫斯的关系已经达到冰点。服装秀当天，安德鲁不小心把几条牛仔裤漂白了，而且没来得及处理。“因此，上台时，那位模特的裤腿部位还是白色的，”他说。秀开始之前，李已经相当生气了。“他认为我故意捣乱，把紧身胸衣的束带扎错了，”他说，“秀结束后，他去了酒吧，没有叫上我。后来我们就完了。”

服装秀结束七天后，在伦敦时装周的庆功宴招待会上，麦昆受邀去唐宁街（Downing Street）会见首相约翰·梅杰（John Major）。李对这次会见心有余怨，这从当日拍摄的一张照片上可以一窥端倪。麦昆穿了“但丁”系列中的一件长款大衣，留着山羊胡，剃着寸头，戴着一个巨大的金色耳环，他的旁边站着约翰·梅杰、诺玛·梅杰以及设计师约翰·罗查（John Rocha），麦昆看起来极不自在。“我对你的行业一无所知，”梅杰首相说。他回答道，“我们只是这个国家的第三大产业。”麦昆的好斗天性在其话语中展露无遗。梅杰又问，生意如何？麦昆告诉梅杰不用担心这点，因为他的赞助商是意大利人，和伦敦没什么关系。这段对话后，梅杰首相厌恶地背开身，不再理他了。后来麦昆谈到梅杰，说“他就是个白痴，是个蠢蛋。我是说，让一个胡说八道的人来统治国家，还不如让我妈妈来做，她能把国家治理得井然有序”。

《星期日泰晤士报》的科林·麦克道尔在采访麦昆时，曾听他讲述了那次在唐宁街的经历。这位时尚记者兼历史学家原来对麦昆不置可否，如今他相信麦昆是“当时最炙手可热的设计师”。他认为麦昆很可能会是英国时尚的救世主——“他努力扫除品位方面的障碍，是推动时尚业进入千禧年的最佳动力，”他分析说，“那么请再一次记住，时尚是一个保守的世界，最终什么也做不成。一次旨在打破旧习的尝试再一次被体制打败了，其过程短暂而辉煌。”麦昆直言他对时尚业的失望。重复设计生产经典的、有品位的服装有什么意义呢？“如果人们只是想要一件乏味的外套，只管去DKNY买就好了，”他说。麦昆认为他有责任去努力改变人们对于服装的看法。“我并不是一个有野心的人，”他说，“但我确实很想要改变人们的态度。如果这样就意味着我吓着他们了，那只能是他们的问题。”（“但丁”服装秀结束后，麦昆收到了天主教堂的传真，抗议这次服装秀有亵渎之嫌。）麦昆有他的野心——他曾向麦克道尔吐露，他想效仿约翰·加利亚诺去巴黎，取代伊夫·圣·罗兰的统治地位——但他又说无论怎样也不会妥协。“我不知道，要是不杀了那个人，我在时尚圈是否能够支撑下去，”他说。

李从伦敦飞去了纽约，在下东区（Lower East Side）诺福克大街（Norfolk Street）的一座犹太教堂要再办一场更具“野性”的“但丁”系列时装秀。纽约时装周当时处于停滞状态——一位观察员评论到，这次服装秀涵盖了“劳动节电视节目”的所有亮点——麦昆的精彩表现犹如为纽约及时注入了一剂肾上腺素（一位时尚写手讥讽道，“这他妈的至少还是个事”）。麦昆认为他的品牌在米兰和巴黎销售得还不错，因此他可以在纽约办一场更具创新性的秀，而不用过多考虑商业价值。“这次秀很好地推广了我的品牌，也许它吓坏了一些人——但希望他们不要取消订单，”他说，“纽约常以自信傲慢的形象示人，但当时人们的服饰真是太保守了。我觉得给纽约来点儿刺激挺好的。”抵达曼哈顿之后，麦昆自己就遇到了类似的刺激。两名直男模特提出要陪麦昆睡觉，条件是麦昆在事业上帮他们一把。麦昆觉得这种想法很龌龊，尽管本性放浪不羁，他却大喊“滚蛋”，撵走了他们。

尽管外面风雪交加，但秀场内一片繁忙热闹的景象。这场秀吸引了纽约时尚界的精英人士，包括《时尚》的安娜·温图尔（Anna Wintour）和安德烈·莱昂·塔利（André Leon Talley）。凯特·摩丝（Kate Moss）展示了超低腰露臀裤，超模海莲娜·克莉丝汀森（Helena Christensen）

则身穿黑色蕾丝裙搭配一件军装外套。摇滚巨星大卫·鲍威（David Bowie）打电话邀请李为他的巡回演唱会设计服装——7月的凤凰节，鲍威穿着麦昆设计的一款英国国旗马甲出现在公众视野，转年麦昆又为他的《地球人》（*Earthling*）专辑设计了同款外套。如尼曼·马库斯（Neiman Marcus）和博道夫·古德曼（Bergdorf Goodman）这样的美国奢侈品直营店为麦昆的服装支付了价值成千上万美元的订单，而英国布朗斯（Browns）百货的风云人物琼·伯斯坦（Joan Burstein）对外宣称她已经一次性买下了麦昆的整个系列。

1996年4月，麦昆飞去佛罗伦萨为美国的《ELLE》进行拍摄。该杂志的时尚总监玛琳·霍珀（Marin Hopper）是李的朋友，她说服她的父亲，演员丹尼斯·霍珀（Dennis Hopper）拍摄麦昆的最新系列。但是有一个问题：当时丹尼斯刚刚和他的第五任妻子维多利亚结婚，他们还在蜜月期。据李说，维多利亚"发火了，我们住在同一家酒店，而他们两个不允许我探场"。李担任此次拍摄的艺术总监，几乎是从一开始拍摄，两个人就开始争吵不休。"我们都有些生气……我和丹尼斯，因为我只给别人一次机会，如果不行，我就不会再来第二次，"李回忆说。"我说了我的意思，他说，'谁他妈的负责拍摄？'我说，'别生气了，老虎，继续吧……'但之后我再也没有和他说过话。"结果他在佛罗伦萨的最后一晚，竟被霍珀邀请共进晚餐，后来还要请他去洛杉矶。"我想蜜月过后，那对夫妇最不想见的人应该就是我，"麦昆说。但是玛琳却说，霍珀很尊敬麦昆，"我父亲说他不是一般的天才，"她说。

后来，麦昆从意大利直接飞到了日本。在日本，他的服装需求量很大。一位纽约记者曾问麦昆，作为一位超级成功的设计师，是否很快就要推出自己品牌的香水了？“当然，”麦昆机智地答道，“这款香水就叫作‘喷雾’（Eau de Scat）。”

第七章
"成就你时装梦想之地"

李·麦昆评高级定制

Lee McQueen

1996年7月13日星期六，这是一个温暖的夜晚，在伦敦红砖巷市集（Brick Lane）不远处的柴郡街（Cheshire Street），李·库伯维特（Lee Copperwheat）在他的公寓举办了一次派对，李也来了，而且心情不错，喝了几杯后，他感觉慢慢放松下来。这时，他看到一位高高帅帅的黑人男子，穿着蓝色的库伯维特·布伦德尔的短夹克，一条同品牌蓝黑条纹的紧身窄管裤，脚上穿了一双斐乐（Fila）运动鞋，每次李看他时，他也在看李。麦昆当时穿着一条绿色的军装裤，一件巴宝莉（Burberry）的衬衫。他看见这个男子一杯接一杯地猛喝，而后踉踉跄跄地走到卫生间呕吐，李很担心他的状况，跟着男子来到了公园。在那里那个男子又吐了，麦昆走过去扶住他的头，轻轻拍打他的后背。“吐出来舒服多了，”那个男子对李说。

这个男子名叫莫里·阿瑟（Murray Arthur），他感到好了一些以后连忙感谢李的关心。两个人交谈起来，很明显，两人彼此有了好感。“我觉得他是我见过最好的人，”莫里说，他当时26岁，在邦德街（Bond Street）的唐纳·卡兰（Donna Karan）服装店里工作。两个人结束了派对，回到李在霍克森广场的阁楼。隔天，麦昆瞥了一眼莫里的廉价塑料手表，说“你的手表真差劲儿”，然后摘下自己的保罗·史密斯（Paul

Smith）递给了莫里。“那么我下次还要见到你，可以把表要回来。”他们相约这周再见面，也就是7月18日星期四。他们在索荷区的自由酒吧（Freedom Bar）见面，与罗兰·穆雷（Roland Mouret）一起喝了一杯。莫里紧张得舌头打结，几乎说不出话来。后来他们又去了位于沙夫茨伯里大街（Shaftesbury Avenue）李最喜欢的中餐厅用餐。

“李知道我刚来伦敦——我在阿伯丁市（Aberdeen）外的一个村子里长大——他告诉我如果我只是为了找乐子，并不想和他长期发展下去的话，他可以理解，”莫里说。“我告诉他，我真的很喜欢他，愿意和他有进一步的发展。隔天我休息，我记得自己回到了位于坎伯韦尔（Camberwell）的那间狭小恶心的出租屋，给我的一个朋友打电话，我告诉他我恋爱了，我遇到了那个人，我要共度一生的人。我喜欢他的个性，他极富感染力的笑声。我喜欢在他身边；他总能让我开怀大笑。他有这世间最美丽的眼睛，还可以改变颜色——一般你会认为那是蓝色的眼睛——有时它们是灰色的，有时还是黑色的。”

意大利的工厂在生产麦昆设计的服装，因此李每个月都要飞去两次。他回到伦敦时，就会约上莫里到汉普特斯西斯公园（Hampstead Heath）散步。他们在园中的一棵树上刻下了两个人的名字。认识三周后，李提出让他的新男朋友搬过来和他一起住。莫里每天早上都要去上班，下班回来后常看到李还在他的工作室里认真工作。“我记得有一次在深夜，他告诉我他终于可以用一整块布料做出一个衣袖了，我说简直‘太棒了，’”他说。

李很迷恋莫里，两个人才见了几面，他就把自己终日戴的一个刻有他名字的银吊坠送给了莫里。莫里很喜欢李的狗，还教它坐、躺下、拍手和打滚。“我们别提有多开心了，我真的很怀念那时的幸福时光，”他说。后来，莫里在唐纳·卡兰店里干得不错，由销售助理提升为了总监，李给他写了一张卡片，说他爱他，为他感到高兴。有一次，莫里回老家几天，李又写来明信片，“我总是想到你，每次我睡觉和醒来时，你都不在身边，好想你。”

莫里和李刚认识时，他就告诉李自己在 20 岁时就查出患有癫痫症。每次发作时——有时一天发作两三次——李都会抱紧他，轻抚他的头，确保他的男友不会咬到自己的舌头。“我在那儿就是为了让他好过些，”他说，“我想只有我能做到。”通过伊莎贝拉，麦昆把莫里介绍给了查尔斯·莱文森医生（Dr Charles Levinson），安排英国最好的脑科医生为莫里看病，查尔斯医生是迪特马的姐姐塞琳娜·布罗（Selina Blow）的丈夫。“那时李觉得自己也病了，”莫里说，“他很关心我的身体，尽他的所能来帮助我。”

一个周六的早上，李在外面又玩了一整夜回来，他告诉莫里他在克勒肯维尔（Clerkenwell）圣约翰大街（St John Street）的一家文身店里预约了文身。麦昆很喜欢文身——他的第一个文身是一个复杂的锦鲤图案，在他搬进霍克森广场的阁楼时就文在了胸前。米拉·柴·海蒂记得有一次陪李去文身，她拉着李的手。“他特别用力地攥着我的手，弄得我的手上都是指甲印，”她说，“后来我的手都出血了。”1996 年的那天，麦昆打算文一朵牡丹花，旁边是莫里的名字。李问他的男朋友是否愿意把他的名字文在胳膊上（“男名和女名”的文身——或者他们这种情况“男名和男名”——这在当时很流行，那时的名人夫妇帕琪·肯西特（Patsy Kensit）和利亚姆·加拉格尔（Liam Gallagher）为了表达爱意就在身上文上了彼此的名字）。莫里同意了，他用黑色墨水把“McQueen”文在了右上臂。但是轮到李时，他突然改变主意了，他对莫里说，文身太疼了，他还宿醉未醒，受不了那种疼痛。当晚，莫里和几个苏格兰的朋友聚会；他们看见了莫里的文身，说他迟早会后悔的。

莫里和李经常到伊莎贝拉和迪特马在乡下的希尔斯庄园度周末。“每年会来 4 次左右，也许是 5 到 6 次，几乎把这里接管了。”伊莎贝拉说，“他一到这里，就把这里当作了他的工作室、他的爱巢，他在这里很放松，就像到了自己家一样。”伊莎贝拉安排她自己和李练习训鹰。“我觉得他一到那里仿佛进入了另一个世界，尤其是和鸟在一起时，”李的母亲说。伊莎贝拉说这是她和李一起做过的“最让人兴奋的”事情之一。她雇了两位当地对“训练野生鸟类很在行的”技师，尤其是哈里斯猎鹰。“麦昆天生就是个训鹰能手，很快就可以让猎鹰在他胳膊上飞起落下，”迪特马说，“他很喜欢训鹰时戴的大个皮手套，防止他被猎鹰的爪子抓伤。”莫里不是那么喜欢——他说，他连鸽子都害怕——但是他会站在一边看着李训练猎鹰。

莫里说去希尔斯庄园度假总是“很惬意的”。这对小情侣总是把四周的床幔放下，营造出一个小小天地，在这里他们感到像在母亲的子宫里一样安全温暖。莫里和李很喜欢这个地方，他们想睡多久就睡多久，早上会到楼下的厨房煮茶喝。他们会带着狗狗薄荷到葱翠的乡间散步，生一堆火，围坐在旁边。有个周末，肯特王妃迈克尔（Princess Michael of Kent）来到庄园与他们共进午餐。“王妃人很好，而且很有趣，她讲了很多黄色笑话，忽然一股恶臭飘来，”莫里说，“我撩开桌布，看到地上有一摊狗屎，你从未见过这么大摊的狗屎——薄荷干的。我告诉伊莎贝拉薄荷在桌下拉了摊屎，她让我去把管家叫来。我把餐巾放在桌子上，借故离开了。我回来时，看见王妃笑得直不起腰来，‘这没什么，我丈夫（肯特王子迈克尔）是巴特西狗狗之家的主席。我家房子里到处都是狗屎，你想象不出有多乱多臭。’”

1996 年夏末，麦昆开始着手准备他的下一个服装系列，他称之为“贝尔默的人偶”（Bellmer La Poupée）。其灵感来源于德国艺术家汉斯贝尔默（Hans Bellmer）的作品，用麦昆的话来说就是“拆解玩偶，再将它们重新组装”。1933 年，纳粹党人对外推行日耳曼人种完美学说，贝尔默以此为契机开始制作他的怪异人偶。他所拍摄的一些照片让人看了极为不适，比如 1936 年拍摄的超现实照片《人偶》（*The Doll*），一具支离玻碎的女子躯干，没有胳膊和腿，类似威金的作品。两位艺术家吸引李的地方就在于他们的主题都与死亡有关，符合李非传统的审美。因为他在死前的那几天还写下了，“美往往来自……最怪异的地方，甚至最肮脏的地方。”他请求朋友肖恩・利尼（Shaun Leane）帮忙，来把他的想法转化为能在 T 台上展示的形象。麦昆想让肖恩设计一款镣铐，能够束缚住模特的胳膊和腿，让她能像贝尔默的人偶那样走动。两人会约在一起喝一杯，李有时会在啤酒杯垫上把他的想法画出来。

麦昆让他的朋友戴・瑞斯帮他设计这次秀的头饰和面饰。瑞斯记得他带着这些头饰辗转来到麦昆在霍克斯广场的工作室，在那里他第一次见到了伊莎贝拉。瑞斯说给他带来一些样品，李知道瑞斯是学陶瓷艺术出身的，认为他带来的一定是用陶土做的东西。但当瑞斯拿出三个由翎毛做的头箍时，真是令李喜出望外。“楼下有一面大镜子，李和伊西戴上这些头饰大笑不已，”他说，“我记得当时李说，‘菲利普（崔西）的帽子可比这个差多了，’李知道我和菲利普本就合不来。李让我帮他再做五个这样的头饰，他指定颜色。”戴第二次去李的工作室时，李让他用羽毛再做几件颈饰和面饰。瑞斯说他从没有用皮革做过，但是李说服了他。两周后，戴拿着十个手工铸模带有翎毛的皮质颈架和面架回来了，李“当场被震住了”。

李在那段时间看了理查德·威尔逊（Richard Wilson）在萨奇画廊（Saatchi Gallery）举办《20:50》画展的设施，整个房间被涂上了高反光度的污油，他也想在T台上打造出同样的效果。“怎么做呢？”他一遍又一遍地询问西蒙·克斯汀（Simon Costin）。场地一经选定——在维多利亚区的皇家园艺厅（Horticultural Halls）——西蒙就赶快过去查看。“我带了一块塑料薄膜和几个管子，我把它们拧到一起，注满水，”西蒙说，“我们在地面上跳来跳去，以确保地面足够结实，也看看这些薄膜走上去是否能产生涟漪的效果。”后来他造了一个2英尺高、150英尺长的框架，边框是黑色的，“我要这个框架足够大，既能放进秀场里，又能留足观众的位置——整个布景是为了让它看起来像一面巨大的黑色镜面。”尽管一切看起来还都不错，但赞助商添加利金酒（Tanqueray gin）要求在上面打上他们的商标。“我想，不如就给他们打上一个黑色的商标吧，于是就按他们的要求做了，”西蒙说，“只不过字体是黑色的，你们看不出来罢了。”

辅助麦昆完成服装制作的是莎拉·赫德（Sarah Heard），后改名为莎拉·伯顿。莎拉是圣马丁学院的毕业生，她的导师西蒙·昂格莱斯介绍她到麦昆这里来帮忙。1974年，莎拉出生于曼彻斯特城外的普雷斯特伯里（Prestbury），她从很小的时候就开始画服装草图。“我记得在我很小的时候就开始买《时尚》，”她说，“有中意的书页，我就会撕下来，贴在卧室的墙上。早期是CK的图片，艾维顿（Avedon）的照片……我的美术老师说，‘你应该去圣马丁学院。’”在莎拉大三的时候，昂格莱斯安排她到麦昆工作室做一年的实习生，这段工作经历用莎拉的话说“不是一般的振奋人心”。“到那里工作后，我几乎立刻就理解了什么是打版，”她说，“就好像是接受了火的洗礼。我在圣马丁学院学到了很多，但在麦昆身边我了解了整个服装制作过程。”李会剪好式样，莎拉帮着制作。莎拉回忆说，麦昆会告诉他如何剪S形，如何加入拉链。“我记得他把一块法兰绒布料铺在地板上，用粉笔画出裤子的式样，然后剪下来，在缝纫机前‘咔哒咔哒’缝制，一条剪裁完美的裤子就这样凭视觉空间感制作出来了，完全不用打版，”她说，“太牛了，让人看了起鸡皮疙瘩。”

1996年的秋天对麦昆来说紧张而又刺激。9月12日，在巴比肯（Barbican）举办了一场主题为“困境：时尚+音乐+媒体”（Jam: Style + Music + Media）的互动展览，旨在重塑90年代城市文化的概貌。其中一个房间划给麦昆使用，大家开始就服装设计师的作品是否适合或应当陈列在崇高的博物馆进行讨论。一些策展人向麦昆发问，如何描述他的作品。“罪恶边缘的包容，”他回答道。又问到他对生活的态度？“包容边缘的罪恶。”

这次活动的组织者之一利兹·法雷利（Liz Farrelly）向大家阐释了为何时装应该被视为艺术。“忘掉媒体对英国前沿时尚界的炮轰，称其脱离平民大众专为精英阶层服务的言论，”她在《设计周刊》（*Design Week*）上写道。“关键是设计师和摄影师的个人视角激发了商业成功，这样自我激励就等同于创造力。”利兹称赞了服装设计师麦昆和侯赛因·卡拉扬（Hussein Chalayan）以及摄影师大卫·西姆斯（David Sims）和尤尔根·泰勒（Juergen Teller），她相信“连衣裙挂在墙上和穿在模特身上一样都是真实可信的，没有刊登在杂志上的照片更是这样。就时装来说，新奇被创新和个性表现所取代，这就是艺术。”当一些评论家问麦昆，“你认为时装是艺术吗？”他只是轻蔑一笑；他说他所做的一切就是设计制作人们穿的衣服。但是二十多年过去了，世界各地的博物馆——瑞典斯德哥尔摩的“当代美术馆”（2004—2005 年，“魅力”系列）、美国纽约大都会艺术博物馆（2011 年，“野性之美”系列）、英国伦敦维多利亚和阿尔伯特博物馆（2015 年，“野性之美”系列）——都在举办麦昆的作品展，陈列的作品不是作为具有实用价值的服装，而是视为呕心沥血、精雕细琢的艺术品。

在参加巴比肯展览的同时，麦昆受邀提交一件作品参加主题为“时代与时尚 / 走入时尚”的（Il Tempo e la Moda）的佛罗伦萨当代艺术双年展（Florence Biennale）。由杰勒马诺·切兰特（Germano Celant）、英格丽·西希（Ingrid Sischy）和潘多拉·塔巴塔巴伊·阿斯巴基（Pandora Tabatabai Asbaghi）策办的这次展览深入剖析了艺术与时尚的关系。一些当代时装设计师受邀同艺术家们共同为双年展进行创作：德国服装设计师卡尔·拉格斐（Karl Lagerfeld）和英国雕塑家托尼·克拉格（Tony Cragg）；意大利服装设计师詹尼·范思哲（Gianni Versace）和美国画家罗伊·里奇特斯坦（Roy Lichtenstein）；法国设计师阿瑟丁·阿拉亚（Azzedine Alaïa）和美国当代艺术家朱利安·施纳贝尔（Julian Schnabel）；美国设计师海尔姆特·朗（Helmut Lang）和美国女艺术家珍妮·霍尔泽（Jenny Holzer）；意大利设计师缪西娅·普拉达（Miuccia Prada）和美国绘画艺术家达米安·赫斯特（Damien Hirst）；德国设计师吉尔·桑达（Jil Sander）和意大利视觉艺术家马里奥·梅尔茨（Mario Merz）；日本设计师川久保玲（Rei Kawakubo）和德国艺术家奥利弗·赫林（Oliver Herring）。当策展人询问麦昆的意愿时，他表明希望与摄影师尼克·奈特（Nick Knight）合作，《i-D》和《脸》杂志曾经刊登过尼克拍摄的惊悚照片。

两人曾在《时尚》的圣诞晚会上见过面，用尼克的话来说，那次相遇“略带浪漫的色彩”。两个人都很腼腆，但彼此又都很喜欢甚至崇拜对方的作品；圣诞节，麦昆给奈特发去传真，“圣诞快乐——亚历山大·麦昆”。1996 年的夏天，两个人再次见面讨论作品的创意。尼克想以色情杂志背面的情色广告为蓝本进行创作，这个想法引起了麦昆的极大兴趣。他说，麦昆作品中反复出现的主题之一就是隐藏的美感。“他似乎对内在的概念很着迷，摧毁外在的美，进而呈现内在的美，”奈特在接受“大英图书馆摄影口述史”项目（British Library's Oral History of Photography）的一次采访中对夏洛特·科顿（Charlotte Cotton）说。“他出身社会底层，但却在为上流社会工作。梅花香自苦寒来，就像荷花出淤泥而不染。”他们在当年9月20日佛罗伦萨双年展展出的作品之一是一张麦昆头部爆裂的肖像，灵感来源于大卫·柯南伯格（Cronenberg）的电影《夺命凶灵》（*Scanners*）。该照片后来刊登在《脸》杂志1996年11月号上，照片旁边写着一行字，“亚历山大·麦昆，时尚业的牺牲品，1996”。同刊，作家艾诗礼·豪斯（Ashley Heath）问麦昆对他来说什么是最好的结局，麦昆回答，“在尼克·奈特的照片中我的头都爆炸了，这是我最好的结局。我的意思是我并不是这样的。”真的吗？“嗯，我吸食过量的（可卡因）时就会感到头快要炸开了，但，不是，我不是这样的。不全是。”麦昆和奈特后来一直合作。“我们的关系很奇怪，”在90年代后期，奈特告诉夏洛特·科顿，“我不知道我们的关系会怎样结束。”

1996年9月27日，在皇家园艺厅上演的这场T台秀更像是一件艺术品。秀开始了，第一个模特缓缓踱下楼梯，一步步走到黑色镜面般的T台上，仿似涉水而来，观众们屏住呼吸，惊喜异常。包括名模凯特·摩丝（Kate Moss）、裘蒂·洁德（Jodie Kidd）和史黛拉·谭娜特（Stella Tennant）在内的模特穿着有机玻璃坡跟鞋“一个个犹似踏水而来”。水的使用对于麦昆和他的团队有着另外的特殊意义。“人偶”（La Poupée）系列是献给凯蒂·英格兰的密友大卫·梅森的。凯蒂的这位朋友背了满包的砖块，跳入泰晤士河自杀了。服装秀最后，一位模特从水中蹒跚而来，头部和一半的身体被罩在一个透明的几何物体中，里面飞舞着数十只蛾子，象征着生命的短暂与无常（这个形象在麦昆 2000 年 9 月“沃斯”系列服装秀时被进一步呈现出来）。

服装秀最具争议的一幕是麦昆让黑人模特黛布拉·肖（Debra Shaw）戴着肖恩·利尼制作的镣铐式样的全身链走上 T 台，观众们为之疯狂了。后来麦昆却被指责滥用含有奴隶制寓意的形象来贩卖时装，对此麦昆坚决否认。“黑人模特黛布拉戴着锁链框架在 T 台上走着扭曲的步伐，与奴隶制毫无关系，”他说，“这是模仿人偶造型设计的。”此外，该系列的一件夹克后面印有一张瘦骨嶙峋的非洲儿童的图片，这也引起了来自克里斯蒂安·艾德（Christian Aid）的批评。这次声讨运动的倡导者约翰·杰克逊（John Jackson）站出来说，“简直是愚蠢至极。如果那件夹克上的图案是为了取得惊诧的效果，它确实惊到我了。把贫穷用时装元素表达出来真是毫无品位。”

然而，大多数人对这次服装秀的反响可以用欣喜若狂来描述。“他的秀点燃了伦敦时装周，”伊恩·R. 韦伯在《泰晤士报》上写道。“无论是爵士时代（Jazz Age）饰有珠串的流苏裙，还是绣着樱花和中国飞龙的贴身透明裙，做工都如此复杂而精致，”他说，“他刻意剪裁的玫红色锦缎女裤套装以及冰白色哑光珠片有着异曲同工之妙。可麦昆怎么能拒绝无序的快感呢，所以他把这些衣料分割成一片一片，中间用拉链衔接，又或者在它们表面喷上一道道亮色的油漆。”英国《独立报》（*Independent*）的塔姆森·布兰查德（Tamsin Blanchard）写到，“人偶”是麦昆“迄今为止最精美的系列”。侯赛因·卡拉扬（Hussein

Chalaya)、安东尼奥·贝拉尔迪（Antonio Berardi）以及克莱门茨·里贝罗（Clements Ribeiro）这些极富创造力的天才们让伦敦时装周恢复了生机，“尤其是亚历山大·麦昆”，出自他之手的服装集创意与可穿性于一身。“每一条精致的锦缎提花裤，每一件灰粉色紧身连衣女裤，每一条斜剪裁的晚礼服都是惊世杰作，”她说，“精美的网布刺绣龙纹长裙；闪亮炫酷的海青色女裤套装；斜剪裁的拖地长裙，裙裾划过水面，似激起层层涟漪。没有人会质疑像拥有这样作品的设计师在时装界占有一席之地，他为沉闷的时尚界带来了新鲜的空气。”当时坐在观众席的还有酩悦·轩尼诗-路易·威登（LVMH）集团的代表们，这家来自法国的跨国集团旗下拥有众多诸如迪奥（Dior）和纪梵希（Givenchy）等奢侈品品牌，他们对麦昆的非凡想象力“过目不忘”。

1996年的整个夏天大家都在传纪梵希可能会发生一些变动。7月，詹弗兰科·费雷（Gianfranco Ferré）宣布他要离开迪奥，这一变动带来了一系列颇具戏剧性的可能。起初人们猜想薇薇安·韦斯特伍德可能会获得迪奥首席设计师的职位，但她否认了，其他媒体推测的设计师中包括马克·雅克布（Marc Jacobs）、马丁·马吉拉（Martin Margiela）、让-保罗·高提耶（Jean-Paul Gaultier）和克里斯汀·拉科鲁瓦（Christian Lacroix）。当被问到如果有机会是否会接任此职位时，麦昆回答：“若让我担任首席设计师，在巴黎，只有伊夫·圣·罗兰。”乔伊斯·麦昆曾说想到她的儿子能在巴黎拥有自己的工作室简直就是“一个童话”，而李称高级时装定制为“成就你时装梦想之地”。LVMH集团总裁伯纳德·阿诺德（Bernard Arnault）在接受《费加罗报》（*Le Figaro*）的采访时说，他心目中的人选须能“赋予克里斯汀·迪奥无与伦比的现代创新精神”。

夏末，伯纳德·阿诺德把这个职位给了约翰·加利亚诺，这样，于贝尔·德·纪梵希（Count Hubert Taffin de Givenchy）在 1952 年创立的高级时装定制屋就有了一个空缺。纪梵希服饰以优雅设计和精良剪裁而闻名于世，奥黛丽·赫本（Audrey Hepburn）就是这个品牌的忠实拥护者。《麦克道尔二十世纪时尚目录》（*McDowell's Directory of Twentieth Century Fashion*）中写到，纪梵希“是一位追求品质的设计师，他设计的服装娴静高雅，经久不衰，秉承了高级时装定制的一贯传统”，麦昆也应该读到过这部分。麦昆会去纪梵希工作吗？9 月末《纽约时报》的康士坦茨·怀特（Constance White）联系到麦昆，希望他回答这个问题，麦昆说，“无可奉告。”

麦昆告诉她 10 月 14 日他会宣布最终决定，到时候就知道了。9 月份，LVMH 集团代表联系了麦昆，但据莎拉·伯顿的回忆，“李认为路易斯威登会让他设计手提包。”有消息称纪梵希会把创意总监的位置给麦昆，这让麦昆焦躁不安，害得他一趟趟地跑卫生间。“我记得他们给麦昆打电话，他把电话拿起来让对方稍等，去了趟卫生间，回来又继续接电话，”安德鲁·格鲁夫斯说。“有一天，他在家里的卫生间里大喊，”莫里说。“他说，‘巴黎的纪梵希给了我一个职位，我要是接受了，你愿意和我一起过去工作吗？’我说，‘当然了，为什么不呢？’”

麦昆对是否接受这个职位犹豫不定，他竟一反常态向他人寻求建议。爱丽丝·史密斯认为麦昆无法与巴黎的上流阶层相处好，建议他拒绝。而伊莎贝拉·布罗央求李接受这份工作，这样她就可以作为顾问身份随他一起去巴黎。

最后，李同意了，LVMH集团给他发来一份合同初稿。10月初，迪特马·布罗给他的会计约翰·班克斯（John Banks）打电话，因为约翰懂法语，迪特马请他帮忙看看合同等相关文书。约翰和李在电话上聊了一会儿，他就决定从格罗斯特郡（Gloucestershire）的家来到位于霍克斯顿广场的工作室。10月8日清晨，约翰抵达肖尔迪奇区（Shoreditch），结果李却还睡着。后来，李终于出现了，他告诉约翰说好明天要去巴黎签约，但他又决定不接受这份工作了。正在这时，工作室的电话响了——是纪梵希代表打来的。李一时不知如何是好。

麦昆把电话塞给了约翰，约翰告诉代表，麦昆半个小时后会给他们回电话。两个人坐下商量，麦昆告诉约翰问题出在酬劳上——他认为钱太少。"我想他们会给李每年30万英镑，"约翰说。"李想要更多。我说，'40万英镑如何？'不行，他认为还不够。'50万英镑？'不行，这太多了。最终我们确定为45万英镑。他又说对方希望他签订三年的合同，可他只想签两年。我给纪梵希那边拨通电话告诉他们麦昆的全部诉求，然后说，'这些是麦昆的想法，希望得到满足，不然明天他不会去巴黎签约。'电话另一头的人说他要请示阿诺德先生。大约半个小时后，对方打回电话说成交。但他转述阿诺德先生的话，问麦昆能否履行承诺去签约。我问李，他说会做到。我转告了对方。我放下电话说一切都办妥了。但忽然李又让我第二天随他一起去巴黎签约。"

约翰当日赶回格罗斯特郡取护照，第二天一早乘火车来到伦敦。他在斯文顿（Swindon）火车站买了一份《泰晤士报》，打开后发现上面的大标题赫然写着，“英国人进驻法国时尚界”，标题下是麦昆如何获得纪梵希工作的故事。“我想他们并不知道他们差一点就犯了巨大的错误，很明显昨天在我和李对话之前，他们就已经准备好出版印刷了，”约翰说。

10 月 9 日，李和约翰在滑铁卢欧洲之星站碰面，然后一起乘火车去往巴黎。他们乘坐的普通舱位，随行的还有伊莎贝拉 · 布罗，她带了六七箱帽子还有几个手提行李箱。李和约翰从头到尾把合约捋一遍，布罗则在车厢里到处走动，想找些恰好去巴黎的朋友聊天。当时是时装周，她想可能会有一些设计师或是模特。大约 20 分钟后，布罗带着一个年轻的模特过来了，她们两个开始脱去身上的衣服，只剩下内衣，然后换衣服穿。两个人丝毫没有不好意思；而麦昆一点也不觉得有意思。“她真让我头疼，”李小声对约翰说。

一辆轿车在巴黎北站（Gare du Nord）等候，但因为伊莎贝拉的行李太多了，他们不得不又叫了一辆出租车专门拉行李。“我们来到纪梵希，与总经理共进午餐，”约翰说，“席间，伊莎贝拉说个没完，而李则十分安静。后来伊莎贝拉离开餐厅回到自己的房间，李去见阿诺德先生，而我与律师们商讨相关事宜。期间，伊莎贝拉打来电话，说她被锁在房间外面了，纪梵希方面只得为她找开锁匠。后来我们几个一起逐条商量合同，伊莎贝拉突然跑了进来，戴着一顶奇怪的帽子，上面挂满了珠串。”最终，在暮色降临时，双方签订了合同。约翰离开纪梵希去赶火车了，留下伊莎贝拉和李享用了一顿丰盛的鱼子酱大餐，佐餐的是伏特加和香槟。从此，每次麦昆来到巴黎都不需要再搭乘地铁或叫出租车了，因为纪梵希为他配备了奔驰高级轿车以及专用司机。

麦昆留在巴黎看演出。签订合约的当晚，李穿着一身套装和一双训练鞋与伊莎贝拉一起去红磨坊（Moulin Rouge）观看了里法特·沃兹别克（Rifat Özbek）和安·迪穆拉米斯特（Ann Demeulemeester）的时装秀，他们看到一排阴阳人模特穿着设计简约的运动裙在T台上展示服装。10月10日，有着"怪异法式着装的大师"之称的克里斯汀·拉克鲁瓦（Christian Lacroix）举办了自己的服装秀，麦昆坐在了第一排，初夏时还曾传言他拒绝了担任纪梵希首席设计师的邀请。麦昆在巴黎接受《每日电讯报》（*Daily Telegraph*）的时尚编辑希拉里·亚历山大（Hilary Alexander）的采访中表达了自己对LVMH总裁阿诺德先生的崇敬之情，"阿诺德先生有着非同寻常的远见，"他说，"他看过我所有服装秀的视频，比报界更了解我所想表达的内容。他百分之二百地支持创新，不然我也不会在这里。"据希拉里描述，麦昆"蓬乱着头发，胡子拉碴，穿着类似睡衣式的奇装异服接受这次采访，细看之下才发现他穿着川久保玲设计的男士衬衫和波西米亚风格的作战裤"。麦昆承认这一年的工作会很繁重——他要在一年中为纪梵希设计四个系列（两个高级定制系列，两个成衣系列），而且还有他自己品牌的两场服装秀——但他说他一点也不觉得累。他已经在某种程度上趋于成熟，知道特定观众想要的是什么，他说，"我当然不会在乔治五世大道（George V）（纪梵希工作室的所在地）上展示'包屁裤'。我过去可能太在意公众的反应了，但现在我已经有了自己的判断力——知道自己该做什么。”

约翰·班克斯后来成了麦昆的会计，一直做了四年，他在离开格罗斯特郡去巴黎之间，迪特马·布罗曾叮嘱他要确定伊莎贝拉能从这次合作中得到一些好处。事实上，11 月 1 日《泰晤士报》报道，随着麦昆的到来，他的朋友伊莎贝拉·布罗将负责纪梵希市场推广方面的广告设计。“伊莎贝拉确实提到过，这次与纪梵希签约，她应该获得一部分好处，但这只是她与麦昆之间的协定，”约翰说。约翰曾试探性地询问麦昆有关伊莎贝拉的酬劳，麦昆回答说，“我和伊西之间不谈钱。”

伊莎贝拉一直认为麦昆会为她在纪梵希安排一个位置——麦昆一直视她为缪斯，而且她也想创办一个沙龙，“就像他们在 18 世纪做的那样，”她说，或者“类似沃霍尔那样的，工厂（Factory）工作室”。用迪特马的话来说，当伊莎贝拉发觉麦昆并没有把自己置于他的未来计划之中时，“极度震惊疯狂”。在迪特马的眼中，这无疑就是一种背叛。“人们都说伊西没有必要对这件事那么上心，”迪特马说，“去他妈的，她就是那么上赶着，谁也说服不了她。问题是伊西离不开麦昆，她已经上瘾了，她不能没有那些衣服。”在一次采访中，伊莎贝拉已经喝了几杯法兰西博林格（Bollinger）香槟，她说未来作为麦昆的缪斯，她要收取费用。“如果亚历山大在服装秀中用了我的创意，他确实也用过我的创意，得到报酬的只有他，而我分文未得，”她说。“她的身上有时会流淌出邪恶的血液，”李和伊莎贝拉共同的朋友，电影制作人约翰·梅布瑞（John Maybury）说。根本上，麦昆是“一个很实际的人，当他发现身边的人脆弱而不可信赖时，不把他们拖入窘境已经很是仁慈了”。

社交名媛达芙妮·吉尼斯（Daphne Guinness）是李和伊莎贝拉的朋友，她认为尽管伊莎贝拉因为纪梵希没能给予她一定的职位而备受打击，但她将这个结果更多地归咎于纪梵希而不是麦昆。“这不是他的错，”她说，“她迁怒于纪梵希的内部体制。认为应该有类似阿曼达·哈莱克（Amanda Harlech）之于约翰·加利亚诺（John Galliano）这样的位置，但纪梵希从未打算过雇佣她。我知道麦昆当时要稳住他在纪梵希的地位。我也相信他为伊莎贝拉做过一些努力。”当然，麦昆也需要身边的人不会让他神经紧张，需要他的助手可靠稳定，而不是天马行空。

麦昆担任纪梵希首席设计师的消息令整个英国出版界为之震惊。不仅仅因为他年轻且资历尚浅——27 岁，只出过 8 个系列的服装——还因为相较于纪梵希的精致典雅的风格，麦昆只是一个“自称为伦敦东区的野小子”。《卫报》（*Guardian*）上刊登了麦昆的报道，大标题为“时装店里的公牛”，文中把他描述为“东区的土老帽而不是高级时装定制设计师”。记者苏珊娜·弗兰克尔（Susannah Frankel）采访了麦昆的前任导师路易斯·威尔逊，他将麦昆称为“创造天才”，还高度赞扬了他的非凡裁剪技艺。但也有一些业内人士发出质疑之声，“担心麦昆和加利亚诺”只不过是“吸引大众关注噱头的兵卒而已”。

在巴黎驻足几日后，麦昆乘火车回到伦敦。10 月 21 日，他参加了位于斯隆大街（Sloane Street）的华伦天奴新店开张仪式；在英国社交摄影家戴维兹·琼斯（Dafydd Jones）拍摄的一张当时的照片中，可以看到麦昆站在莫里·阿瑟身边，满心欢喜，如浴春风。开业结束后，麦昆和莫里回到了苏伯诺瓦海茨（Supernova Heights）的住处，位于贝尔赛思公园（Belsize Park），斯蒂里斯路（Steeles Road）的利亚姆·加拉格尔（Liam Gallagher）的房子“超新星山庄”（Supernova Heights）。“那真是一个不同寻常的夜晚，”莫里说。第二天晚上，他们出席了在皇家阿尔伯特音乐厅（Royal Albert Hall）举行的英国时尚大奖颁奖典礼，麦昆获得了首个英国年度最佳设计师奖（British Designer of the Year）。李获奖后说道，“我从未想过获得同行的认可有多么重要，但我获得了这个奖项，它证明我的一切努力都没有白费。”

一些设计师对麦昆获得这个奖项感到惊讶不已，他们认为麦昆的才能被极度夸大了。参加此次颁奖典礼的赫迪·雅曼爵士（Sir Hardy Amies）——他嘲讽说“这是我见过最没有品位的事情”——对近期的某些任命感到十分沮丧。“迪奥是约翰·加利亚诺，纪梵希是另一个小混混，”他说，“公众完全掉入了巴黎设好的陷阱。我不知道谁会穿那样的衣服——我很久不去夜店跳舞了，也许那里的人会穿吧。”圣马丁学院的一位不知名的学生或职工在一份报纸上随意写下了他的看法，“以我对他的记忆——我简直不敢相信他能走那么远！我觉得他的脑子有问题。”这张简报被收藏在了圣马丁学院的图书馆里。在《星期日独立报》上一则麦昆的访谈旁边，他们还写下了这样的话，“我觉得这一切就是骗局！”

麦昆可能很难想象与纪梵希的一纸合约会给他的一生带来多大变化。麦昆拿到了他在纪梵希的薪酬，感慨道，“一直以来，我总有一种无法自立的颓废感，但这种想法又会转瞬即逝。”他的父亲曾建议他，要想卖衣服就应该在市场上支一个货摊；据说，麦昆与纪梵希签订合同之后，他告诉他的父亲，“看看，这才是卖衣服的方式。”麦昆从纪梵希那里掘到了第一桶金，还清了6年前他为进入圣马丁学院向姑母借的学费。

回到伦敦，麦昆开始招募他的团队共赴巴黎。其中有凯蒂·英格兰（Katy England）、特里诺·韦卡德（Trino Verkade）、西蒙·克斯汀（Simon Costin）、萨姆·盖恩斯伯瑞（Sam Gainsbury）、莎拉·伯顿（Sarah Burton）、肖恩·利尼（Shaun Leane）、灯光师西蒙·肖德尔（Simon Chaudoir）、塞巴斯蒂安·彭斯（Sebastian Pons）和设计助手凯瑟琳·布里克希尔（Catherine Brickhill）。“我选这些人，是因为他们各有特色、与众不同，而且在各自的领域都是佼佼者，”他说，“就像做法式甜点蛋奶酥：如果配料都不对，就是烂泥一堆；但是如果材料对了，蛋奶酥就能做得很美味。”麦昆还为他的男朋友莫里找到了一个位置。“那几天里，他就对我说，‘来和我一起工作吧，’”莫里说。“我基本上是周四去工作，然后告诉他们我周六就要离开。因为我曾在大学读过商务，李会说，‘你可以来做会计。’我会帮着做些公共关系的活儿，哪儿需要我我就去干点什么。”麦昆和他的团队刚到巴黎时，一个法国记者称他们为“街头乞丐”，这让他们有些许难过。“但是回过头来看看，还真是，”凯瑟琳说，“在纪梵希时装屋，我们穿着漂白的牛仔裤，拉链上装，确实有些失礼。”

李离家后，住过空房、工作室、租借的公寓，常常因为房主要翻新房子、卖房子或自己搬回来住而不得不离开；如今他想要一处能给他安全感的房子。当他在伦敦北部找房子时，《星期日独立报》联系他是否能接受“理想之家”（Ideal Homes）专栏的采访。1996 年 11 月初，这期问答专栏刊登在了报纸上。麦昆的理想之家应该在西班牙一个能够远眺大海、群山环绕的幽僻之处。“我对大海情有独钟，因为我是双鱼座的，守护星座是海王星，”他说。附近要至少有一个酒吧，最好是属于男同的，一个迪斯科舞厅，一个大超市，能买到马麦酱、烤豌豆和鱼子酱。外观要像建筑大师勒·柯布西耶（Le Corbusier）设计的朗香（Ronchamp）小教堂。“我的房子还要有一个玻璃屋顶，这样我躺在床上的时候就可以仰望星空——如果能和心爱的人在一起就更美好了，”他说。这所房子要有五间卧室，要以三英寸的钢板建成，这样“即使发生了核战争，它也不会被摧毁”。这所房子要有三间浴室，其中一间要以石板铺就，并配有嵌入式浴缸。“要有种哥特式地牢的感觉，还要带一个桑拿室和性娱乐室，”他说，“我会添置皮带、项圈，四周要有老鼠窸窸窣窣走动的声音，营造一些气氛。当然必须要隔音。”会客室的桌子是玻璃做的，椅子从天花板悬吊下来，“悬在空中，坐在上面，你的脚触不到地面。”他还说，希望在客厅地板上辟出一块呈“8”字形的鱼池，上面搭建几座小巧的步行桥。厨房是用不锈钢和花岗岩修建而成的；他喜欢烹饪，但讨厌刷碗，所以他要安装一个洗碗机或者雇一位“吉普赛帮佣”。他理想的住所周围没有邻居，只有 200 平方米的花园环绕，土地就放任它任意生长。房门上写着这样一句话，“请进，后果自负。”

麦昆的室友米拉得知他要搬离霍克斯顿广场感到些许失落，她帮着麦昆找房子。两个人只看了两处房子，麦昆就决定买下位于伊斯灵顿地区（Islington）科尔曼地段（Coleman Fields）9号的一栋带有乔治亚时代风格阳台的三层房子。“我说，‘李，你才刚刚看了两处。’我不太喜欢他选的这栋房子，我觉得他能找到更好的。但是他说，‘不用了，我就买它了。’”麦昆于1996年12月17日花费26万英镑买下了这处房子，又花了几千英镑进行翻修。尽管在客厅里凿一个鱼池的想法没能实现，但他买了一个水族箱嵌在了餐厅的墙上。

1996年年底到1997年年初对麦昆来说是一段疯狂的时光。从10月中旬签订合约开始，他只有11周的时间来准备1月份他在纪梵希高级时装定制的首秀。麦昆和他的团队往返于伦敦和靠近浮日广场（Place des Vosges）的一所四卧室公寓。“这间公寓光秃秃的没什么装饰，只是刚刚翻新并重新粉刷了，”凯瑟琳说，“我记得他想提一桶红油漆泼满整个公寓。”从纪梵希拿到的钱可以让李为自己的品牌注资，首先便是将工作室搬入新的办公地点，位于霍克斯顿广场拐角附近的里温顿大街（Rivington Street），有观察者称之为“《小子们》（*The Young Ones*）主角和一众抗议示威者”的露营……窗上没有窗帘，只钉了一块破布。地板中间铺着一些旧报纸，上面立着一个喷漆人体模型。在这个密闭小空间的墙上倚着一块板子，上面钉着很多模特的照片：从超模亚斯门·勒·邦（Yasmin Le Bon）到一些不知名的年轻女孩。相比之下，超模凯伦·埃尔森（Karen Elson）反而显得过分浮夸了。莎拉·伯顿为了能全天候辅助麦昆工作，拒绝了CK的邀约，她记得在李与纪梵希签订合约之前，他们只有一张服装打版桌，还是鲍迪·迈普（Body Map）和福莱特·奥斯特尔（Flyte Ostell）留给他们的。“坐在椅子上，够不到桌子，”她说，“李得到纪梵希的工作之后，我们终于有钱换了能够到桌子的椅子。李也特别高兴，因为这意味着有钱入账，他可以大干一场，去做过去没有做过的事情。”

李没有想过学法语，但他希望能够通过手势与纪梵希工作室的其他设计师（les petits mains）交流。“我记得有一次和他在试衣部，他让裁剪师把肩部收一点，‘四季豆’，像‘小豆子，一点点，’”西蒙·昂格莱斯说。李给西蒙看了他首秀的设计初稿，但是西蒙认为不好，催促他重做。“你不能期望亚历山大·麦昆沿袭之前的做法，还能设计出惊世骇俗的服装吧，”李说。 麦昆的工作方式着实让纪梵希的其他设计师吃了一惊。“我们工作室有特别的技术诀窍，但这完全是纪梵希的传统，”纪梵希的一位资深裁剪师理查德·拉加德（Richard Lagarde）说，“我们不习惯有太多变化，但他来了，我们不得不完全改变以往的工作方式。”

12 月，李和莫里抽空去了一趟纽约，参加大都会博物馆时装学院举办的迪奥工作室成立 50 周年庆典。当日的晚宴上，两人与戴安娜王妃交谈，王妃穿了一条约翰·加利亚诺设计的海军蓝丝绸紧身裙。“那条裙子看上去就像是一件睡袍，”莫里说。那天早些时候，莫里和李在西斯罗（Heathrow）机场点了一份牡蛎。麦昆吃了一个就马上说不想要了，但莫里把剩下的都吃光了，还喝了不少香槟。整个晚宴期间，莫里都感到不舒服，后来回到了新开的苏豪大酒店（Soho Grand），就一直待在卫生间没有出来。隔天晚上，麦昆请来医生为莫里看病，而后外出与大卫·鲍伊（David Bowie）和他的妻子伊曼（Iman）共进晚餐；因为男友莫里病重无法下床，麦昆带了助手特里诺·韦卡德（Trino Verkade）

一同前去。“大卫第二天打电话到酒店，希望我能去见他，所以我就去了他的公寓，看见他正在包装圣诞礼物，”莫里说。“他给我煮了两杯黑咖啡，还让我看了一件工艺品，那是一个能在地板上来回移动的球。”鲍伊说他“非常喜欢麦昆的设计，坚持拿出支票簿”买几件作品。莫里和李在曼哈顿遇到了肖恩·利尼，并合影留念。照片中，三个人穿着大衣，站在洛克菲勒广场（Rockefeller Plaza）的溜冰场边，冲着镜头微笑着。

回到巴黎，麦昆继续他的设计工作。他从纪梵希标志性颜色白色和金色，以及伊阿宋（Jason）寻找金羊毛和阿尔戈英雄（Argonauts）的神话故事中得到了灵感。距服装秀还有两周时，法国摄影师安妮·德尼欧（Anne Deniau）开始拍摄记录麦昆的幕后工作，此后的13年，安妮一直记录着。安妮曾在纪梵希工作过，她拍摄过加利亚诺的幕后情况——她说，她喜欢“加利亚诺这种绚丽、疯狂和无拘无束的浪漫主义设计风格”。但她“并不理解李的作品”。她错了，她说。在安妮接触麦昆之前，她拿到了一份资料，里面有几张“人偶”秀的图片和麦昆的个人简介。浏览后，安妮合上文件夹，“说出了另外两个词，‘力量和脆弱，两个极端；把它们通过服装同时表现出来不容易。’这两个词后来被安妮不止一次地提到。”

第一次和李见面的时候，安妮发现他们两个都很害羞。“两个害羞的人在一起，两个都默不作声，”她说，“只是默默低头看着鞋子。”安妮记得1997年1月18日夜里，也就是服装秀的前一天晚上，捷克名模艾娃·赫兹高娃（Eva Herzigova）在进行最后的试衣。李看看她，觉得有些地方不对劲儿。“他在艾娃身边走来走去，像一只笼子里的动物，他跪下，站起来，往后走两步，又走回来，”她说，“他思索了一会儿，说‘剪刀’，然后开始剪衣服。先剪下了一只袖子，接着又剪下了另一只。”试衣结束后，麦昆和安妮去抽烟了，他问安妮对这个系列的看法。安妮说了一些自己喜欢的地方，又说了一些自己不喜欢的地方，这时，李忽然说，“是，你是对的，做的简直就是垃圾，我失败了。”安妮尽量安抚他，告诉他作品并不是一无是处，她说，他应该给自己点信心，但她认为确实有几件作品像半成品。“已经做完了，”李说，“太晚了。”李回到自己的公寓，和设计团队一起喝酒庆祝。当时任纪梵希新闻发言人的艾瑞克·拉吕特（Eric Lanuit）描述当时的情景，“那简直就是一栋典型的英国摇滚歌手的公寓，满地都是啤酒罐、碗装薯片，烟灰缸里满是香烟和大麻烟头。”“我们在开派对，我们穿着走秀的鞋在屋子里走来走去，”莫里说，“直到第二天我们还宿醉未醒。”

1997 年 1 月 19 日，纪梵希首秀在于贝尔·德·纪梵希（Hubert de Givenchy）曾就读的美术学院（École des Beaux-Arts）举办。当日秀场后台的气氛可谓紧张而激动。英国名模娜奥米·坎贝尔（Naomi Campbell）要在头上戴上一对漆成金色的公羊角，这对角是从希尔斯庄园拿来的，作为头饰。而另外一位模特要耐心等着穿上一个巨大的金色鼻环。名模裘蒂·洁德（Jodie Kidd）回忆道，“我们都精心装扮好，上帝呀，我觉得我要心脏病发作了，我太紧张了。我无法呼吸，李也在旁边喘着粗气。”凯瑟琳·布里克希尔还记得当时后台挤满了模特、造型师、假发和化妆品，人们“像疯了似的”跑来跑去。她记得麦昆“横跨在艾娃·赫兹高娃（Eva Herzigova）身上，剪掉她束胸上的蕾丝，说，‘小贱人'，然后把她拽到出口。时装秀开场时，艾娃站在那里满眼泪水。我想没有人这么对待过她吧。"

这场秀晚了一个小时才开始，由世界上出场费最高的男模马库斯·申肯伯格（Marcus Schenkenberg）主持，他曾扮演过希腊神话中代达罗斯的儿子伊卡罗斯（Icarus）的角色。米拉全身涂着金粉，戴着一副巨大的翅膀，缠着一条裹腰布走上台来，马库斯则站在房檐下的石台上观看了这次表演。坐在前排的有美国《时尚》杂志的编辑安娜·温图尔（Anna Wintour）和她的同事哈密什·博尔斯（Hamish Bowles）、设计师阿瑟丁·阿拉亚（Azzedine Alaïa）、德国时装摄影师彼得·林德伯格（Peter Lindbergh）、戴着一顶卫星圆盘式帽子的伊莎贝拉·布罗以及身穿伊文斯品牌（Evans）花格套装的乔伊斯·麦昆。人们对这场秀褒贬不一。伊莎贝拉·布罗每一套衣服都喜欢——裘蒂·洁德穿了一件白色缎子外套，金色紧身衣的下摆是巨大的裙裾；一位模特打扮成玛利亚·卡拉斯（Maria Callas）的形象（帕索里尼的《美狄亚》主演），身穿白色连衣裙，头发造型被一位评论家比作"黑泡泡"；还有很多模特裸露着上身，乳头涂上了金色。但是很多观众并没那么喜欢舞台上的走秀。"那些高级时装定制的女士们……被眼前眼花缭乱的走秀、令人咋舌的服装以及无限的青春活力惊到了，"《纽约客》的希尔顿·埃尔斯（Hilton Als）写道。"观众的态度一目了然"。一位法国记者小声说道，"唉呀呀，如果他继续走这种风格，他会失去这些客户的，"另一个也强调说，"太失败了。"

《每日电讯报》的希拉里·亚历山大（Hilary Alexander）、《卫报》的苏珊娜·法兰克尔（Susannah Frankel）和《旗帜晚报》（*Evening Standard*）的咪咪·史宾赛（Mimi Spencer）对麦昆的这次首秀给予了肯定，但其他人就没那么和善了。“你来巴黎竞争不过华伦天奴和香奈儿，别想 27 岁就成为赢家，”美国版《时尚芭莎》（*Harper's Bazaar*）的总编利兹·提尔布利斯（Liz Tilberis）说。“你在伦敦办这样的秀，没有问题，可以，但在巴黎，太没有新意了，剪裁也不够精致。”《星期日泰晤士报》（*Sunday Times*）的科林·麦克道尔（Colin McDowell）抨击这次时装秀又“老土”又“乏味”——事实上，他说，“整个服装秀看上去像是在为电影《坚守在奥林匹斯山》（*Carry On Up Mount Olympus*）选角。就差演员肯尼斯·威廉姆斯（Kenneth Williams）穿着金色胸铠、戴着羊角、配以各种白色来凑齐全角了。对麦昆来说，这可不是长久之策。”他给麦昆的建议很简单，他说，“放弃你的造型师和配饰师——他们会毁了你的服装秀——不要总以自己年轻为借口。伊夫·圣·罗兰在 21 岁时就接管了迪奥高级时装定制屋。”法国报刊出版界的评论则更加恶毒。《新观察家》（*Le Nouvel Observateur*）就他的外表大肆评论，“微脏的衬衫领口敞开；优雅地拿着一罐啤酒；他的发型看上去像是‘利物浦足球俱乐部的队员’。和他比起来，AC/DC 重金属乐队的铁杆粉丝都能获得服装设计大奖。”

麦昆知道自己本可以做得更好。他晚上没有去夜店狂欢，而是陪妈妈喝了杯茶，就回到他和莫里的公寓。“我用了一个月的时间设计并完善这场秀，”他后来说。“我们在巴黎被一些人诋毁，我难过的是自己无法掌控这一切。如果是我自己的品牌，我不会在意。可是这就好像我在为某人工作，不能理直气壮地说，‘我才不管你怎么想呢，这就是我们这样做的原因，这就是我们的想法，这是麦昆系列。’现在我们听到一些笨蛋说，‘这算什么时装，简直胡扯。’但是你要为自己品牌的时装争取到新的客户，可如果媒体都说这些服装不适合安妮·贝斯（Anne Bass），那就很难做到，”一位常在高级时装上一掷千金的曼哈顿的社会名流及慈善家评论道，“我的意思是，我才不愿意让安妮·贝斯穿这个品牌的衣服呢。”他理想中的顾客是像科特妮·洛芙（Courtney Love）和麦当娜（Madonna）这样的女人，他说。

服装秀的第二天早上，麦昆硬着头皮接受了一系列的采访，有些采访让他觉得很尴尬。一位法国记者问他2000年时尚走势是什么样的——“这不是废话嘛！我的意思是我就是个做衣服的，又不是预言家，”他说——另一个记者问他，作为一位善于用束胸的设计师，是否想过设计一款束茎，来包裹男性生殖器。李听后差点笑喷。当天麦昆有四场预约，其中之一是一位沙特阿拉伯的公主请他为自己设计一套结婚礼服。“我特别紧张，因为我只能做自己，而高级定制不是为大街上的普通人服务的。一条裙子要花费2万英镑。”他意识到克制是成功的秘诀。“高级定制就在于服装整体结构以及细节的巧妙处理，”他说，“我不想在服装上有过多的刺绣，或者叠加很多的薄纱。这种做法并不迎合当今的市场，但是你要设计的是21世纪的时装。”

纪梵希首秀的失败经历让麦昆受到很大的伤害，但他试着学会坚强，并全身心地投入今后的工作中去。“我并不认为时装能够治愈癌症或艾滋病——或其他什么，”他说，“说到底，它们就只是衣服而已。”

第八章

“你知道，我们很容易惨遭遗弃”

李·麦昆

Lee McQueen

1996年12月1日，在位于埃塞克斯（Essex）的赫汀汉堡（Hedingham Castle）上演了一场非凡的拍摄活动。室内燃起了火焰，火光拂过12世纪的石板墙，这时，李·麦昆（Lee McQueen）和伊莎贝拉·布罗（Isabella Blow）在前景摆好了造型，等待美国摄影师大卫·拉夏贝尔（David LaChapelle）为其拍摄。成片更令人惊叹：麦昆身穿一件黑色紧身外套，配上一条精美的赭石色裙子，戴着红色皮革长手套，手握一柄燃烧的火炬，张开嘴呼喊着。伊莎贝拉则穿着一件美丽的漏斗颈式的淡粉色旗袍，头戴一顶菲利普·崔西（Philip Treacy）设计的红色菱形帽子，她的手轻拈着麦昆长袍的衣角，修长的左腿划向空中。背景中，一匹战马高扬起前蹄，旁边躺着一位身穿盔甲的骑士，他或已战死，或身负重伤。掠过右手边的草地，向远处望去，一个恐怖的头盖骨，既暗示了过去的暴行，也预示着未来的悲剧。

《名利场》（*Vanity Fair*）杂志25页的特别报道《伦敦再次摇摆》（*London Swings Again*）就用了这组照片做配图。杂志的封面，利亚姆·加拉格尔（Liam Gallagher）和派西·肯赛特（Patsy Kensit）躺在一张印有英国国旗的床上，颇有特色。杂志调查了所谓的“酷不列颠（Cool Britannia）”现象，是一种由真实文化的刺激和过度炒作的媒体报道结合而成的产物。杂志中写道："诚如60年代中期那般，伦敦现在仍是文化开拓者，充满了年轻新潮的元素，如艺术、流行音乐、时尚、美食以及电影。"除麦昆和布罗之外，该杂志还为多位名人摄影并进行了采访，其中包括：达米恩·赫斯特（Damien Hirst）、朱迪·基德（Jodie Kidd）、特伦斯·康兰（Terence Conran）、辣妹组合（the Spice Girls）、名厨奥利弗·佩顿（Oliver Peyton）、创造唱片公司（Creation Records）老板阿兰·麦克吉（Alan McGee）、绿洲乐队的诺埃尔（Noel）和连恩·盖勒格（Liam Gallagher）、《装载》（*Loaded*）杂志的编辑詹姆斯·布朗（James Brown）、污点乐队（Blur）的成员代蒙·阿尔本（Damon Albarn）、尼克·霍恩比（Nick Hornby），还有托尼·布莱尔（Tony Blair）（他所领导的新工党取得了1997年5月普选的胜利）。布莱尔曾说："改变所带来的希望超越了人们对改变的恐惧。"他在竞选期间所用的音乐是英国摇滚乐队D: Ream的歌曲《一切只会越来越好》（*Things Can Only Get Better*）。

《名利场》此次的发行旨在对《新闻周刊》（*Newsweek*）中一篇很有影响力的封面专题（由斯特莱科·麦圭尔（Stryker McGuire）撰写，于1996年11月初出版）做出回应。文章开宗明义，将伦敦从成为"这个星球上最酷的城市"之起源追溯至两周之前，"当时，巴黎的时尚品牌纪梵希（Givenchy）和迪奥（Dior）决定将两名高冷的伦敦年轻设计师招至麾下，作为他们顶级的女装设计师。"

的确，麦圭尔初次来英国是在80年代初期，当他1996年重返伦敦之际，感受到了伦敦的变化。昔日的伦敦已不复存在，那种"一座有着宏伟历史的单调城市，供暖不足，食物不佳”的形象已经改变。当时的银行业正蒸蒸日上，“伦敦金融城里活力四射”，金钱在伦敦和纽约之间流动；艺坛生机盎然，“伦敦的一些艺术品交易商和收藏家，如杰伊·乔普林（Jay Jopling）和查尔斯·萨奇（Charles Saatchi），甚至比那些艺术家还要出名”；建筑界正值黄金时代［一周之后，《新闻周刊》（*Newsweek*）对外公布，要建一个“矗立在泰晤士河畔的辉煌摩天轮”，也就是如今的伦敦眼（the London Eye）］；1994 年开始运营的欧洲之星（the Eurostar），“将欧洲大陆的文化、时尚径直带入伦敦的中心”；除此之外，诸如内阁之声（Ministry of Sound）之类的俱乐部“在欧洲内外的年轻人中日渐流行”。

伊莎贝拉·布罗被《名利场》杂志聘为该期刊物的自由顾问。尽管赫汀汉堡的主人林赛家族（Lindsays）不愿让它因为电影或摄影计划对外曝光，但伊莎贝拉和迪特马依然凭借同林赛家族的私交为《名利场》争取到了赫汀汉堡的使用权。迪特马回忆说：“伊西告诉我，李曾说‘谁是最贵的摄影师？当然是大卫·拉夏贝尔了，我们将请他来给我们拍摄。’”“伊西喜欢这个主意，她为此笑了起来。这个主意听起来很放肆，却机智、充满挑战性并让人自豪。摄影名为《几近疯狂》（*Burning Down the House*），无疑是对他们两人的真实写照。”伊莎贝拉已经注意到了赫汀汉堡的主楼和坐落在多宁顿公园（Doddington Park）她祖上的中世纪城堡主楼之间的相似之处，孩提时她就意识到了这一点。“伊西喜爱在这个危机四伏且杂草丛生的塔楼里玩耍，和她那些情愿或不情愿参加的姐妹们一起，对中世纪的仪式和神话进行戏剧性的再创造。”迪特马写道。这座塔楼是伊西中世纪美学的构成要素。这场摄影重现了伊莎贝拉少女时期所玩的游戏，当她为麦昆选定扮演一位离经叛道的中世纪易装皇后的角色时，感到激动无比。然而，迪特马回忆道："看到李身着裙装，李的母亲乔伊斯感到沮丧不已。"

伊莎贝拉还成功劝说李接受《名利场》作家大卫·坎普（David Kamp）的采访。"麦昆当时备受媒体追捧，但他傲慢又不愿意接受采访，"坎普说，"因此我不能错过任何一个让他坐下聊一聊的机会。"不幸的是，坎普在采访前患了流感，采访伊始，他或许不假思索便问道，"很显然，你出身并不富裕，因此我想知道你是否——"，这时，麦昆打断了他，"你这到底是什么意思？！这也太低俗了吧！"他站了起来，想知道坎普到底是个什么样的记者，因为他显然对时尚不甚了解。"你看，我知道我不是艾米·斯宾德勒（Amy Spindler）[《纽约时报》（*New York Times*）的时尚评论家]，"坎普说，这时麦昆的态度才稍有缓和。"我喜欢艾米·斯宾德勒，"他说，"我来给你看一些我展现给她的东西。"麦昆坦白他那时也稍感不适，就此，坎普说："这至少解释了他易怒的原因。"然后，采访才得以重新开始。

坎普的描述是这样的："麦昆留着板寸，毛衣之下的腹部明显隆起，木偶般的双颊上方有一双小纽扣般的眼睛。除去他的粗野，这一切都让他显得十分可爱。"设计师（指麦昆）告诉《名利场》的作者，周围的一切事物都给他带来了灵感，甚至大多数人认为与时尚相悖的东西都启发了他。比如，他最近发现一个流浪汉外套上系了一根细绳，这个画面激发他结合流浪汉的剪影，设计出一件时装，搭配了滩羊毛皮革的衣领和袖口，并用腰带代替了流浪汉身上的细绳。“我并不是在嘲笑他，”李说，“谁应该被嘲笑呢？我的外套价值 1 200 英镑，而他的却不花一分钱。”

麦昆的工作室是“一幢不起眼的画满涂鸦的建筑物”，在其中举办的一次会议期间，坎普给麦昆讲述了约翰·梅杰（John Major）在 1996 年 11 月 11 日市长宴会上发表的演讲。在演讲快要接近尾声时，首相以《新闻周刊》（*Newsweek*）的文章为证谈到了英国，尤其是伦敦，正经历着创造性的大爆发，他还说到“我们国家已经接管了巴黎的时尚展演”，很明确地提到了加利亚诺和麦昆的职业。“他说了那个？”麦昆回答说，“哼！去他妈的政纲条款！我才不是他的囊中之物！我能有今天，关他屁事！那个王八蛋！去他妈的！这种狗娘养的政府！他们根本不会在你尽力打拼的时候帮助你，但一旦你成功了，他们却要厚颜无耻地邀功！滚蛋！”

由于位于柯尔曼菲尔德（Coleman Fields）的房子还在翻新，李和莫里·阿瑟（Murray Arthur）在霍斯顿广场（Hoxton Square）的顶楼里度过了 1996 年的圣诞节。那天，整栋楼都是空的，李在开始做饭时听到了些奇怪的声音。“然后冰箱门砰地关上了，”莫里说，“李以为是我洗澡出来时碰着了，但我那时还在洗澡。之后，我们听见楼上传来的脚步声，李让我出去看看。我不得不从后门出去，走到了金属制的楼梯间那里，但外面一片漆黑，我什么也看不见。我下来告诉他外面没开灯。他被吓坏了，我们不得已去了霍斯顿广场的教区牧师家，敲了门并询问牧师能否出来替房子驱邪。”李还给米拉打了电话，当时她正跟男友在一起，李祈求她赶紧回家。“大家都知道顶楼常常闹鬼，”米拉说，“朋友们都不愿意过来，我觉得李应该是听到了些什么。有几个人看到了些鬼东西，像一个没有脸的黑影，跟纸上剪下来的人形差不多。它常出现在靠近洗手间的走廊上。此外，不管我们怎么做，都不能让这个地方变暖。我花了大价钱，但于事无补，房间还是冰冷。我听说这个楼之前是个家具加工厂。在街对面那个蓝色音符大楼工作的人告诉我，有一天他们在我的顶楼工作，回去后发现所有工具都被翻转过来了。”

1997 年 2 月，李和莫里搬进了他们的新房子里。这对爱人去了 SCP（位于霍斯顿的一家当代设计商店）购买家具，他们想买一套昂贵的马修·希尔顿（Matthew Hilton）皮革椅子和沙发（莫里之后把中餐外卖弄洒在上面）。他们又从一个古董商那里买了一张美丽的、法国 17 世纪的木雕床。米拉说：“李有一间专门放自己衣服的房间。”

麦昆在他的首场纪梵希（Givenchy）秀后的第五天，得到了一个模特走秀的机会。川久保玲（Rei Kawakubo）让他为自己在巴黎国家博物馆（Musée national）举办的非洲和大洋洲艺术展（Arts d’Afrique et d’Océanie）的男装走秀。宽松的格子裤子和淡奶油色西装，层与层之间塞满了填充物，这身衣着将麦昆庞大的身形衬托出来，用时尚记者斯蒂芬·托德（Stephen Todd）的话来说，他就像穿着从白色羽绒被上剪下的套装一样，感觉“完全没特意要呈现苗条的身姿”。托德曾被安排为澳大利亚同性恋杂志《蓝色》（*Blue*）采访麦昆，但由于麦昆当天还要返回伦敦，根本抽不出时间，因此采访不得不在秀场的后台进行。据托德回忆，麦昆“极有礼貌，这种礼貌不是刻意为之，而是与生俱来”。他说：“这种评论或许略显肤浅，但设想一下当时的情景：这孩子并不常暴露在聚光灯下，并且深知自己的体重，他还即将以一种白香肠似的形象在评论家云集的房间走秀，在他独一无二的偶像川久保玲（她当时正在麦昆身旁安静地做准备）面前亮相。麦昆挤出时间接受我的访谈，经过深思熟虑后，作出连贯清晰的回答，并感谢我为此花费时间，十分钟以后他就登上了展示台。”

那一年的采访过后，麦昆和斯蒂芬成了朋友。斯蒂芬当时在巴黎工作，因此李每次去巴黎工作，两人就会见面。“他沉着、专注，对浓情蜜意之类的事情不感兴趣，”斯蒂芬说，“他仪表堂堂，看似强壮，但再看一下，你会发现他明显有着温柔的一面。我觉得他最动人之处莫过于他的这种温柔。这可能是工人阶级出身的孩子身上所特有的，但我们却出奇地一拍即合，而且没有任何刻意的安排。但这都是在他进入巴黎时尚圈之前的事儿了。我是他认识的为数不多的以英语为母语且一直住在巴黎的人，所以那时我们经常在一些十分声名狼藉的同性恋酒吧玩乐。当时，他已经分配了一套公寓，就在孚日广场（Place des Vosges）附近，还开玩笑说全套要用宜家（Ikea）家具来装饰房子，好让阿尔诺（Arnault）和他的密友心烦。我还为他的离经叛道喝彩，他总是用两根手指向权威人士问好，那或许也是工人阶级所特有的。但同样地，我也清楚地知道，在这些问题上，他也将成为对自己最不利的敌人。记得在他接管纪梵希（Givenchy）后不久我去看他，他从室内走到庭院里，嘴里咒骂着六楼的工作室，认为他们不仅表现出了一种固有的、已落伍的法国式行为特点，而且还是阿尔诺的卧底。”

这时，麦昆还告诉斯蒂芬（曾为《蓝图》杂志撰写麦昆和加利亚诺的专题），他被任命到纪梵希的一个真实原因就是为了宣传。“我们别再到处胡说了，高级女式时装才不是卖衣服，”他说，“众所周知，它不过是卖香水和其他产品罢了。”就像托德在文章中所说的那样，“阿尔诺很早就明白，宣传会和时尚同样重要。成千上万的太阳镜、围巾、手包和香水能使财源广进，品牌的高姿态则能为时装拓开销路。”托德还采访了斯蒂芬妮·凡尼耶（Stéphane Wargnier），她是法国时装学院（Institut Français de la Mode）传媒专业的教授和讲师，她说：“如果我们认为很多女性时装就是为了争取最大限度的媒体报道，正面也好，负面也罢，那么精品展示越壮观，效果就越好。从这个方面来说，目前做得最好的是英国人。”

1997 年 2 月，派西·肯赛特（Patsy Kensit）请麦昆为她即将到来的婚礼“尽快敲定一件婚纱”，她的男友是她同事，就是《名利场》杂志的封面明星连恩·盖勒格（这对情侣在那一年的 4 月 7 日成婚，但夫妻关系就像“酷不列颠”一般，最终恶化）。尽管李说他太忙了，3 月的第二周前要为两场发布会做好准备，他仍然邀请了这两位参加他月底在伦敦举行的个人品牌秀，这场秀名为“外面的世界很复杂”（It's a Jungle Out There），灵感源于他在《国家地理》（*National Geographic*）杂志上看到的图片。麦昆的艺术总监西蒙·克斯汀（Simon Costin）说：“他可能是在苏·赖德（Sue Ryder）慈善商店花了大约 50 便士买下的这堆《国家地理》杂志。”确切地说，麦昆被汤姆森（Thomson）作品中小羚羊凄惨的境遇吸引了。他说："可怜的小家伙，长着可爱的斑纹，一双漆黑的眼睛，白色的腹部，边上黄褐色的斑纹点缀着黑色，那羊角，但它终究还是非洲食物链的一部分。它一出生就意味着死亡，如果幸运的话，还能多活几个月，在我看来，人的生命亦是如此。你知道，我们很容易惨遭遗弃。没什么能比动物更好地诠释这一切。我也曾试图在新闻里谈到设计师这个职业的脆弱性。你风靡一时，然后又归于平淡，大千世界纷繁芜杂。"他还将自己比作汤姆森的小羚羊，他说："总有人在我身后追赶，如果我被追上了，他们就会把我击垮。时尚犹如一片丛林，充满了险恶且歹毒的土狼。"

但麦昆在1997年2月27日晚送上展示台的设计既不是羸弱者，也不是受害者。在T台上昂首阔步的是混合体——一半是女人，一半是小羚羊——他们表现出了捕食者的凶猛。麦昆说："这个创意指的是牛羚（羚羊的一种）吞吃了这个真正可爱的金发女郎，她正努力着挣脱出来。"

时装秀前的一周甚至要比往常更为紧张。凯蒂·英格兰（Katy England）记录了准备的流程，她还得找一些男女模特，这些人得能表现出一种咄咄逼人的气势。她在2月21日星期五那天找来了一些女孩儿，让她们在她面前走秀。"她们走路的方式太重要了，"她说，"她们在成功驾驭衣服的同时还要保持美丽……我们需要坚强勇敢的女孩儿。男模特的筛选就更加复杂了，我们不想要典型的模特类型，而需要长相怪异、狂野又偏激的男孩儿。"因此，她雇人去街上搜寻。从意大利引进的男模时装于星期天抵达，那天，她和李将衣服改造得更符合主题。“他想让时装呈现出更多男人穿衣服的感觉，因为他将服装改造成了小伙子穿着的风格，”凯蒂说。工作室还得安排出席问题，包括一个电视团队（英国广播公司正为《工人》系列制作一个名为《战胜苦难》的纪录片）和一位来自《细节》（*Details*）杂志的记者。凯蒂说：“李和我不得不去外面透透气，这一切太疯狂了。”她同米拉·柴·海德谈论了男士们的装饰，然后她们决定让男模们全都涂上指甲油，画上眼线，给人一种淤青的感觉。凯蒂还听说有两个模特，也就是埃斯特·德容（Esther de Jong）和卡罗林·马尔福（Karolyn Murphy），不能参加这次走秀，因为他们已提前定好了纽约的工作。“但是内奥米·坎贝尔（Naomi Campbell）看起来不错……我还不确定凯特·摩丝（Kate Moss）的情况。”那天，一半的女士服装从制造商那里运达，但这些衣服全部都有褶痕。

星期二，凯蒂在日记中提到，凯特·摩丝决定不参加这场秀了，因为她想待在纽约。她还指出，本应在那天早上抵达的衣服仍滞留在希思罗机场（Heathrow）。“斯特拉·坦南特（Stella Tennant）5 分钟后就要来试装了，但除了李在这里做的展示品，我们没有其他让她试穿的衣服。”她写道。那晚，凯蒂一夜没睡，因为周二晚些时候，李“当机立断，决定不再苦等衣服了”。麦昆冲着凯蒂大喊大叫，还把她弄哭了，但之后他花了 400 英镑买了颗钻石送给她以示歉意。凯蒂租了一辆大篷货车并让她的摄影师男友菲尔·波因特（Phil Poynter）载她去希思罗机场。他们是晚上 10 点半出发的，但衣服直到凌晨两点才到手，这意味着她要在凌晨 4 点才能赶回工作室。据她所言，星期三那天真是太疯狂了。“今天中午之前，我把 80 套女装中的 60 套都改了一遍。”她如是写道。化妆师托波利诺（Topolino）从巴黎赶来，他为凯瑟琳・布里克希尔（Catherine Brickhill）试了妆。凯蒂还在最后关头选定了两位男模，其中包括来自超凡乐团（The Prodigy）的马克西姆・瑞勒缇（Maxim Reality）。凯蒂说：“他就是长了一排银牙的那位。”时装秀前夕，凯蒂只挤出了 4 个小时来睡觉。“我们不停地喝咖啡，抽烟，”她观察到，“所有人都感觉到很大的压力。”时装秀那天中午，她仍然没有排好出场次序，李疯狂地为 100 套服装做最后的搭配，让它们成为“外面的世界很复杂”时装秀的一大亮点。那天下午，大篷货车将会把这些衣服运往伦敦博罗市场（Borough Market）的展演地点。

李选定了位于伦敦桥（London Bridge）南边的市场，因为那里场面比较混乱。他说：“在伦敦粗野的地方来 [向时尚界人士] 展演是非常好的，这能让他们受点儿惊吓，时不时地看看周围。”麦昆和西蒙・克斯汀试图再现 1978 年由菲・唐纳薇（Faye Dunaway）主演的电影《神秘眼》（*Eyes of Laura Mars*）中的一幕，场景中两辆车正在燃烧，女主角以其为背景，为一群模特拍照。克斯汀从回收场搜罗来旧车，将它们砸碎。设计师和艺术总监还从电影《雌雄大盗》（*Bonnie and Clyde*）充斥着弹孔的车库场景中获取了布景的灵感。为了搭建这种布景，他们把灯放在了 40 英尺高的穿孔波状铁板后面。麦昆刚获得了美国运通公司（American Express）的赞助，据克斯汀说，其中大多数的钱用于了安保方面。为了防止曝光，他们用黑布将布景遮盖起来，因此在整个建设过程中，不得不派人全天候看管。

大约两小时后，时装秀开始了，有一位观察者如是评价："无论是台上，还是台下……混沌都市的形象一览无余。"现场的人群争着要挤进去，造成一片混乱，与此同时，中央圣马丁学院（Central St Martins）的学生们成功地冲了进去，有学生挤入了观众席，朝一辆大篷车里踢了一个火罐。记者格蕾丝·布莱德伯里（Grace Bradberry）报道说："当大篷货车着火时，观众们都大声尖叫，纷纷鼓掌。"时尚界人士全然没有意识到这场火并非表演的一部分。西蒙·克斯汀坦言他当时感到一阵窒息，准备为这场灾难承担责任，但幸运的是，一位保安发现着火了，很快就把火熄灭了。李的母亲乔伊斯说："我一贯胆儿大，我还在想，我这次会看到什么呢？"然而，她并没有失望。一个模特的肩膀上长出角，还有一个男士的外套背部伸出了鳄鱼头。"我觉得这太疯狂了，绝对太疯狂了，长在夹克背部的角居然竖起来了！"看到这场时装秀所造就的混乱气势，麦昆兴奋不已，他说这也正是伦敦尤为特殊之处。"这是我的出生之地，也是人们来伦敦的原因。大家才不想看那些宽松的直筒连衣裙，因为这些东西世界各地比比皆是。"麦昆如是说。

然而，观众席中一些有影响力的评论员并不高兴。当时《名利场》的欧洲编辑安德烈·里昂·塔利（André Leon Talley）说："我大老远地从美国赶来，看到的却只有理发师。""赞助商或是英国时装协会（British Fashion Council），总得有人控制一下局面，做点儿什么吧！"来自《独立报》的塔米辛·布兰查德（Tamsin Blanchard）评价这场秀"显然太失败了"。此外，美国《时尚》杂志的时尚新闻主编凯瑟琳·贝兹（Katherine Betts）当时正在写一篇关于麦昆的长篇报道，她也觉得这场时装秀“明显太让人失望了”。

麦昆把“外面的世界很复杂”这场秀献给了他的父母。他的父亲罗恩（Ron）最近被诊断出患有大肠癌。乔伊斯说：“此刻生活有些艰辛，但我们必须要踏踏实实活下去。”罗恩的体重降到了 7 英石（英制质量单位），住院后接受了手术和化疗。珍妮特（Janet）说：“他身材瘦小，却勇斗病魔。渐渐地，病情有所好转。”

伦敦时装秀后，麦昆只有 12 天的时间来对首场纪梵希成衣秀进行最后的润色。这场时装秀在巴黎的马肉市场（La Halle aux Chevaux）举行，市场里的路面都是倾斜的，以“排出室内鹅卵石上沾着的血迹”。表演还没有开始，时装秀就已吸引了大量的报道。时尚编辑们到处八卦，说排演期间吵闹的音乐声把下水道里的老鼠搅得不得安宁，结果维修人员不得不封住下水道来阻止老鼠涌出。一位美国记者听到这些就立即回答说：“放屁！如果那要是真的，亚历山大·麦昆会把下水道开得更大的。他就喜欢老鼠到处窜跑。”

不过，大多数评论都是正面的。曾在之前批评过麦昆的科林·麦克道尔（Colin McDowell）说那场发布会展示了“狂暴女性所穿的最性感的时装”，充满了“惊人的信念和信心”。然而，麦昆之所以能占领大部分专栏，不是因为他的新品，而是由于他在接受《新闻周刊》杂志采访时的即兴评论，他将批评自己的那些人比作纳粹。他说：“希特勒（Hitler）摧毁了数百万的人，是因为他不了解他们；同样，很多人不了解我所做的事情，所以才会对我评头论足。”卡罗尔·马龙（Corole Malone）在《星期日镜报》（*Sunday Mirror*）中回应道：“麦昆的工作毕竟只是时尚，如果他找不到释放压力的方式，或许很快就会退出展演台，身上裹着紧身衣，永远待在精神病院。”

莫里意识到，沉重的工作之后，他的男友急需休息。因此，李订了去安提瓜岛（Antigua）的度假计划。这对情侣坐头等舱去了巴巴多斯（Barbados），他们在飞机上同保罗·史密斯（Paul Smith）聊了天，那之后他们又去了加勒比岛旅行。他们租了一艘游艇，在蓝色的海水和金色的海滩到处航行，但是莫里有点儿晕船。李阅读了有关热带鱼的书籍，并在他的首次潜水远征中体验到了海洋的奇妙。看起来，麦昆在放松身体后感觉轻松多了。他和动物与鱼类有着极其亲密的关系，因此能很容易地想象出它们的状况。在一次访谈中，他讲述到他曾经看过凯伦·富兰克林（Caryn Franklin）的一部纪录片，在片中她和一群海豚一起畅游。“凯伦在摄像机前哭了，”他说，“她被带上北海的一艘船，这些海豚开始在周围游来游去，而她却泪如泉涌，哭着说：‘我那时真希望自己不是人类，我现在就不想在这儿，我想去水下和那些海豚待在一起。’这话让我颇有感触。”

假期的最后一天，莫里忘记往脚上涂防晒霜了。在回国的航班上，他的脚变得肿胀不堪，以至于他脱下运动鞋后却穿不上了。在柯尔曼菲尔德（Coleman Fields）的住处，李对他的男友照料有加。“我的脚是二级烧伤，我不得不从床上滚下来，然后爬着去浴室，”莫里说，“他真的非常好，贴心地照顾着我。我记得他就是在那时候买了这台占据半个卧室的大电视。他对我十分慷慨，非常善良和体贴。”

1997 年 5 月，李和他的团队来到了东京，以进一步宣传纪梵希（Givenchy）成衣发布会。在日本，莫里拍摄了大量的后台照，其中有一张，李正和超模海莲娜·克莉丝汀森（Helena Christensen）与卡拉·布鲁尼（Carla Bruni）（这两人都戴着华丽的假发）一起，他扮成金发碧眼的莫西干人。摄影师安妮·德纽（Anne Deniau）也被邀请同麦昆一行去了日本，并拍摄了一系列的幕后照片。她还记得有一天去麦昆房间的情景。麦昆问她："你会弹钢琴吗？"她回答说不会，但麦昆为什么要这么问呢？"因为我这间房虽不体面，却有架钢琴，如果你不会弹的话，那就太乏味了。"在他人生的这个阶段，麦昆特别讨厌高调的消费。他说不愿意为穆娜·阿尔·阿尤布（Mouna Al Ayoub）设计服饰的一个原因是不喜欢她炫耀财富的方式，她是沙特阿拉伯亿万富翁乃赛尔·阿尔·拉希德的前妻，也是高级定制时装的一大主顾。"上一季度她送了我一大束花，还留言说'来自你未来的客户'，我应当回信道'我不这么认为'。"当麦昆目睹有钱人炫耀他们的银行存款时，感到十分愤怒。"只因钱财而沾沾自喜并没有什么个性可言，"他说，"这些愚蠢的家伙在新闻里对此自鸣得意，真让我恶心。"据莫里回忆，有一次李的朋友安娜贝拉·尼尔森（Annabella Neilson）邀请他们去梅费尔区（Mayfair）的卡司匹亚鱼子酱 (Caviar Kaspia) 店吃饭。只是香槟酒和三人份的鱼子酱就花了 1 200 英镑。莫里说："但是，当时我和李都没吃饱，我们一出来，就去了麦当劳。"

然而，有一些朋友开始注意到麦昆的变化。有一天晚上，特里克西（Trixie）在康普顿（Comptons）撞见了他和肖恩·利尼（Shaun Leane）。

李问特里克西在干什么，他的语气让人觉得他应该是陷入了某种严峻的境况当中。“他好像突然变得有些野心勃勃了，”特里克西说，“我觉得他是在质问我，语气有些粗鲁。对他来说，刚开始用来娱乐的东西到后来却变成了一种职业。他一去纪梵希（Givenchy）就变了，变得有点自命不凡。他告诉我纪梵希不想他在巴黎和某些人混在一起。我觉得这就是他迫不及待回伦敦的原因，因为在伦敦他就可以随心所欲了。他还说他并不喜欢巴黎，但是他必须得做这份工作。”李·库伯维特（Lee Copperwheat）也注意到名声开始改变着他这位朋友（指麦昆）的性格。“成名后，他开始努力打拼，”库伯维特说，“麦昆周围有很多人对他言听计从，这让他变得有点儿堕落。他会寻衅滋事，惹出一些戏剧性的麻烦，你真的不得不去怀疑有些时候他到底是不是你的朋友。”

麦昆对可卡因的依赖也开始加强。在90年代中期，毒品在伦敦的媒体、时尚和金融圈十分盛行，因此它的使用也变得常见。《装载》杂志编辑詹姆斯·布朗（James Brown）在那时曾说：“可卡因是一种后锐舞、后狂喜文化。洗手间成了新的交换场所，也成了达成交易的场所。”西蒙·克斯汀在谈起可卡因时说道：“并不是只有李，每个人都有瘾。”纪梵希当时的新闻官埃里克·拉努伊特（Eric Lanuit）承认自己为麦昆提供过毒品，他说：“可卡因非常普遍，在时尚行业就像喝杯下午茶一样，它很常见，并不令人感到震惊或是惊讶。但很明显，我觉得如果你压力很大，可卡因的确能起到作用，因为它可以让你继续工作下去。李确实要过‘维生素片’，这有助于他熬夜，撑到第二天的时装秀。我所说的可不是维生素C片，我说的是可卡因。”爱丽丝·史密斯（Alice

Smith）记得和李一起参加了安娜贝尔·尼尔森（Annabel Neilson）在伦敦诺丁山（Notting Hill）公寓的派对，看到毒品给麦昆所带来的副作用，她惊呆了。她说："他和戈尔迪（Goldie）在洗手间吸食了大量可卡因。派对上他板着脸，不笑也不开心。我到他跟前问他还好吗，他说他很好，但是显然他对周围发生的一切都不屑一顾。"

那年6月，当和理查德·埃韦顿（Richard Avedon）在纽约拍纪梵希（Givenchy）秋装宣传广告时，麦昆听到时尚圈有这样的流言蜚语，如果他不能交出下一季的作品，服装公司就会解雇他。他告诉美国《时尚》杂志的凯瑟琳·贝茨（Katherine Betts）："说实话，我他妈根本不在乎。如果他们想解雇我，那就解雇吧。都知道设计师不管销售。我是个天才设计师。我他妈知道我在做什么。"虽然他装作不在乎，但贝茨注意到眼泪开始从他那淡蓝色的眼睛里夺眶而出。"如果他们把我从纪梵希解雇，我可以回伦敦继续工作。但是工作室的那帮家伙让我很恼火，他们每天都会问我'你会留下来吗？你会留下来吧'？他们想让我留下来，因为否则的话，他们将看不到希望。如果我离开了，他们会丢了工作或没了津贴，也别想他妈的什么度假！"

1997年7月6日，《星期日泰晤士报》刊登了一篇题为《麦昆让时尚圈变得冷血》的报道，麦昆似乎在这个问题上别无选择。报纸上称麦昆正在接受警方调查，因为他第二天要在巴黎笛卡尔大学医学院举行纪梵希"重组肢解"系列展，而在展演中，他将使用一些人体器官模型。文艺记者约翰·哈洛（John Harlow）报道："麦昆把人类骨头、牙齿和其他的身体结构缝制在他的衣服上，"他还引用了一位圈内人士的话，

“麦昆已经偏离了正轨，这真的很恶心、很野蛮甚至幼稚。”

哈洛还写了纪梵希如何把衣服运到隐秘的地方以避开狗仔和当地警方。看到这篇报道后，纪梵希的公关经理西比尔·桑法勒（Sibylle de Saint Phalle）开始关心这会对麦昆造成多大的影响。她说：“麦昆很敏感，这会让他崩溃的。”然而，当她设法打电话联系麦昆时，麦昆却出乎意料的淡定。他说：“简直是一派胡言。”寥寥数语指出了《星期日泰晤士报》要为这篇毫无根据的报道发表道歉声明。然而，麦昆的反应让凯瑟琳·贝茨怀疑这次的报道很可能是他的宣传团队故意策划出来的。她说：“虽然麦昆蔑视媒体，但他知道如何上头条。”对此，深谙公关之道的伊莎贝拉·布罗再同意不过了；她暗示说，麦昆那些能上头条的古怪举动实际上拯救了纪梵希。她说：“我认为他为了纪梵希付出了很多，纪梵希上了很多次新闻。正如他自己所说，这就好比把一只恐龙从海里拯救出来，我觉得他在这一季做到了这一点。”

1997 年，麦昆承认他故意策划设计让人惊讶的时装秀来吸引媒体注意。回顾 1993 年在丽兹大饭店举办的“出租车司机（Taxi Driver）”主题的成衣秀，他说一位设计师“坐在那儿就地小便，因为他是在完成任务，可我不是，但是他不知道我已参与其中很长时间了，而我却清楚我在做什么。我和立野浩二（Koji Tatsuno）合作过，也看到过他是怎样在这种状态下工作的，我觉得想要得到世界上最富有的意大利赞助商的支持，首先要通过新闻炒作，打响知名度。之后你才能得到他们的赞助。无论如何，且看今日谁能获得年薪 50 万，而谁依然在昏暗的洞穴里苟延残喘？”

“重组肢解”的灵感源自一位维多利亚时代的医生，他是一位解剖学家，周游世界搜寻美女。杀掉这些受害者后，他在实验室把她们肢解，然后再将肢解部位重新组合成新的个体，这些新的复合体复活之后就会萦绕在这个创造者周围。西蒙·克斯汀（Simon Costin）说：“你所看到的是这些来自世界各地的女人的鬼魂。”在为这次作品做调研期间，李收集了大量的视觉参考资料，包括“手术缝合、医疗缝合和整容手术的各种图片”。西蒙的任务是收集安德雷亚斯·维萨里（Andreas Vesalius）的解剖图，然后他们再花很长时间从这些图上剪下图像进行拼接。西蒙说，“这太具哥特式风格了，就像爱伦坡遇上了弗兰肯斯坦，又遇上了莫罗博士”。在由许多波斯地毯拼接而成的走秀台两端，克斯汀放了两个大笼子，里面装满了乌鸦，在黑暗幻想中，这些乌鸦需要喂食从失败的人体解剖实验中提取的器官。观众席中一位美国时尚杂志的出版商窃窃私语：“我出 5 美元买下乌鸦啄出的第一只眼睛。”“这真是蒂比·海德莉（Tippi Hedren）再世啊。”伊莎贝拉·布罗穿着紧身礼服，戴着颈圈和铁链来到秀台，慷慨激昂地说道：“我就是我！”

布罗的陈词被音响中女妖的尖叫声打断，时装秀开始了。凯瑟琳·贝茨对这些红色尚蒂伊花边和黄绿色马驹皮的过度拼接做出了评价。苏格兰格子呢搭配日本刺绣缎子；白鹭羽毛和西班牙头纱，墨黑色的珠子配上羽毛和蕾丝边；豹纹皮与紫色小牛皮拼接，用人类的头发在天鹅绒敞怀上衣上刺绣。她说：“这些细节，这些缝制工艺，所有这些都过分考究，甚至让人反感。”莎洛姆·哈罗（Shalom Harlow）穿得像是在扮演《丽达与天鹅》，“天鹅的脖子盘旋在她的脖子上，仿佛要让她窒息。”而另一位模特，打扮得活脱脱像个持剑的武士，“她好像剪短了她面前的红色蕾丝裙。”不过，坐在观众席的演员黛米·摩尔（Demi Moore）被眼前的一切所震撼，“这场秀太令人震惊了，太梦幻、太玄妙了，这些衣服也是，我太想穿了。趣味、优雅、高贵这些非凡元素全都融合在了一起。”

这些古怪的发型之前从未在高级定制的T台秀上出现过，奇普·布朗（Chip Brown）在《纽约》杂志中写道，“头发被绕成车轮状，或堆成堆，或盘绕在很高的亚麻色金字塔形的头上，让女模特很难把头发低到横梁下轻松进入后台。”有一顶草帽上带着一个鸟笼，笼子里面有一只活鸟。而“另一个可怜的模特，头和脸都被红色的罩袍罩着，她艰难地走过展演台，但她看起来比她的同行霍诺尔·弗雷泽（Honor Fraser）从容淡定，因为弗雷泽戴着手套托着一只蒙面猎鹰。”布朗得出结论，这一系列的矛盾意象象征着：“兽性、力量、无助、堕落和主权，另外还喻示了捕食者和猎物种类的混乱。”

麦昆曾有过种种经历。他曾经就像一位疯狂的外科医生，解剖了传统的时尚元素，并将其重组，打造出全新的风貌；他也曾是受害者，备受摧残和利用，有时仿佛觉得自己死而复生。这些脱离的感觉经常威胁着他，动摇着他，倘若不是强力克制，他很难支撑这么久。重现他内心深处根深蒂固的恐惧，以及那些与力量和性有关的幻想，这是他的生存之道；他的每一场时装秀都在倾泻着内心的这种感觉。在“重组肢解”这场秀结束后的第二天，苏西·门克斯（Suzy Menkes）在《国际先驱论坛报》（*International Herald Tribune*）上提出了疑问，“难道时装不该使女人们觉得美妙，而不是诡异吗？”至少这一次，门克斯没有抓住要点。麦昆设计衣服并不是为了女人，而是为了他自己，他把设计作为一种公开形式的疗法。就其本身而论，他的很多时装秀都有着童话式的视觉效果，这样一来，创造者和消费者都可以表达出文化焦虑和个人欲望。他说："我关心人们的内心世界，也就是人们不愿承认或面对的东西。这些时装秀就体现了埋藏在人们内心深处的东西。"

时装秀结束后，李和莫里决定远离巴黎的压力。他们与之前的合租人米拉·柴·海德一起去了阿伯丁郡（Aberdeenshire）沿海岸的彭南（Pennan），在那里租了一个屋舍。他们过着简单的生活，做做饭，晚上玩玩多米诺骨牌。1997 年 7 月 15 日，他们还在苏格兰的时候听说詹尼·范思哲（Gianni Versace）被射杀了。6 周后，8 月 31 日的早上，位于科勒曼菲尔兹的那所房子里响起了电话声；这对恋人还没有起床，莫里让李去接电话。是乔伊斯·麦昆的电话，问他们是否听说了这个新闻。她让他们打开电视，然后挂掉电话。像成千上万的人一样，李被戴安娜王妃（Princess Diana）在巴黎死于车祸的新闻震惊了。他告诉过莫里，在王室家族中，他只想为戴安娜王妃设计服装。麦昆的姐姐雅基（Jacqui）回忆说："戴安娜王妃去世时他哭了。连续好多天，他都悲痛不已。"

对于麦昆来说，死亡似乎不像那个始终存在的幽灵那般遥远陌生。他说："正视死亡是很重要的，因为死亡是生命的一部分，是一件令人悲伤的事请，忧郁却又浪漫。死亡是一个循环的结束，任何事物都会终结。生命的循环是积极的，因为它可以为新生事物腾出空间。”

1997 年年底，李和莫里的关系恶化了。莫里说：“纪梵希开始让他不堪重负，他想独自去巴黎，我们经常在电话中为一些鸡毛蒜皮的小事争论不休。”

到了 9 月，莫里离开的时候，李去了在伦敦西中央区的终结酒吧（The End），在那里遇到了 21 岁的阿奇·瑞德（Archie Reed）。他们一见钟情，阿奇有一头金发，长相俊俏，结过婚，有一个女儿。那晚，他们一起回到科勒曼菲尔兹的住所。阿奇说：“我喜欢他的一切，我们都来自伦敦东区，操着同样的口音，认识同样的人。我们都不喜欢胡说八道。很快我们意识到，多年前麦昆在斯特拉特福德（Stratford）的镜像酒吧工作时，我们就见过面。”他们这段关系维持了 12 年，在这期间，他们曾多次长时间分开，往往一别就是几年。尽管如此，阿奇相信他比大多数人都要了解麦昆，他说：“麦昆似乎有着多重人格——有时像在宾戈游戏中输了的老太太；有时像喜欢和肮脏的老太婆搭讪的老头；有时像老妓女；有时像男妓；有时像迷失的小男孩。但是你在外面看到的李和家里的他是不同的，在家他就是个小男孩，穿着睡衣看《英国偶像》（*X Factor*），要多亲切有多亲切，要多可爱有多可爱。”

12 月，李和莫里受邀参加由凯特·温斯莱特（Kate Winslet）主演的《泰坦尼克号》（*Titanic*）的首映，但是他们拒绝了，决定去参加多纳泰拉·范思哲（Donatella Versace）举办的晚宴。莫里说：“晚宴还没有开始，我们就大吵了一架，不欢而散。我不记得为什么或者发生了什么，但我感觉是因为我想去看电影而他不想去。最终，我们既没有看电影，也没有和多纳泰拉吃晚饭。”

莫里辞掉了麦昆那里的工作后才发现很难找到工作；有段时间，他花费超支，透支的额度比他的年薪还要多。他说：“我觉得很消沉，我想念李，也因不再顺利的境况而心烦意乱。”一天，他们“在电话中大吵了一架”，当时，麦昆在巴黎，而莫里在伦敦北部的家中。“我把手头所有的药片都吃了，”之后，又用伏特加和杜松子酒把药灌下去。他说：“我吃那么多药片是因为我觉得生命没有任何意义了。”他记得自己当时感觉昏昏沉沉，恶心想吐，但是抬头看到明特（Minter）盯着他，便叫了救护车。他被送到哈莫顿医院（Homerton Hospital）洗胃。莫里说，李知道他的所作所为之后“感到非常伤心，不想再和他说话”。“我回家收拾了行李，直接回到了苏格兰父母的家。我没有跟他们说话，而是回到自己的房间，把门关上了。”在苏格兰住了一个星期后，莫里回到了伦敦，把他的东西都搬出了科勒曼菲尔兹。他住在坎伯维尔（Camberwell）朋友的家中。那会儿他很穷，用速冻蔬菜做汤喝，就这样维持了一周。他说：“我从无所不有变成了一无所有。”

麦昆寄给莫里一张卡片，写道：“我希望你能找到你想要的”，除此之外，这对恋人在接下来一个月左右的时间都没有任何联系。直到有一天晚上，麦昆打电话给莫里，说他想念他，想要见他。虽然莫里没再搬回李的住处，但他们那段时间又开始见面了。但是过了几个月，他们决定结束这段感情。

几年以后，人们总是追问莫里为什么手臂上还留着“麦昆”的文身，对此，他深感愤怒。他和一位设计师朋友谈论过此事，那位朋友建议他用黑带把文身抹去。但是这样做了之后，他觉得这个图像像是个悼念的标志，让人感觉压抑，所以他就让文身师添加了一个凯斯·哈林（Keith Haring）的设计图样，淡化哀悼的意味。

莫里说："我爱李胜过爱世界上任何事物，我不会做任何伤害他的事情。他是我的初恋，也将是我唯一的爱人。我所爱的是李，而不是亚历山大·麦昆。"

第九章

“他是直视生死的夜魔侠”

比约克

Björk

这一刻，确切地说是1998年，当时小有名气的艺术家李·亚历山大·麦昆为自己品牌举办的“无题”春夏时装秀的第17分钟。1997年9月28日这个星期日的晚上，2000名观众聚集在维多利亚加特利夫路的停车场，伴随着时装秀第一部分拉开帷幕，喧闹的俱乐部音乐声渐渐消退，寂静降临到这座野兽般的工业大楼里，观众们随之沉醉其中。接着，在安·皮布尔斯（Ann Peebles）《我无法忍受这场雨》震撼心灵的副歌和《大白鲨》主题曲中约翰·威廉姆斯（John Williams）那充满胁迫感的重低音中，广播系统响起了断断续续的雨声。由注满水的长形透明有机玻璃箱子搭建的T台下方，紫外灯瞬间打开，不知从哪儿渗出了黑色的墨水，将那条狭小的通道慢慢染黑。当通道变成黑色的时候，天空下起了鹅黄色的雨夹雪，与此同时，一袭白衣的模特们径直走来，她们的衣服浸泡在水中，脸上的妆和睫毛膏顺着雨水流下来。

和麦昆一起设计“无题”系列的西蒙·克斯汀认为，这场秀在某种意义上也是种装置艺术，这一观点得到了许多人的认同。“不仅仅是在服装方面，麦昆擅长任何事……环境、戏剧风格等。”和珍妮特·杰克逊（Janet Jackson）、黛米·摩尔（Demi Moore）、奥诺·弗雷泽（Honor Fraser）一起出现在观众席上的摄影师马里奥·特斯蒂诺（Mario Testino）

说道。“这个男人是个创作天才。”和妻子、女儿一起看时装秀的汤米·希尔费格（Tommy Hilfiger）也这样说。

展示的服装确实不同凡响，“不同于传统布料、细条纹布衣和威尔士王子方格的剪裁，而是通过雕刻将它们融合在一起制作成薄膜夹克。”在这场秀中，有由凯特·摩丝（Kate Moss）演绎的白色棉布束腰，裙裾拖曳在水中；有蟒皮做的紧身螺旋状衣服，有背后带有深褶领的细条纹夹克，有剪裁精良的裙子和由肌肉男穿着的束腰；还有斯特拉·坦南特（Stella Tennant）穿着的切割成条状的小山羊皮紧身上衣，袒露着胸膛；除此之外，还有一些作品正在创作中。麦昆添加了许多让人不安的附加物，身体部位的造型重新定义了配饰的概念。珠宝商萨拉·哈玛尼（Sarah Harmarnee）制造了许多由镀银金属改造而成的甲胄，而麦昆的朋友肖恩·利尼（Shaun Leane）制作出铝制带毛刺的棉布束腰。当最初听到麦昆的想法时，肖恩觉得他疯了，但是麦昆是对的——一切皆有可能。“极限就是限制。”他这样说过。而配件和T台设计——特别是盛满脏墨水的并排有机玻璃水槽和天空落下的浑黄雨水——使这次时装秀超越了传统时尚领域。

事实上，1997年9月，“无题”秀在伦敦皇家学院神圣的校园内还算不得惊世骇俗。麦昆时装秀的前十天，在皮卡迪利大街，皇家学院举办了一次有争议的、轰动的展览——查理斯·萨奇（Charles Saatchi）所收藏的当代艺术品的展示。其中包括达米安·赫斯特（Damien Hirst）的《活人心目中物理死亡之不可能性》（福尔马林溶液中浸泡着鲨鱼的著名作品）、马克·奎恩（Marc Quinn）将他自己几品脱的血注入冷冻的头颅中创作出的自画像、特雷西·埃明（Tracey Emin）创作的帐篷“1963—1995年和我睡过的人”、罗恩·米克（Ron Mueck）的关于艺术家父亲的神秘雕塑《死亡的父亲》，还有杰克和迪诺斯·查普曼（Jack and Dinos Chapman）一些让人不适的作品；这些作品中最吸引人的是《米拉》，它是由马库斯·哈维（Marcus Harvey）用孩子手印做成的连环杀手米拉·辛德利（Myra Hindley）的肖像。

麦昆起初想为时装周取名为“金色沐浴”，但是传闻演出要花费7万法郎，而赞助设计师3万英镑的美国快递公司反对这个冒险的题目。“麦昆对此很生气，”西蒙·克斯汀说，“他对史蒂芬·奇弗斯（Steve Chivers）（负责灯光的人）说，‘我想使水看起来像尿液’。”尽管他和其他设计师——比如麦昆的前男友安德鲁·格鲁夫斯（Andrew Groves），他的时装秀与麦昆同天举办，这场秀因其追魂猛鬼风格的服装、装有500只活苍蝇的装置和刽子手的绞索而饱受诟病——故意制造出震撼，但在麦昆的秀场，对感觉的追求正与撼动时尚评论的成熟相契合。“他上周日晚的展示低调奢华、十分精致，”《女人日常着装》这样评论，“确实，展示中有些极具戏剧感的时刻，但正是这些时刻成就了麦昆的时装秀。但他主要创作的是完全可供穿戴的收藏品。”

现在，麦昆的社会生活跨越了时尚界、艺术界及名人界。9月9日，他在迪恩大街艺术家共同经营的一家名为“君往何处（Quo Vadis）”的饭店里，出席了达米安·赫斯特自传《我想到处度过余生，和每一个人，一对一，一直，永远，现在》的发布会，来客包括凯莉·米洛（Kylie Minogue）、基斯·艾伦（Keith Allen）、史蒂芬·弗里（Stephen

Fry)、凯特·摩丝（Kate Moss）、罗比·威廉姆斯（Robbie Williams）、鲍勃·格尔多夫（Bob Geldof）以及马尔科姆·麦克拉伦（Malcolm McLaren）。然而在和老康普顿大街的朋友们闲逛的几天里，他坦言自己的社会生活不再像曾经那么有趣。"我讨厌我现在混迹的圈子。"他说，"讨厌遇到的那些卑鄙和狭隘的人。我强烈信仰诚实，但我认为时尚圈里没有诚实。"的确如此，比如《星期日泰晤士报》的作者 A.A. 吉尔（A.A.Gill）对于伦敦时尚周的报道，这一报道在麦昆时装秀那天发表，报道中把时尚圈描述成"密集的拥挤和充满嫌恶的闷热"，对这一行业的抨击严重影响了麦昆的时装秀。仅就产业而言，他说，"时尚圈就像是赃物，被卑鄙尖酸的挫败和愤恨包上外壳，藏着许多破碎的梦和被浪费的誓言。在这儿，整整一周里，你能感受到衣服是被那些厌恶女人的男人、厌恶女人的女人和厌恶自己的女人做成的。"

私下里，麦昆开始和朋友们说起他可能要离开时尚圈，离开这个他渴望用尽一生清晰表达艺术想法的地方。他说，或许他会成为一名新闻摄影记者和战地记者。但有些朋友认为，他应该集中精力，从事同时代艺术的时装秀或是致力于装置和影像艺术。1997 年 2 月，麦昆与尼克·奈特（Nick Knight）合作，对年轻的美籍日本模特德文·青木在《幻想》杂志上的形象进行设计，该杂志的客座编辑是川久保玲。麦昆为青木穿上伊莎贝拉·布罗在《名利场》摄影作品中穿的粉色漏斗领连衣裙，但这次他有了一个更大的突破，为青木设计了一只奶白色的眼睛和一个贯穿她前额的巨大安全别针。在看到这个令人惊奇的形象后，伦敦艺术商安东尼·多菲（Anthony d' Offay）被奈特和麦昆所触动，问他们是否愿意为他的画廊做一次展览。尽管两人对这个想法很感兴趣，但还是拒绝了，因为他们想去纽约办展览。比约克也在《幻想》上看到了这个未来主义的形象，并委托麦昆为她 1997 年 9 月发行的专辑《同基因》做封面艺术指导。该形象由尼克·奈特拍摄而成，他们将这位冰岛歌手重铸成德文·青木的姐姐——一位从环球旅行中归来、独具风格的日本武士。“我头上有十公斤重的头发，特制的美瞳和夸张的指甲修饰使我不能用手吃饭，我的腰上缠着胶布，高高的木屐让我很难走路。”比约克描述道。

麦昆和比约克有许多共同的兴趣与痴迷的爱好，尤其是醉心于自然的魅力。比约克后来说：“他是双目直视生死的夜魔侠。麦昆不只是想和他文化的文明部分相联系，而是努力以某种方式超越原始能量，这可能就是我们最开始互通的地方。”1998 年，麦昆指导了比约克单曲《警报信号》的录像，她演绎了一个在丛林中浮在木屐上的角色，和各种外来生物亲密相处，比如鳄鱼。其中有一幕是她爱抚着大腿间的蛇。“我的作品集是基于人和机器、人和自然，但最终它们在某种程度上都是由自然指导而成的。”麦昆在 2003 年对比约克说，“这需要与大地相通，而那些经过处理、再处理的事物会丧失它们的本质。”

然而，麦昆没能实现为纯粹艺术逃离时尚泡沫的梦想。他总是太忙了，他说，有太多的人依靠他。实际上，他的作品间隔时间很短，这使他很难有空休息。比如说，1997 年的秋天，“无题”和下一场纪梵希（Givenchy）豪华时装秀仅间隔两周。10 月 22 日，麦昆获得了他的第二个英国设计师年度奖，其中一个是与约翰·加利亚诺一同获得的，因此外界传闻一直在推测加利亚诺没有出席艾伯特大厅典礼的原因。《纽约时报》日常生活栏目的雅思佩尔·杰勒德（Jasper Gerard）向加利亚诺办公室问起此事时，发言人说设计师“在巴黎忙工作”。“之后奇怪的是，一个熟人无意中在街角碰到了他，他在一个酒吧跟一位同样不善社交的女装设计师薇薇安·韦斯特伍德一起，借酒浇愁。”杰勒德说。

尽管报道说路易威登总裁伯纳德·阿诺德（Bernard Arnault）想在两年合同期满后延长与麦昆的合同，但是媒体对麦昆纪梵希时装秀的评论指出，10月份是他设计师生涯最糟糕的一段时间。布伦达·波兰（Brenda Polan）在《金融时报》上说，他设计的衣服混合了多莉·巴顿（Dolly Parton）的鲜艳亮丽和对女神游乐厅、王朝的过分使用。“他的饰边、人造钻石的点缀、专属的有皮革装饰的流苏被理解成只是为了挽回詹尼·范思哲去世后失去的顾客，”她说，“这些衣服只有摇滚女孩、足球运动员的妻子和买大量信托基金的裸露症患者会喜欢。”

对于麦昆来说，对88岁的哈迪·埃米斯（Hardy Amies）先生的评论一笑置之是容易的——他在《旁观者》上抨击了麦昆纪梵希（Givenchy）时装秀和加利亚诺迪奥（Dior）时装秀。埃米斯认为，他们的作品简直太糟糕了，难怪传闻说他们的雇员都很绝望。“这些名牌的拥有者并不是真的想做设计师的生意，这是私下谣传的，没有宣扬，但每个人都心知肚明。”他说，“他们想卖丝袜和香水，这难免要花很多钱为牌子做广告，他们很高兴能用模特展示来做宣传。”埃米斯也听说，最初这两家服装店的许多皇室客户已经开始成为圣罗兰（Saint Laurent）和巴尔曼（Balmain）的忠实顾客。“如果纪梵希和迪奥继续用这种‘昙花一现’的设计师，恐怕他们的顾客也会‘昙花一现’。”他说。然而，让麦昆忽视某些人的批评却是更困难的，比如讨厌这个设计师最新作品的《星期日泰晤士报》的时尚编辑科林·麦克道尔（Colin McDowell）。“丑陋的颜色，包括灼热的橘红，能在任何地方性的市场摊位看到。”他写道，“皮革流苏在廉价的时尚圈永远像是恐怖故事。”麦昆的作品不但没有吸引纪梵希现存的顾客，而且贵妇们也不会选择花钱让自己看起来很廉价。麦克道尔承认麦昆有很高的天赋，但是在这种情况下，他的天赋似乎会带他走向灭亡。更糟糕的是，他似乎不再有新的想法。1998 年 1 月，就在麦昆下一场服装秀的前几天，纪梵希的休伯特（Hubert）和别人说，他觉得这位设计师在房间里的工作就像“一场彻底的灾难”。

在 2 月份的商标秀“琼”的预备阶段，麦昆的工作室拒绝了《太阳报》和许多其他小报以及英国早安电视台的出席，因为他们显然代表了“理解错误的观众”。这个消息激怒了《太阳报》的专栏作家简·摩尔（Jane Moore），她在报道中指出，来自工人阶级的麦昆的父母也经常读她的报纸，“他们的儿子太目中无人了，我惊讶他竟然还能看见日光。”她写道，“衣服不是艺术作品，它们生来就应该被穿着……麦昆对待别人总是极其粗鲁，把时尚界的‘坏小子’这个称号当作骄傲。”

麦昆就在这样紧张和日益增长的压力下创作，对他的员工也开始变得更加专横，西蒙·克斯汀在 1997 年就注意到了麦昆的这种变化。他们在巴黎的时候，在结束了一整天或整晚的工作后，团队会一起去“女王”俱乐部放松。因为麦昆更有名了，因此受到了更好的招待，甚至到最后他和员工们还被带到了贵宾区。“这对麦昆来说挺好的，因为他比较害羞，但是我们就觉得不太好玩。”西蒙说，“我们第一次明显地察觉到，麦昆很难再回到曾经那样的生活状态了。”西蒙仍然记得一件事，那时候麦昆还和莫里（Murray）在一起，在一场巴黎时装秀之后，队员们被他赶到高级酒店的私人房间。麦昆享受着和他男朋友相拥的美好时刻，这时候莫里按照麦昆的意思走过来，对他说：“西蒙，一切都不像预想的那样。”“那时候我在想：‘天啊，那个叛逆的小子哪去了？’我们在外面的时候，麦昆开始被人认出来，被找工作或是阿谀奉承的人纠缠。对相熟已久的员工，他开始改变与他们的相处方式。我注意到不管是谁，只要你跨越了界线，就会被厉色教训一顿。你也许想进到工作室问问：‘这人怎么不在？那人怎么不在？’他们已经走了。在某种程度上，这是一次令人难以置信的紧张经历，工作不同寻常，但是代价也随之而来。我突然意识到自己不再喜欢这种工作，我觉得我是下一个被解雇的人。于是我给他写了一封信，大概解释了为什么不再工作，他早晚都会让我走，我觉得这是最好的——‘但是你就像噩梦’。显然，他真的很生气——‘他不能这样跟我说话’。这就是麦昆的态度——他给伦敦工作室的每个人都读了这封信。在那之后，我好多年都没有看见他。”

麦昆的朋友，米格尔·安德洛夫（Miguel Adrover）也记得麦昆发脾气的时候，特别是在准备时装秀那疯狂的几周。“是的，他是个腼腆的人，但同时他真的很恶毒，”他说，“麦昆是一个没有感情的疯子，有时他说，‘要是你明天没完成（这件），你就被解雇了，婊子。’”米格尔想尝试帮助他的朋友找回自我，让麦昆认识到他不是全宇宙最重要的人。一次，他们两个人去马略卡岛度假，米格尔带麦昆去自己少时生活的村子转转。两人来到一个老妇人的房前，这位老妇人身着黑衣，坐在屋外的长凳上。米格尔问她："亚历山大·麦昆在这儿，你想见见他吗？""麦昆到底是谁？"她回答道。"之后我告诉麦昆老妇人跟我说了什么，我对他说，'没人知道你，他们根本不在乎你。'"

麦昆决定把"琼"献给米格尔，因为那时，他觉得与米格尔尤其亲近。"我们之间有一种联结，这是他与许多人都不曾有过的。"米格尔说，"他不信任很多人——当你开始名利双收并变得有点偏执的时候也会这样。"可能这也是麦昆感谢朋友的一种方式，感谢在纽约期间米格尔对他的照顾。比起待在为他预订的小旅馆的房间，麦昆更乐意和米格尔一起待在他位于第三大街（第一大道与第二大道之间）上破烂不堪的地下室里。由于附近街区的居民会定期将垃圾扔到建筑之间的空隙处，尽管公寓只有一扇窗户，米格尔却从不开窗，因为害怕外面的老鼠蹿到家里来。只要一下雨，公寓就会进水，因此米格尔必须确保地板上不放任何东西。"但是麦昆却喜欢这一点，"米格尔说，"他总是在寻求真实的事物和真正的友谊——那些真实可靠的联系对他来说很重要。他总是将旅馆和工作联系在一起。"

米格尔还有另外一项工作要做：他要为麦昆选定的男妓们付钱。"麦昆是一个很腼腆的人，他认为如果他出去的话，人们想遇到的是公众眼里的他，并不是真正的他。"一天，在听到麦昆对此的抱怨之后，米格尔给了他一本以男妓为特色的小册子，里面有他们的照片和价钱。"麦昆选择一个他想共处的男妓，我会打电话让他们来到地下室，"米格尔说，"他会给我付给他们的钱。我记得有一次，在结束之后他向我喊道，‘亲爱的，能给我来杯茶吗？’”

1998年年初，麦昆把所有精力都放进了他的新系列——贞德（Joan）。2月25日举办于加特利夫路汽车站的这场秀，不仅受到了圣女贞德（于1431年被烧死在火刑柱上）的启发，同时也基于法国艺术家让·富凯（Jean Fouque）对阿涅丝·索蕾（Anges Sorel）的画作。这两位女性都献身于法国国王查理七世（Charles Ⅶ）——贞德是一名自我牺牲的精神领袖，阿涅丝是查理的情妇和三个私生子的母亲。这两位女性都为他而死——贞德被烧死在火刑柱上，阿涅丝在1450年生下一个孩子后不久死于汞中毒。麦昆选择来自让·富凯于1452年左右创作的圣像中阿涅丝的画像——《天使环绕中的圣母子》作为这场秀夺人眼球的造型。富凯描绘的阿涅丝身穿深灰色紧身胸衣，露出左胸和略高的苍白的前额，花冠下隐约露出卷曲的发辫，而正是这种美感成为了麦昆举办这场秀的灵感之源。麦昆将自己的头发染成了金色，但最初他是想让模特以秃头形象出场的，只是发型设计师圭多·帕劳认为这种想法太过苛刻了。“对此我没什么把握，所以我们最终同意了高发际线的发型。”他说。许多模特头戴着没什么装饰物的帽子，露出了稀疏的金色发辫，她们的眼睛戴上了血红色的美瞳，这一妆容被麦昆的化妆师瓦尔·加兰描述为“圣女贞德被外星人绑架”的样子。

然而在整场秀中，不知不觉印入观众脑海、令人难忘的却是最后一幕。在最后的场景中，一位模特身穿由红色圆筒形状的小珠子串成的令人心潮澎湃的裙子，戴着红色面具，独自踏上舞台，并被火焰围绕着。

那一刻，那位身穿血红色裙子、在狂烈的火焰中站在舞台目露挑衅的不知名模特，成为了麦昆式女性的象征：振作、强壮、无名恐惧下的幸存者。随着麦昆的发展，在生活中他发现自己被某一系列女性所吸引，这些女性忍受着身体上、性别上、心理上的折磨，是像他一样的幸存者，他觉得自己可以理解她们。

麦昆最近这位缪斯是安娜贝拉·尼尔森（Annabelle Neilson），她也被麦昆选为“但丁”和“贞德”中的模特。她拥有一个富有的家庭：她的父亲是位投资和财产顾问，母亲是一名侯爵，也是一名社会室内设计师——然而她不是个传统的人，没有成为像父母那样的人。她就读于肯特市的卡波翰中学，然而因为她的阅读障碍和反叛精神，她在 16 岁时就离开了学校，没有通过任何普通考试——显然她根本没参加考试。1995 年，她嫁给纳特·罗斯柴尔德（Nat Rothschild）——一位拥有两亿七千万已知财产的对冲基金经理，然而，在安娜贝拉成为“贞德”中的模特时，这段婚姻出现了问题，1998 年夫妻两人离婚。据报道，根据离婚协议的部分内容，安娜贝拉不得不停止使用罗斯柴尔德这一姓氏，并且承诺不再公开谈论这段婚姻。

伊莎贝拉·布罗第一次将麦昆介绍给拥有完美身段的安娜贝拉。伊莎贝拉“总是在他面前推开女孩，但是他可以看出我并不想成为一名模特”，安娜贝拉说，“他脱下我的衣服，说他欣赏我的下流词语，同意把我打扮成保罗·罗维西的样子，他还请我上他的秀。只要能留在他身边，我可以去做他要求的任何事情，我觉得他的气场极具吸引力。”安娜贝拉于 1995 年 11 月在拉斯维加斯与纳特·罗斯柴尔德结婚后，更频繁地出现在伦敦的正式典礼上。麦昆为安娜贝拉设计了他的第一件婚纱，对于此次设计，麦昆说，“一件‘在某种程度上不同于任何服装、在照片中是永生’的作品要比一秀而过的T台系列难多了。”

直至1998年，麦昆和伊莎贝拉的关系开始发生变化。“就像吸血鬼，”伊莎贝拉说，她试图对两人之间微弱的联系表现出不在乎，“你依赖某个人的时候，就不会再依赖毒品。”约翰·梅布瑞（John Maybury）是他们俩共同的朋友，描述这种关系为“自然的分手方式，然而要说他从何时起不再爱她，这种想法显然是一个错误”。

伊莎贝拉不再是他生活中最重要的女人，这一角色被安娜贝拉所取代。“伊莎贝拉捡起了安娜贝拉这只受伤的鸟，并把她介绍给亚历山大。”伊莎贝拉和麦昆另一位共同的好朋友达芙妮·吉尼斯（Daphne Guinness）说，“这只受伤的鸟变成了向鸟巢外每个人发号施令的鸟。伊莎贝拉在她的朋友中不再具有竞争力，她从不对此发表不好的评论，但她对自己很失望。她曾说过，那是她做过的最糟糕的介绍。”

朋友们注意到了麦昆和伊莎贝拉之间微妙的变化。“有时他对她不屑一顾，还会取笑她，”比利博一（BillyBoy*）说，“他对她非常不好，我认为有时都过于粗鲁了，他怎么能说那样的话？”“但是在两人之间依然存在一种精神性关系。她完全被他和他的作品迷住了，我认为他是想要惩罚她。他的性格中有深深的受虐狂特质——这就解释了为什么他喜欢那些对他不好的人。在我看来，他是以惩罚她的方式来惩罚自己。这其中是认知失调作祟——通过伤害她得到快乐，然而同时也伤害了自己。”

伊莎贝拉的丈夫迪特马（Detmar）还记得在 1997 年 5 月，麦昆随同一个 BBC 电影小组参观希利斯图书馆时发生的事。两个男人晚餐后坐在一间长房间里，壁炉里的火焰热烈地燃烧着，迪特马惬意地抽着雪茄，这时，麦昆转向他说道，“我现在是老大，迪特马。”“麦昆没有笑，他开口说我比你更强大。”迪特马回忆。这个场景使他想起了《亨利四世》第二部分里国王转向弗斯塔夫并说，“我不认识你，老男人。”这句话让迪特马觉得很难过。“就我而言，这是一段友谊的结束。”他说，“这感觉就像是他想说‘现在你是我的奴隶了’，然而我他妈的并不想成为他的奴隶。他告诉我那权利是他的，并不属于我，但我从没有过任何权利。即使我知道，伊莎贝拉仍然爱着他，她需要他设计的衣服，她已经沉迷于他的审美中了。”

“琼”秀的第二天，麦昆开车去往伦敦东区的麦德龙工作室，和尼克·奈特为杂志《脸》拍封面照。麦昆作为艺术总监，想要扮演圣女贞德或是阿涅丝·索蕾的形象，并从秀中重新创造一种形象，包括秃顶的头、一系列从头上和脸上垂下的白色发辫、红色的瞳孔和红色的眼线。在已出版的麦昆的封面图像旁，一行标题写道，“你不会像那样外出”。当要求解释照片背后的意义时，麦昆写道，“在我内心深处，我不后悔向公众扮演自己。如果必要的话，我将直面自己的恐惧，如若被说服了，我将逃离。我灵魂中的火是为了一个男人的爱，然而我没有忘记我喜爱的女人们，因为从柴郡到格洛斯特，她们每天都被爱的烈火炙烤着。”麦昆告诉杂志，拥有那些收藏品他感到多么开心——“他有一副真正的好态度，”他说——甚至来自纪梵希的老板们都认为他是个杀手

(也许这不是他们的选词)。他还爆料，一个神秘的女人是怎样联系到他的办公室并告知大家，她把一切都留给了他——“她认为我是英国时尚界最好的，她想把财产都留给我，”他说。那不是一笔“巨额财产”，却也足够让他“以她的名字，为未来的时尚设计师们设立一个基金。这就是我想用这笔钱所做的事，我想要帮助英国年轻的天才们”(虽然麦昆将这一想法暂停了，他最终还是于2007年建立了萨拉邦慈善团体)。他说现在也比以前睡得少了，因为脑袋里有了太多想法。毕竟，距离纪梵希成衣展只有两周时间了。“我可能会在今晚午夜醒来，那一定是因为想着纪梵希的事，”他说。

1998年3月，麦昆举办了一个纪梵希新品发布会，这次发布会让即使是最吹毛求疵的批评家也非常满意。布伦达·波朗（Brenda Polan），多年前曾对麦昆的纪梵希展不留情面地进行贬损，这次却认为，他“减少了伎俩，并雇佣了他专用的成衣业人员来制作这样一件强大又有所克制的藏品，这件藏品会让休伯特·纪梵希（Hubert de Givenchy）引以为傲”。在秀场的前排坐着凯特·温斯莱特，她在巴黎试穿了一件蜻蜓刺绣礼服，这也是当月她出席奥斯卡晚会的穿着——虽然她并未获得《泰坦尼克号》最佳女主角，但她的这身衣服被认为是“当晚的政变”。一年之后，她将穿着麦昆设计的婚纱嫁给她的第一任丈夫。

那年4月返回伦敦后，麦昆和他的朋友肖恩·利尼去索荷区喝酒。麦昆很兴奋，《远见者》最新的期刊刚被允许发表，上面有一张由麦昆拍摄且自认为很滑稽的照片。这本杂志由古驰（Gucci）的汤姆·福特（Tom Ford）担任客座编辑，杂志附赠一个“小型棺材”般的黑色轻盒子，里面有 24 页的系列幻灯片，其中一张照片是麦昆拍摄的射精时勃起的阴茎。“我并没有惊讶，”福特说，“我没有和他谈论那张照片，那是他对光明的想象。”

那天晚上，在位于阿切尔街一个名为“条形码”的同志酒吧里，麦昆看到了一个像莫里一样又高又瘦的黑发男人。与此同时，25 岁的理查德·布雷特（Richard Brett）目光穿过拥挤的人群，也注意到了穿着短裤和短袖格纹衬衫的麦昆。麦昆走向理查德，称赞了他的穿着，然后两人开始交谈起来。“当你很快被某人吸引并发现彼此正合适时，这就是一个奇妙的时刻，”理查德说。他们交谈了一个半小时，随后各自离去。在接下来的几天，理查德一直在想他在“条形码”酒吧认识的那个男人，最后在一些工作伙伴的劝说下，打通了麦昆办公室的电话，与麦昆的一个助理说了几句话并留了言。麦昆很快回了电话，他们安排了第二次见面。“我记得那是 5 月美好的一天，我们坐出租车去了汉普斯特荒野躺了一个下午，”他说，“之后我们回到了他位于伊斯灵顿的房子，后来还去了爱德华酒吧，我们在那里待到了深夜。最后我们各自离去。”对于理查德来说那不是一见钟情，而是对麦昆逐渐真实的认识。“他有着惊人的能量。”理查德说，“他很有意思，会由衷地大笑，我认为这是他特别的地方。”

那年夏天，理查德在伦敦西区的一个公共关系代理处工作，在那段时间里，他们两人会发情意绵绵的传真给对方。麦昆经常让信使送一大束花给他的新男朋友；理查德还记得，有束花至少高四英尺，大得他根本没法把它带回家，只能倚在办公室的桌子旁。理查德对时尚界和名人界的人毫不畏惧，也不认为这一圈子有什么了不起，麦昆很喜欢这一点。事实上，麦昆的新男朋友对这种表面迷人的生活方式持有嘲笑的态度，这一点恰恰有助于他们和谐相处。“他知道我能看到那个真实的他——他真实的自我。”理查德说，“其他同性恋者想要靠近他，是因为他表现出来的样子，而不是因为他本身的样子。但我认为我们之间有化学反应，我们能使对方大笑，这就是我们想要的状态。”

每个月麦昆的名气都在增长。1998 年 5 月，美国运通公司委托他设计一款限量版信用卡，那个月之后，他又被邀请在白金汉宫随英国皇室全员参加日本天皇和皇后的国宴。然而，在最后一刻他改变了主意，“我只是不愿被打扰，”他说。

6 月份，麦昆为比利娃娃设计了一件将在纽约新当代艺术博物馆展示的衣服。麦克特里科是第一批被送出的设计师之一，最早是在一个项目上认识了麦昆。“那时他很受欢迎。”约翰说，“并且通过他，我们认识了其他为比利娃娃设计服装的设计师，例如保罗·史密斯（Paul Smith）、艾格尼丝·B（Agnes B）、汤米·希尔费格（Tommy Hilfiger）、卡尔文·克莱恩（Calvin Klein）和克里斯汀·拉科鲁瓦（Christian Lacroix）。”后来他们通过拍卖穿着设计服装的比利娃娃，为艾滋病慈善机构筹集了 425 000 美元。麦昆为他的比利娃娃设计了一件漂白的粗斜细棉布衣服，这件衣服以麦昆胸部锦鲤文身的小型复制品为特色。“它就像一个小型的我。”约翰说，“除了那个文身，比利一点也不像他。”

接下来的一个月，麦昆和理查德一起乘坐欧洲之星旅行到巴黎，准备纪梵希时装秀。之后，在这场秀疯狂的准备阶段，理查德看到了不一样的麦昆。“他压力很大，很焦虑，在他身上看不到快乐。”他说，“第二天，他对外界的评论也有很大的压力，他很在乎人们的看法。如果他认为自己的秀不够好，我们会花很长时间安慰他，告诉他这场秀棒极了。大部分评论都是好的，但偶尔也有不好的，就会使他很烦恼。”

麦昆选择在马棚公园举办纪梵希的秋冬成衣秀，主打由瀑流和绿色组成的亚马孙丛林风格。1998 年 7 月 19 日的那个晚上——模特艾斯特·德容（Ester de Jong）骑了一匹白马，“只穿了一件挂满了奇怪的花的白裙子”，这场秀的主题围绕“维多利亚时期女猎人”的形象展开。柯林·麦克道尔（Colin McDowell）批评这场秀，说它缺少中心——“他呈献给我们的只是一个样品，样品涵盖了所有他感兴趣的想法。”他说。麦克道尔不能理解这种参照物的范围——亚马孙雨林，歌蒂凡小姐般的场景：骑在马上、腰间挂着虎皮鹦鹉的女猎人，弓箭随意挂在皮带上，就像一个面色绯红、穿着燕尾服的新娘。来自《独报》的塔米辛·布兰卡德（Tamsin Blanchard）谴责麦昆和加利安奴把这场秀策划得过于戏剧性，使用的那些吸人眼球的道具“现在看来太过重复、令人厌倦”。

在巴黎，麦昆还要应付碧姬·芭铎（Brigitte Bardot），她发起一个由动物权益保护团体组织的示威游行。抗议者们乘坐红色双层巴士在城市中游行，通过散发传单来提醒人们，动物皮毛及其他动物副产品都被用在了时装秀上。他们还说，亚历山大·麦昆是情节恶劣的违法者之一。“这个人和制作动物标本的人一样可恶。”一个抗议者控诉道。这种评价让他很烦恼。

同年，麦昆收养了另一只宠物狗，来自巴特西救助站的一只英国牛头梗。他给这只小狗起名叫“果汁”(Juice)。“因为墨西哥人就是这么叫他们送去屠宰的狗的。”他说。在当时的一张照片上，麦昆穿着一件睡衣，睡眼惺忪，一只手搂着薄荷（Minter），棕毛小“果汁”白色的爪子紧紧抓着他的肩膀。麦昆的哥哥托尼还记得当时麦昆去工作室上班时，总是带着“果汁”一起。“工作室有个很可爱的女孩，她跟我说‘果汁’刚刚在一条裙子上撒尿了，让我跟麦昆说一声。”他说，“然后我跟麦昆说，‘狗把尿撒在裙子上了！’他说，‘哦，那就跟她（助理）说再做一条，狗最重要。’”后来，麦昆给他父母在霍恩彻奇买了一栋房子，他带着小狗去看望父母。乔伊斯和罗纳德告诉他不要让狗跳到沙发上，麦昆这么回答他们，“可是，这房子是我掏钱买的啊。”

8月份，麦昆和理查德·布雷特去马略卡岛度假。因为和朋友米格尔·安德沃（Miguel Adrover）去那儿旅行过，所以麦昆对那个岛很熟悉(2006年，转投古驰（Gucci）旗下后，他更加富有，并在西南部海岸圣蓬萨附近买了一栋豪华别墅。2010年他去世后，这栋别墅价值1 735 000英镑)。“我很高兴看到他能远离伦敦，去一个能让他放松几天的地方。”理查德说，“远离了伦敦或是巴黎的压力，总能让他更开心更平静。”然而，麦昆发现自己越成功，享受假期的时间就越短，他经常短短几天不到就得返回伦敦。

1998年9月17日，麦昆在纽约获得了国际时尚集团奖。他是这样开始他的获奖感言的：“我醉得都快说不了话了。”比利博一晚上和他出去时，总是惊讶于麦昆的好酒量。“我根本比不过他。”他说，“我喝一杯酒的时间，他可以喝下比我想象中多得多的酒。我还在喝第一杯鸡尾酒的时候，他已经喝了五杯。他喜欢喝得醉醺醺的，但是吸毒这件事却吓到我了。我觉得他完全失去了意识，毒品引出了藏在他身体里的另一个他，一个尝试逃离束缚的恶魔。”

“我认识麦昆的时候，他喜欢吸食大麻、可卡因，喜欢酗酒。”米德尔·安德沃说道，“他永远都不满足，我记得有一天我们打算睡觉的时候他还想吸，他不听任何人的劝告。这是一种恶习，一种瘾，因为很多时候他都在吸毒酗酒，却并不享受这个过程。但是，毒品和随之而来的不安全感与他的行业密切相关——那就是时尚业。”

理查德·布雷特不喜欢可卡因带给他男朋友的伤害。他说，“毒品并没有将他带到一个更好的地方，让他更快乐，反而是将他推入了一个黑暗的、痛苦的深渊。”

安德鲁·格鲁夫斯（Andrew Groves）知道他前男友在吸食可卡因。这绝不是他 1998 年 9 月“可卡因之夜”时装秀的主要灵感来源，但是他心里清楚，麦昆的吸毒习惯和这一系列的时装秀存在某种特定的共鸣。那场秀重新诠释了詹姆斯·格雷厄姆·巴拉德（J.G.Ballard）的反乌托邦小说，模特们身上装饰着白色粉末条，其中一个模特穿着剃须刀片做的裙子。《太阳报》将这次秀评为“史上最病态的时装秀”。“我总说我在第一排观众前摆了一面镜子，但是他们不喜欢自己看到的东西。”安德鲁说，“观众处在一个两难的境地，他们不得不对这场秀做出不好的评价，不然会被认为是对使用毒品抱以宽容的态度。这不是我事业上的一次成功转型。”

相比之下，麦昆的职业生涯只能用“超负荷”来形容。接下来他为自己的商标举办的一些秀场——尤其是“第13号”“眺望”和“沃斯”——是他生涯中最值得纪念的部分。他在好莱坞大受青睐——尽管他说自己仅仅是受邀为佩妮洛浦（Penelope）小姐设计服装，她是重拍电视剧《雷鸟惊航》中的演员，但麦昆拒绝了这个邀约。他说，“要是《钢琴课》的话，我还会考虑一下。”在纽约VH-1时尚奖中，他获得了年度最前卫设计师的称号。杰弗森·哈斯克（Jefferson Hack），《眩晕》杂志的创始人之一，邀请他担任客座编辑，负责杂志的九月刊，他抓住了这次机会。“他总是看到时尚之外的东西。”杰弗森说道，“从电影、艺术、音乐中寻找灵感，从先锋派文化和汇入主流文化之前的边缘文化中汲取灵感。”麦昆告诉他为杂志采访的女演员海伦·米伦（Helen Mirren），从时尚圈中赚够钱后自己想当一名记者。当然，麦昆的个性很适合做记者这行——对事物充满了好奇、坚定，有着惊人的记忆力，善于发现好的故事，他就是这样在饱受争议中不断成长。

最有争议的一点终于触及了他的心病：外貌歧视。作为一个肥胖的同性恋，从事着一个对外貌要求苛刻的行业，麦昆常常被看作是一个怪胎。时事评论者和批评家们嘲笑他的体重，一位评论家甚至说，与其称麦昆为时尚界的“坏孩子”，还不如称他为“胖孩子”。而另一位批评家则说，蓝眼睛、毛茸茸的胡子和“地包天”嘴巴让麦昆像极了海象。

尽管麦昆并没有假装自己遭受到了歧视，像为杂志拍摄的八名男女所遭受的那种歧视一样——八个人都有一种残疾。但至少他想尝试挑战“定义美丑的主流观念”，那种正在变得“越来越狭隘——只有年轻、金发碧眼、皮肤白皙才是美”的观念。和凯蒂·英格兰（Katy England）以及尼克·奈特（Nick Knight）一起，麦昆赋予八个主角不同的设计，尽可能“为每个人专门定制衣服，事实上，为残疾人找到贴合时尚的衣服确实有一定困难”。最后，他们呈现的形象既前卫又美丽：埃尔森·拉普（Alison Lapper）赤裸的身体上盖着由侯赛因·卡拉扬（Hussein Chalayan）设计的光影碎片；马特·弗雷泽（Mat Fraser）身着由凯瑟琳·布雷斯（Catherine Blades）设计的金色马甲；运动员兼模特的艾美·穆林斯（Aimee Mullins）穿着纪梵希高级女装木扇夹克，内搭麦昆设计的软羔皮T恤，再配上从“天使屋”租来的衬布和一双涂过油漆的木质假肢，洋娃娃般的双腿增加了秀场的梦幻效果。“我不想人们觉得我尽管残疾却仍旧美丽，而是接受残缺的肢体也可以美。”艾美说。在杂志封面上，她戴着一双高科技假肢，摆出袒胸露怀的姿态，紧挨着一行标题“具有时尚感”。

9月27日，艾美·穆林斯——一个天生没有腓骨、却在一岁时靠自己的半条腿学会走路的女孩，她以一种骄傲且蔑视的姿态，大步踏上舞台，拉开了麦昆在伦敦加特利夫路公共汽车停车场举办的“第13号”秀的序幕。麦昆为她设计了一双木雕假肢，看上去就像“性感的高跟鞋……没有人知道这是假的，它们正是整场秀最闪亮的部分”。整场秀的高潮是在第18分钟时，模特莎洛姆·哈罗（Shalom Harlow）站在一个圆形转盘上，当她像一个音乐盒里的芭蕾舞者一样出现时，她尽力避免机器人向自己（和身上的白色抹胸裙）喷洒黑色和黄色的荧光油漆。

这个设置是对丽贝卡·霍恩（Rebecca Horn）1988 年的作品《喷漆机器》的重新演绎，也可以看作是对希区柯克（Hitchcock）《惊魂记》温柔的致敬。当哈罗举起双手来保护自己不受机器人的触碰时，麦昆故意加入了精子淋浴的场景，在这个场景中，珍妮特·李（Janet Leigh）被一个看不见的杀手刺死了。然而，在“第 13 号”的结尾，模特依旧站立着，并没有倒在血泊中，而只是被涂满了油漆，这或许是麦昆的一种新乐观主义的象征。最后一场过后，麦昆满脸轻松愉悦，带着他的两只狗走上了舞台，还亲吻了他的男友理查德——他在秀场期间一直坐在第一排、麦昆的妈妈乔伊斯（Joyce）旁边。

“第 13 号”为麦昆赢得了他事业中最高的评价。《卫报》将其描述为“充满想象力的时尚奇迹”。《纽约时报》也有报道，“定制的长尾礼服大衣盖过改进款超低腰牛仔裤，内搭专门为女性定制的希腊垂坠感连衣裙。格蕾丝（Gres）精致的巴腾堡蕾丝花布，略带褶皱的尚蒂伊细花花边和绣花渔网”“檀香扇般的裙子”和“带有穿孔板条作为翅膀的衣服”，这些都是他的代表作。然而，在法国，麦昆却面临着利用艾美·穆林斯的指控，他和模特本人都强烈否认这项指控。“在人们的观念里，就因为我是截肢者，有着所谓的‘残疾’，我就必须得更无能、更自卑、更愚笨，缺乏做决定的能力，我就应该被麦昆所操控，这是极具侮辱性的指控。”艾美这样说。

“第 13 号”秀后不久，麦昆准备搬家。他住腻了在科勒曼的房子，想去别的地方住一住，便将房子以高于购入价 75 000 英镑的价格出售了。麦昆的新家——希尔马顿路 43 号，离苏格兰路地铁站很近，这是他在1998年11月花620 000欧元买的。房子从外面看起来与一般房子无异，但是在屋后，之前的主人安装了一扇高六米、宽两米半的框格窗。巧的是，麦昆刚好很喜欢这个。很快建筑师法拉汗·阿兹曼（Ferhan Azman）和乔伊斯·欧文斯（Joyce Owens）为他重新设计了这栋房子，他们是设计过伊莎贝拉·布罗位于滑铁卢的房子的两位建筑师。麦昆想让理查德·布雷特搬过来和他一块儿住，“不到六个月，他就向我求婚了，还策划了挺正式的仪式。”理查德说，“我觉得这可能是他想要的安全感，但是我还年轻，还没有准备好。”

除了要处理利用艾美·穆林斯的指控和搬家的压力，麦昆还要为一项抄袭的指控辩护。原案宣称麦昆的设计抄袭了一件露肩白裙，这件裙子是超模伊娃·赫兹高娃（Eva Herzigova）在1997年纪梵希高级女士服装秀上首次亮相时穿的，原本是设计专业的学生特雷弗·迈乐（Trevor Merrell）的作品。迈乐的这条裙子曾于1995年7月在怀特岛的一次秀中展出过，后来都没公开出现过。当他在报纸上看见麦昆设计的图片时，他简直不敢相信。“那条裙子看上去几乎就是我设计的那条。”他对《泰晤士报》这样讲述，“我不相信这种相似是巧合，两者之间的雷同十分明显。伊娃·赫兹高娃还戴着条古希腊风格的饰头巾，这和我的模特也一样。”1997年8月，在法律的援助下，这个来自伦敦时装学院的学生开始了版权侵犯案的斗争。他说，“我知道我遇到了一个难缠的案子，但是通过对比两条裙子自然可以得出真相。”麦昆否认了所有起诉，他说他从来没有见过特雷弗·迈乐，更别提他的设计了。“只是因为两条裙子都是白色的，都只有一面有肩，就说一件是根据另一件设计的，这种说法太荒谬了。”负责麦昆工作室运营的特里诺·维卡德（Trino Verkade）说。“像这样的设计不是第一次，也不会是最后一次。难道仅仅因为之前已经有人设计过了，人们就打算起诉所有设计无肩黑裙的设计师吗？”这条消息促使一位时尚编辑发声，“你最好去起诉特尔斐神使（Oracle of Delphi）。”

伦敦上市杂志《Time Out》不仅重申了迈乐的申诉，还刊载了另外一位学生的申明，她声称麦昆也剽窃了她的一件织物设计。麦昆和纪梵希公司成功通过法律维权澄清了自己。1999 年 1 月 12 日，这起起诉交由斯特兰德大街最高法院的法官审理。特雷弗·迈乐承认他对麦昆的观点“不够中肯”，但他依旧看到了整件事戏剧性的效果。他记得法官是这样说的，“这里是最高法院——爱尔兰共和军的战士来到这里——这儿不是空想设计师们为一件女裙争辩的地方，我们是以上帝之名在讨论一条女士的裙子！”之后，当麦昆的律师对他被冠以如此贬损的评价提出反对时，法官回复道，“先生，我们不是在谈论天才列奥纳多·达芬奇（Leonardo de Vinci）！”“之后所有人都闭嘴了。”迈乐说。

然而，故事并没有结束。2000 年 6 月，那时的迈乐已经是金史密斯学院的艺术学生，他被迫撤掉了在最后一场秀中的一件作品，他曾称之为“裙战之沙发”，上面印有这次抄袭事件新闻的手工印花。“麦昆给学校写信，威胁学校说只要我的作品公开，就会让学校吃官司。”特雷弗说，“他们通过公司来压迫学校，对此我很不满……金史密斯学院崇尚的自由就是表达艺术的自由，二者密不可分。有时我感觉亚历山大·麦昆对我耿耿于怀，但我对他却没什么深仇大恨。”

第十章

“这种感觉就像，你明明知道会和男友分手，唯一不同是这段感情我没有觉得很糟”

麦昆谈纪梵希

McQueen

1999 年的春天，李看着镜中的自己感觉一点也不开心。即将迎来 30 岁的生日，他意识到如果再不立刻控制体重就来不及了。理查德·布雷特说："他谈论了很多，我猜就像在同志群体中的很多人一样，他迫于压力去拥有完美的身材。"李尝试着去了健身房，但是觉得很无聊，而且日程繁忙总是抽不开身。然而他急需塑身，于是预订了位于伦敦哈利街的一家专业整容的私人诊所。刚过完 30 岁生日后没几周，他付了 3 000 英镑做了一系列吸脂手术，从腹部和侧腹吸出了大约 8 磅的脂肪。迪特马·布罗把这次治疗比作从塑料管里挤牙膏，给他的腹部留下了大片的紫色淤青。但是理查德说，他对这次治疗很满意，并且这次治疗对他的腹部和身材都起到了一定的塑形效果。

麦昆知道，如果想进军国际品牌，就要使自己变得"更具市场属性"。他请牙医杰瑞·豪尔来给他做牙齿矫正。阿奇·瑞德有时候对他说，"去他的，杰瑞，他的牙齿和她的像极了。"减肥是重要的一环。"麦昆不喜欢他的长相，"詹尼特·斯特里特-波特说道，她是作家、广播员，也是麦昆的好朋友。"像拉尔夫·劳伦和卡尔文·克莱因这样的设计师就懂得让自己和服装一样畅销。"时尚圈是残酷的，像汤姆·福特这样的，他们对自己的外貌很注重。可怜的麦昆会想，"我置身于一个如此美好的世界，但是……”尽管麦昆对于自己减少的腰围还是非常开心的，然而此外一个尖锐的事实给他留下了两个额外的问题——几个月后他意识到，这并不能解决他的体重问题。麦昆在 2000 年 1 月说道，“吸脂手术是没有用的，它对人不起作用，只是吸出了脂肪，但是日后会反弹。”吸脂手术可能不管用，术后麦昆继续吃着脂肪含量高的食物和碳水化合物。安德鲁·格鲁夫斯回忆起他朋友给他讲的和麦昆一起出去吃饭的故事，他说，“麦昆一边吃着冰淇淋一边说，他可以吃任何自己想吃的东西，因为他刚刚做完吸脂手术。”

麦昆最近一期风格鲜明的“俯瞰”时装展的成功，是斯坦利·库布里克创作的电影《光芒》所激励的。之后麦昆宣布，他想离开伦敦休息一下，下一场时装秀会在纽约举办。“我们的产业需要在美国，有一个能够使它扩大丰富的平台，所以我们需要在那里办展览。”麦昆说，“我们有东西海岸的市场，但是还有一整个大陆需要我们去拓展。”

纽约时装秀定在 1999 年秋天，此前，麦昆一直在准备他的纪梵希之展（3 月份可以穿的，高级定制，灵感来自简灰女士，在 7 月份），同时也跨国选取了 6 月份活动展览 V&A 时尚的衣服。随后，纺织和裙装博物馆馆长助理卡尔·吴克斯想要展出麦昆和其他设计者的作品，作为一次现场互动展览，把艺术馆变成临时 T 台。她说，“这是一次普及的过程，人们可以看到所有的天使都穿着设计师的衣服，然而他们自己也想穿设计师设计的衣服。很少人能像这样近距离看到，除了在电视上。”

麦昆也在计划为搬到伦敦克勒肯维尔的安维尔街的新工作室而忙碌，也准备把新店开在康迪街上，由名为恩瓦德的日本时尚公司注资。

麦昆邀请建筑设计公司阿兹曼·欧文斯竞标，该公司曾承接翻修麦昆在希尔马顿路上的房子。傅瀚·阿兹曼生于肯塔基州，是一个矮小而强壮的女人，她依然记得第一次遇见麦昆的情景。“在见他之前就已闻其名，”她说，“我感到害怕，我很少会觉得恐惧，但是他很有礼貌，谦和而令人尊敬。他是一个阳光且富有智慧的男人，他知道自己想要什么。”第一次会面是关于商店的讨论，他告诉傅瀚和她的合作伙伴，美国的一个建筑师乔伊斯，商讨了他的建筑视角和工作方法。“我不像卡尔文·克莱因一样有固定的风格，”他说，这让傅瀚觉得很有趣。“你不能随手拿起一件夹克或是裙子穿上就说这就是我。我会裁剪。对于一个时装展，我会想出很多主题再逐一排除。”他也告诉过建筑师，自己对科技充满着激情，他想要看到一种玻璃是否能根据角度变化从透明变成不透明。开始，两位女士表示担忧，毕竟她们看到过“俯瞰”的时装展，知道他是一个不走寻常路的设计师。“那我们要怎么做？”乔伊斯问傅瀚。“他不是阿玛尼。”

建筑师想充分反映出麦昆设计商店这项工作的戏剧性，而麦昆也很喜欢他们这个想法：一个会变化的玻璃房间，在你进入之前是清晰明亮的，但是当你移动的时候，玻璃会自动变成不透明；这一展品系统来自不锈钢棒，类似于大型健身器具；并且在入口处的玻璃橱窗内装满时下的服装，也在街上展出。麦昆原本想把这个工程更长远地做下去，他说这“有点超现实主义的意味”，但是计划被温米斯特委员会否决了。“我想建的商店是可以交互的，既有机器人也有员工，以便于人们可以了解衣服背后的人，”他说，“商店还要拓展其他产业，也要包括一系列特许经营产品，像太阳镜、领带、围巾、鞋子、手表，大多数都是在日本户外看不到的，还有一些在麦昆时装秀上的产品，像艾美·穆林斯穿戴的13号小腿假肢，也有设计师的画像，比如尼克·奈特画的贞德。”

大多数的设计过程都进行得很顺利，除了有两次，麦昆对傅瀚大发脾气。“我也曾听说他总对员工发脾气还扔东西，但是他从不对我们这样。”她说，“麦昆是个外向的人，你可以感受他的很多面。他可以很温柔也可以很暴躁。好像任何事都可能发生。”

詹妮特·斯特里特-波特，另一个可以被描述为胆小怯弱的女人，也记得她刚接近麦昆时的焦躁感。“我认为他很恐怖，尽管每个人都告诉我我很恐怖，”她说，“我遇到过的三个最令人恐怖的人——蒂尔达·斯文顿（殖民地房间里传说中的女房东）、弗朗西斯·培根和麦昆。他们都非常相似，在他们的意识里总是把攻击当成防御——他们抢占先机——在你看到一个句子的时候他们已经记下来了。”当麦昆在康迪街开了他的店之后，詹妮特买了五件衣服，包括一身套装、绣金龙的棕色短裙和一件棕色大衣。“因为他设计的衣服不管是哪个尺码都非常合体，”她说，“他设计的衣服没有体现过多的性感元素。当你穿上这些衣服的时候，就觉得好像被控制了，这也是衣服的设计有利于工作的原因。”她觉得他卖的一些裙子对她来说太紧了——间或有的像霍步裙——她觉得行走不便。她说：“这使我想起了自己在14岁的时候想进国防部。”“我们有各种样式的裙子，麦昆了解所有员工，他深谙裁剪不只是因为他曾在萨维尔街待过，也是因为这是英国的传统。”有一套服装不是很受欢迎：一套麦昆之前送给她的裤式条纹西服是为了2000年在伦敦的艾尔顿·约翰与蒂姆·罗宾斯的歌剧《阿伊达》的首映礼。詹妮特和艾尔顿待在圣瑞吉斯酒店，在穿了这套西装和一双高跟鞋之后，她走进了艾尔顿的套房。"我觉得我看上去相当惊人，但是艾尔顿的母亲希拉看着我并对艾尔顿说，'詹妮特这是什么扮相？一个该死的甲板椅子？'这是发生在我离开房间之前。之后我再也没有穿过这件衣服，我也没有卖掉它。"

1999年9月，热带风暴来临时麦昆正飞往美国举办他的纽约展。这座城市陷入了混乱：部分地铁系统已被洪水淹没，树木被吹倒，布莱恩公园（为纽约时尚周提供帐篷）已经关闭，甚至出现了溢出的污水因处理系统的失灵而被迫将井盖射向了天空，让曼哈顿居民沐浴其中。麦昆，毫无疑问当然也身处其中。"这真是极好的，"在演出前他说，"我已经买了伦敦飞往美国的机票，不是吗？这将测试英国人遇事是否沉着冷静和解决问题的决心。需要更多的风和雨来阻止我们。"天公作美，麦昆本已决定用水充满舞台，复现他在"贝尔默的人偶"服装秀中的布景。这场秀——叫作"眼睛"，9月16号于西码头举办——受到的好评如潮，但关于服装的好评不多，《纽约时报》的凯西·霍林说，"没有任何突破"而只是得益于麦昆设计绝妙的展台。咪咪·史宾赛写道："纽约是一个大的城市，在等待一个大的展台，但真正产生了风暴效应的是亚历山大·麦昆而不是弗洛伊德飓风。"这次展会强调的是许多幽灵般笼罩的人物看上去高高在上结果身处黑暗之中。随着闪光灯闪烁，人们清晰地看见几百颗尖头钉从地面上升，映入人们眼帘（或者它们是导弹头？）。一个女人身着阿拉伯长袍和面纱，被屋顶上看不见的线悬吊在T台上，舞出了优雅的空中芭蕾，下方是致命的死亡之谷。这幅图像是个性的——尖峰上方的空间代表精神领域，这是一个麦昆觉得远离危险世界的地方——也是带有政治色彩的，因为这个展会可能被解读为原教旨主义伊斯兰世界与西方价值观之间的冲突，其传达的鲜明姿态仿佛预见了双方冲突导致2001年的“9・11”袭击。在展会结尾，麦昆来到舞台，在沙龙・里德说“你能处理吗”的声音中，脱下了他的泛白牛仔裤，露出一条星条纹裤衩。毫无疑问，从闭幕手势中可以看出麦昆站在哪一边。

麦昆9月20号返回伦敦，出席了于兰开斯特宫由托尼和切丽・布莱尔主持的奢华派对，这标记着伦敦时尚周的开始。“你并没打算给我展示你的裤衩，对吗？”当首相的妻子见到麦昆时问道，并且提到了他最近在纽约掉裤子的时装展。后来，设计师描述她是“俊俏的”。托尼・布莱尔祝贺了客人们，包括尼科尔・法伊、布鲁斯・奥德菲尔德和里法特・沃兹别克，他们不仅具有英国时尚界的知名度，而且促成了工业的经济成功，其中一个商业公司雇佣了30万人在英国。“没有一个公司能说自己仅仅用了六年就有了之前两倍大小。”他说。

那年秋天，麦昆和理查德・布雷特的关系走向了尽头。年初，麦昆恳求他的男朋友搬到希尔马顿路。但在和麦昆共处一室大约两个月后，理查德开始觉得不舒适，“我一搬进来，他真的开始变得受控制了。”他说，“我觉得自己正在失去一切感觉。他也继续维持着‘婚姻’，我觉得我的拒绝使情况变得更糟。他认为我不想结婚是因为我不爱他或者说不够爱他，这最终引出了问题。所以我搬了出去，回到了西汉普斯特合租公寓。在这段关系中麦昆真的很挣扎：他想要他能控制住的伴侣，但他又总是被抗拒控制的人吸引。麦昆的积极一面是他是一个令人上瘾和难以置信的有趣的人，但是当他置于黑暗的环境时，他就真的很难去应对，这真的是相当累的。”

理查德也观察到这些压力是如何使他们付出代价的。他也学会了当麦昆严厉指责他并对他说一些令人伤心难过的话时，如何使自己在秀开始前消失一段时间。“事实上他受人尊敬、令人崇拜使得事情更糟，因为他不能仅仅办一场正常的时装秀，而应是令人惊叹的，”他说，“他的一部分特质是不适合待在那种世界的。他有一些真正的朋友，但那些都是生活中对他不好的人——我称他们为‘派对帮’。派对对他来说没有任何好处。我认为他不适合参加大量的派对，因为他极为敏感并且相当宅男。如果你把压力和毒品混为一谈，并且加入了那些影响不好的人中，那么就真正变得有毒了。”

1999 年 11 月，麦昆卖掉了在希尔马顿路的房子，卖了 820 000 英镑，得到了 200 000 英镑的利润，搬到了肖尔迪奇区的出租公寓。理查德和麦昆的关系正在“褪色”，麦昆告诉他的男朋友他想花些时间在纽约。12 月 8 日，麦昆出席了路易威登大厦开业，是坐落于东第五十七街的摩天大楼。在宴会上，麦昆身着黑色西装和白色衬衫，坐在模特凯伦·艾尔森和艾尔顿·约翰旁边。布雷特·理查德期待麦昆回到伦敦过新年，但是在一次电话谈话中他很明显感觉出麦昆有其他的计划。“他说他将在纽约过新年，”理查德打过去，“我说，‘如果千禧年前夜我们不在一起，就会有不好的预兆，对吧？’他说，‘不会，我想不是的。’

这就是最终的结局。”

分手背后真正的原因是麦昆遇到了杰·马萨格雷特（Jay Massacret），一个英俊的摄影专业学生，生于巴黎，在旧金山长大。两人在霍斯顿区的一家酒吧相遇，杰在这里做兼职赚取一些额外的收入。“我们借助鸡尾酒女服务员互递小纸条，”杰回忆起，他现在是一名造型设计师。首次见面，在两个男人之间的是塞巴斯蒂安·彭斯（Sebastian Pons）。“麦昆对我说，‘天哪，我简直不敢相信他看上我了，’”他记得，“他也喜欢杰并不知道他是谁的事实。麦昆的爱情生活总是主宰着他。不管和谁约会，只要他心情好，一切就会像在工作室一样顺利运行。”

在 1999 年秋天，杰和麦昆的亲密达到了一定程度，麦昆带着他到希尔斯度过周末，感到心情舒畅。“我们喜欢在家里共度美好时光并且做饭，”杰说，“和他在一起有家的感觉。我记得我享受过感恩节 / 篝火节之夜晚餐。他会大笑，只要他在场总感到很有乐趣。当我现在想起他时，他的笑声在脑海里响起。”虽然麦昆告诉理查德他会在伦敦过千禧年，事实是麦昆带着他的新男友杰去了马尔代夫。

麦昆在千禧年初感到快乐和健康——他也取得了一些成就，这是因为他舍弃了垃圾食品，定期服用聚氨基葡萄糖，这是他从哈洛德百货买的膳食补充品，他认为能限制油的吸收。度假回来他感到状态要比前几月好。“眼睛明亮，散发着玉黍螺色，皮肤也晒成了古铜色。”观察者说。

2000 年 1 月 16 日，麦昆在巴黎筹办了纪梵希时装秀，主要特色是身着格子雪纺衬衫和一套精美灰色西装的艾琳·欧康娜半裸着躺在底座上。评论家描述此场景为“温柔与浪漫”，在后台麦昆告诉记者这个时装秀的一切都是关于束缚的。这全然反转了麦昆时装秀的独有标签，如2月15日他在被遗弃的庚斯博罗电影制片厂霍斯顿区，希区柯克曾执导《贵妇失踪记》的地方所举办的时装秀。

起源于非洲的约鲁巴宗教神，他将这场时装秀起名为“埃舒”。埃舒代表着幸与不幸，旅行者的保护者还有典型的死亡。麦昆一定特别迷恋埃舒神，因为像设计师如他自己本身，埃舒对分裂的意见着迷。一个与上帝有关的故事，埃舒戴着一半黑色一半红色的帽子走在路上，站在马路一边的居民仅仅能看到一种颜色，那些在马路另一边的人能看到另一种颜色。结果这两组人争论各自看到的颜色才是正确的颜色。相同故事的另一个版本是两组人在争论各自看到的颜色，在埃舒大笑着说“带来冲突是我最大的乐趣”后，他们互相残杀。

麦昆自己能看到埃舒这个人物形象，他是一个混乱的庆祝者，所以麦昆舍弃了埃舒。在时装秀开始的前一天，动物权益组织冲进了电影工作室并在片场涂了一系列反皮革的口号——麦昆承认他的展品有使用兔毛、羊羔皮和羊皮毛一体面料。有传言说抗议者已经在舞台上设置了陷阱，一个声明证明了那是不正确的，并且扣留了成百上千的时尚评论家和名人（包括海伦·米伦、比约克、拉尔夫·费因斯、弗兰西丝卡·安妮丝、莎伦·斯皮特里和雅德·贾格尔），他们站在室外，在细雨中排队等待搜包。翠西·艾敏，她已经被摄影师尤尔根·泰勒在重新开办的杂志《Nova》创刊号中报道了收藏品一事，写到对于此经历她感到多么不安——“尤尔根对我说，‘你知道，翠西，今晚状态不对。’‘是啊，’我说，‘朋友，今晚没什么要庆祝的。伙伴，这里没有一点爱。’”

非洲主题的分裂的意见不像其他的。咪咪·史宾赛把服装视作梦幻——裁剪完美的羊毛外套带有捏肩和门襟（溅上了红泥依旧美丽）；皮革连衣裙上的很多小孔是为了让光通过——别的女性评论员相信这个时装秀是麦昆厌女症的标志，贯穿他工作始终。乔安娜·皮特曼在《泰晤士报》上写到，为什么这些模特看上去像“她们和迈克·泰森对战了几轮拳击，然后被缅甸游击队绑架。其中一个踉跄逃出试着去保留一点尊严，戴上了嘴撑，固定了她的嘴唇使之永远张开着，并带有痛苦的表情。这个新装置由两个六英寸的金属牙构成，使得这个可怜的女孩看起来像疯狂的野猪”。《星期日独立报》的琼·史密斯也攻击麦昆的模特造型，在她看来，麦昆贬低女人。她挑选出以前时装秀的画像，像戴着手铐在“贝尔默的人偶”秀上的黛布拉·肖和“高原强暴”秀的模特们，她认为她们像性侵受害者。然而，她对埃舒非常生气，尤其是麦昆给模特配备肖恩·利尼设计的银色嘴撑。“她的鼻子上有邪恶的尖峰，尖端靠近眼睛，”她说，“设计这个的人脑子里到底在想什么？”最激动的回应是时装编辑布兰达·波兰将“讨厌女人的设计师”在《每日邮报》上做成了头条新闻。作者将对女人有着矛盾的爱憎态度的麦昆作为时尚界最具代表的男性设计师。“时尚业拒绝深究这个问题是因为存在质疑的设计师通常是最好的最有创造力的。”波兰在她大多数的争论中，当她把同性恋话题引入时，她想表达的态度是“如果不全面进攻……”。“设计师们大多都是同性恋，不难理解他们把工作与对女人身体的惧怕、迷恋与嫉妒相结合。”她说。戴着嘴撑的模特的照片附有文字解说：“侮辱的想法：麦昆的设计看起来是在羞辱女人。”

当然，麦昆本可以回击，但这样做会让他将工作中黑暗想象力的真正来源公开：姐姐珍妮特的心理取向。“看我被打一事对他产生了持久影响，”珍妮特说，“我其实并不是那么正能量，逼迫自己勇敢走出，但麦昆正是为此钦佩我。我像妈妈一样对他，他尊重我。谈起他能为女人做什么时他可能会想到我，帮助她们变强大。”麦昆曾称珍妮特为“有智慧的人”；他们之前有种未公开的联系，他们都被同一个男人折磨，但在他们意识里他们被救了。一次，两姐弟独处的时候，麦昆问了珍妮特一个困扰他很长时间的问题。“你是我的妈妈吗？”他问。她说，“当然不是，麦昆，不是的。”他重复问，“你确定你不是我的妈妈吗？”她说，“不是，麦昆，我不是你的妈妈。”珍妮特说，“他认为我 15 岁时有个私生子是家庭秘密。”

伊莎贝拉·布罗把她的朋友麦昆看作现代骑士，麦昆是一个有能力去设计缝纫时尚的套装、裙子和夹克，保护人们不受暴虐的世界侵害的人。她对麦昆的幻想在一组写真——黑骑士的回归——中得以体现，这组写真在 1998 年 8 月的《人面》杂志中刊登出来。布罗女士让麦昆穿着电影《圣剑》里的盔甲服，面部化着脏而带着血污的妆，就这么站在战场中。摄影师西恩·埃利斯把这一富有想象力的场景重现了出来。1998 年 11 月，埃利斯也去了布罗女士的生日聚会上抓拍照片，她与麦昆用巨型自慰器玩闹的照片，后来被收录于他的著作《365：时尚的一年》中。“伊莎最爱骂街，是一个有幽默感的泼妇，她的这些特点让亚历山大很是得意。但是她对我比较收敛是因为我不喜欢听粗口。”迪特马说，“不过很多时候她甚至让麦昆脸红。”

麦昆致力于寻找外表柔弱却内心强大的女性，并让她们穿上他设计的盔甲装。“如果你看她们的个性，看她们生活的地方，她们就会游离于肢体之外。”他提到的是给予他灵感的女性，“她们不是像约翰·辛格尔·萨根特那样精致的女人。她们就像是自己世界中的朋克代表，不是一个模子刻出来的个体。”

麦昆的女神们好空想，她们止步于19世纪小说的页眉，一首丁尼生的诗或一个黑色童话。他最近的女友——达芙妮·桂妮思，是一个长相漂亮，漂白的头发上有黑色条纹的女人，被一个评论家描述为“被C.S.刘易斯创造的有着轻微让人狂乱的仙女外表的女人”。她的背景非常显赫。她是酿酒厂及银行继承者乔纳森·桂妮思和苏赞尼·李思尼的女儿，是名艺术家，是萨尔瓦多·达利和曼·瑞的朋友；她的祖母是戴安娜·米特佛德·莫斯利。1967年出生的达芙妮在一个充满个人主义和艺术幻想的环境中长大。他们一家分别在爱尔兰、沃里克郡、肯辛顿广场及西班牙卡达克斯居住过，并在卡达克斯经营了一家修道院改建的酒店。“我一直想要一套盔甲，”她说，“儿提时代我们家就一直有一套盔甲，我一直想变成圣女贞德。”少年时代她逃到自我想象的世界里，构建每一次眨眼时的幻景。那就像西班牙版《呼啸山庄》，她提及她在卡达克斯成长的时光。“我经常游荡在山谷中，我拥有所有小山洞以及我知道的东西。”在沃里克郡的房子中，她开始意识到郡里的煤矿关了，当她看到小河小溪的水变成红色时，她觉得地球在流血；事实上，是铁矿石使得河水变成红色的。之后，当她5岁的时候，她受到了极严重的打击。那是她妈妈的朋友安瑟尼·贝克兰德来到家里看望她妈妈芭芭拉，也就是巴克雷特继承人雷奥·巴克雷特的前妻。“我第一次见他时，我觉得他会过来给我讲一个故事，”达芙妮说，“然后突然，他拔出一把刀。”安瑟尼继续拖着她绕着房子转，以告诉她他的人生使命就是杀死所有女人，然后她会是他的第一个受害者。虽然他确实放过了她，但后来在 1972 年 11 月，贝克兰德仍将其母刺死。1980 年 7 月从监狱出来后，他又攻击了他 87 岁的祖母。“我记得血在我嘴里的味道，”达芙妮说，“那就像是在发呆，并且试着去解释别人明显混乱的思绪。”

19 岁时，达芙妮跟格瑞克船只继承人斯宾若·尼克结婚并育有三个孩子。他们 1999 年离婚，达芙妮回到伦敦居住。“她曾在那个变得像高压锅一样的珠宝盒里待着，然后她像维纳斯一样从半贝里走了出来。”她的朋友罗宾·休斯顿说。达芙妮在她生命的大部分时间里都认识伊莎贝拉·布罗——布罗的祖母未若·戴维斯·莫娜女士是达芙妮伟大祖父罗德·摩尼的情妇。1997 年，两人在达芙妮的亲戚毛润的 90 岁生日聚会上于克拉里奇再次见面。“有白领带还有头饰，当然我没有头饰，所以我做了一些羽毛还有一些黑色的薄纱，”她说，“伊莎觉得这主意太棒了。”

伊莎曾试图劝说达芙妮跟麦昆联系，但是她并没成功；她既羞涩又顽固，一直难以忍受期待的氛围。她说，她从纪梵希买了好多他设计的衣服，她也极兴奋地通过他的作品去了解他。“我也不想让伊莎贝拉觉得我是另一个安娜贝拉，”她说。

一天，当达芙妮穿过莱西斯的广场时，她听到身后有个声音在喊她，“哎，你穿的大衣是我设计的！”她回身看到设计师。“你是亚历山大，”她说，把头偏过去找伊莎贝拉并喊着他的中间名字。“是的，你就是那个总是冷落我的人，”他回答说，“你为什么不想见我呢？”然后他们相视而笑并起身去了最近的酒吧，喝得醉醺醺的才回家。达芙妮对麦昆的第一印象是一个有着浅蓝色眼睛的和蔼可亲、热心真诚、富有幽默感的男人。“而且他特别聪明，简直是才情满溢，”她说。就着离婚协议书上的 2 000 万英镑，再加上她自己的钱，达芙妮搜罗极多的高级服装，她经常借麦昆衣服以便更好地了解他。衣服还回来时，常常没了衬里，因为他想把它们分开然后看女裁缝如何工作，她说。新朋友们分享了难以抑制的热情——他们谈论他们在班里如何淘气以及孩提时是如何不合群。“如果你单看我和我的名字，你可能会觉得我们相去甚远，但是我们都很感性并对彼此很同情，”她说，“有时候他对我像个父亲一样，他经常鼓励我因为他觉得我选男人的眼光很差。他极其保护我，当人们讨厌我时他会极度暴怒。他也总跟我在树下交谈。他还会帮助受伤的人。”

达芙妮很快开始担心她的新朋友同一些帮助和鼓励他使用毒品的人厮混。“伊莎贝拉极度反对毒品，她认为那极坏并且极力反对亚历山大吸食毒品，”她说，“她认为毒品是为失败者准备的。如果我现在可以对亚历山大说一件事，那就是一场关于毒品和自我保护的对话。”

2000 年 5 月 24 日，麦昆和安娜贝拉·尼尔松参加了由意大利《流行》杂志为庆祝海玛特·牛顿的 80 岁生日而在曼特——卡罗海滩酒店举办的泳池派对。与麦昆同桌的宾客包括娜奥米·坎贝尔、斯特拉·麦卡特尼、麦克·马修斯及约翰·格里尼奥。“他们那桌到目前为止是话最多的一桌，”引用报纸资源的编辑说。他们大声地谈笑，坦率地处理一些不和。格里尼奥回忆起那场聚会非常地超现实主义，并且决定加入到他们当中。他和麦昆的尾随者麦克和安娜贝拉穿着衣服跳进泳池中。当麦克从水中出来时据说有人从她腰上扒下了她的裙子，“留她穿着黑色丁字裤离开”，然而安娜贝拉穿的看起来像蜘蛛网的裙子变成全透明了。据报道，派对的组织者要求完全掌控这些照片并把它们交给了媒体。“那些你没看见的在乞求你相信，”一位目击者说。

这里的所有放纵堕落只是麦昆保持尖锐和紧张情绪的一部分。那天晚上他在人群中找到了那个他认为可能改变他生活的人：多米尼克·德·索勒——古驰的首席执行官，也是与麦昆在路易威登的老板伯纳德·阿诺德展开温和竞争的人。4 月时，麦昆已经接触过纪梵希总裁曼瑞安娜·特斯勒，他想将自己的品牌加入他们当中。很明显，特斯勒和阿诺德都对此没有多大兴趣——“他们说‘好，好，好’。然后就没有然后了”——因此麦昆觉得他是时候去开展自己的生意了。当他听到古驰准备抢购狂欢时他的兴趣被刺激到了，“有很多好的机遇，我们买那些公司，但是我确实有限制，我有 25 亿，”德·索勒在 5 月的上期《时报》杂志上说。

那天晚上在蒙特卡洛，麦昆走到德·索勒面前，做自我介绍并与他合影，还和他开玩笑说准备把它送给阿诺德。“我觉得这是跟我一样的人。”德·索勒说，他建议他们在伦敦会面。麦昆知道他正在做一个危险的游戏——1999 年时阿诺德发起了对古驰的收购，因为他暗中掌握了该公司超过 20% 的发行股份，收购开价为 59 亿英镑。为了在这次攻击形势中保住自己，古驰向弗朗西斯·皮诺特的“白色骑士”引资。皮诺特公司投入 20 亿英镑，获得古驰集团 42% 的股份。所以麦昆知道自己在玩火，那为什么要做呢？“那就像你知道你有一个必须要分手的男朋友一样，”麦昆针对他与纪梵希的合作说，“唯一的不同之处是在这段关系中我在劈腿时并没有感到痛苦。”

2000年春，麦昆和杰·马萨格雷特的感情走到了尽头。“我们都恢复了单身，”杰说，“我还年轻，而他还是过去那个样子。我们再也没有说过话，后来我们再次成为朋友，直到他去世我们也只是朋友。”这段时间里，李在伦敦北部一间酒吧里认识了23岁的电影制作人乔治·福赛斯（George Forsyth），并爱上了这个年轻人。“麦昆是一个非常浪漫的人，他随时都能坠入爱河，”他的朋友米格尔·艾德沃（Miguel Adrover）这样说。

乔治的父亲是建筑师艾伦·福赛斯（Alan Forsyth），母亲名为桑德拉（Sandra）。“事实上我对时尚没有任何的概念和兴趣，”乔治说，“我们只是在最开始的时候相处得很好。他是伦敦东部人，而我是伦敦北部的犹太人。我们聊天可以谈上几个小时。我们在一起四个星期，再相遇的第五周的周六晚上，我们出去开房，然后我就没回过家了。”乔治有志向成为视频制作的艺术家。他的工作之一就是拍摄小便和在便池旁边自慰的画面。“乔治很可爱，”他的朋友唐纳德·厄克特（Donald Urquhart）说，他在李之前就认识乔治。“他有很强的好奇心，希望了解更多文化方面的东西。他还很幽默，喜欢笑，非常淘气。”唐纳德注意到麦昆的穿着打扮意识有了改变，因为受到他年轻的新男友乔治的风格的影响：喜欢炫富和休闲的打扮，一半金光闪闪的，一半“没有品位”。

“乔治痴迷于运动鞋——他有很多双，都是风格华丽的限量版，增高后跟能让他显得高一些，”唐纳德说。两个年轻人在伊斯林顿外面站着。“那时候的伊斯林顿理事会庄园跟现在一样，他们穿着浅灰色连帽衫，衬衫底部印有横着的马球条纹。”唐纳德说。“乔治和麦昆镶着奇怪的金边和荧光色的夸张的标志。伊比萨别致。”

当乔治去参加一个《时尚》杂志派对时，他第一次意识到自己新男友的名气。当他和李穿着撕裂的牛仔裤和运动鞋走过海滨时，他记得他看见了照相机拍摄的闪光和“亚历山大”“亚历山大”的欢呼声。“这里有最好的酒水和热情的人们，”他说，“我记得他带来了娜奥米·坎贝尔、伊莎贝拉·布罗和凯特·摩丝，想把我介绍给他们。就在那个时候我为他如此出名而感到震惊，在那之前我遇到的是李，而那时他是亚历山大·麦昆。”

表面来看，贯穿亚历山大·麦昆一生的就是享乐主义和自甘堕落。乔治爆料有夜夜狂欢、香槟招待会、无休止的冰雕游行、银盘上的可卡因、三天三夜的醉生梦死和吸毒，这就是麦昆的生活。然而在事业上，麦昆还是大步前进的。2000年春，麦昆宣布，他将推出麦昆牛仔系列和一款新型太阳镜。“我想做的事就是让时尚更有趣，”他说，“在那个时刻，原始的兽性美已经过时了。”他一直忙于为时装秀准备一项伟大的艺术创作，天使。麦昆与尼克·奈特合作，从千百万不同颜色的蛆中创作出天使的脸的意象。这项工作在法国东南部一个古老小镇的中世纪教堂展开，在比约克的录音带播放声中，人们从上方俯视即可一览全貌。“我并不是自高自大，而是觉得我们为阿维尼翁所做的一切能澄清翠西·艾敏的错误。”麦昆曾说过，“把蛆，这世界上最丑陋的生物，变成麦当娜，比列出我生命中睡过的男人的名单更有意思得多。”

麦昆希望他的员工在工作上能跟得上他的快节奏，如果他们不能达到他期望的标准，就会受到他无情的羞辱。在与李交往五年后，塞巴斯蒂安感觉他需要换一个环境。与麦昆共事是一段高度刺激同时非常累的经历。他也感觉李好像经常利用自己的善意让他在离开伦敦时帮他遛狗和喂鱼。他还觉得麦昆好像没有为他投入的时间付足够的金钱，因为他没有公司的信用卡，他自己掏腰包支付去巴黎和意大利出差的费用，然后向公司索回付出的钱。“我告诉过他，‘李，我的号码不对，’”塞巴斯蒂安说。如果两个朋友外出，李通常想打车，有一天下了出租车后，麦昆因为被留下来付车费而对塞巴斯蒂安厉声厉色。塞巴斯蒂安告诉麦昆，这事都怪他，如果是自己单独出行绝不会乘坐出租车，出门宁愿坐公交和地铁。“他不知道当时的物价，”他说，“我不像他一样有个取不完钱的银行账户。”当麦昆提议去购物，两人坐出租车去川久保玲时情况变得一发不可收拾。李在几分钟之内就花掉了 9 000 英镑用于衣物，还花掉了 3 000 英镑买一条开司米毯子。“后来，我去他家遛狗，看到他把毯子给了狗去垫着睡觉并且狗还在撕咬那条毯子。我觉得这太奢侈，代价太大了。”

当李的朋友米格尔·艾德沃在纽约给塞巴斯蒂安找了一份薪酬更高的工作而塞巴斯蒂安接受了这份工作后，这个决定导致了两个朋友的决裂。“李认为我背叛了他，他显然是错的，”米格尔说。米格尔和麦昆再也没有说过话。李告诉塞巴斯蒂安，如果他离开了这家公司就再也回不来了。当他确实离开后，他的位置被莎拉·伯顿（Sarah Burton）取代了。

8 月份，此时李的纪梵希发布会已经过去了一个月，这场展会在拉德芳斯区新凯旋门举行，它的设计就像一场纽约乡下阁楼派对的娱乐会，麦昆则在准备他与乔治·福赛斯在伊维萨的婚礼。这个想法产生于一个夏夜，那时他们和凯特·摩丝、安娜贝尔·尼尔森在格劳乔俱乐部喝酒。半夜，有个女人问乔治他会不会跟李结婚。“当然会，”他说。“那么你呢？”在乔治反复回答后他又问麦昆。“当然。”这件事发生在民事伴侣关系或者说同性恋婚姻在英国变得合法之前，所以他们商量举办一场比任何东西都具有法律约束力的仪式。女孩们马上变得兴奋起来，在接下来的几分钟内，她们讨论并安排了与此相关的一切事情：安娜贝尔想做李的伴娘，凯特想做乔治的。

四个人坐飞机飞到伊维萨，然后租了一个豪华的别墅。在举行仪式的那天，乔治和李在游泳池放松了一会儿，直到女士们催他们快点准备好。门口停着两辆宾利车，一辆是为李和安娜贝尔准备的，另一辆是乔治和凯特的。汽车护送他们到了港口，四人登上事先租好的三层游艇。游艇上都是来祝贺李的朋友，比如萨迪·弗罗斯特（Sadie Frost）、裘德·洛（Jude Law）、帕齐·肯西特（Patsy Kensit）、梅格·马修斯（Meg Mathews）和内尔·胡博（Nellee Hooper）。安娜贝尔委托肖恩·利尼去为新人订做两只戒指，每只戒指都要刻上“乔治和李”，还要镶上钻石。在圆月下，一个新时代的神父主持了这场仪式，仪式过后客人们吃起了龙虾，还有价值 2 000 英镑的香槟酒随他们喝。“这里没有家的感觉，”

乔治后来说，“只有狂欢的人们。我很紧张。我坐在那里，裘德·洛走过来跟我说，‘你不认识这里的任何人，对吗？’是的，我确实不认识。但是后来李和我走到了前面，在月色下，我突然感觉这是个美好的夜晚，多浪漫啊。”

然而，这种浪漫并没有持续多久。“整件事情是一个玩笑，”李的长期、上任和现任男友阿奇·瑞德（Archie Reed）说，“它并不是真实的，如果有谁不承认，那他一定是在说谎。对李来说，乔治的唯一作用就是把我甩掉。乔治在他心中并没有什么地位，不过是消遣罢了。李喜欢坏男孩，乔治不是，虽然他假装是。”婚礼过后，在伊维萨的日子显然很荒淫，以至于李告诉他的朋友他再也不想看见什么狂欢派对了。

朋友们见证了李和乔治的关系从夸张的浪漫到暴力的转变。李带着乔治去派对和开幕式——他们于 9 月 7 日在邦德街的巴宝莉商店开业时一起合照——李送给乔治 500 朵红玫瑰，他又一时兴起安排乘机去巴黎喝酒，去西班牙吃饭，然后去阿姆斯特丹的夜总会。同时，“乔治被麦昆打得很惨，”麦昆的朋友克里斯·伯尔德（Chris Bird）说。“乔治和他过去经常打架，”詹尼特·斯特里特·波特说。“人们认为他是好斗的，但是当然了，好斗性来自于他的脆弱，”艾尔顿·约翰（Elton John）说。“他确实喜欢动手，但那所有都是因为没有安全感。”迪特马·布罗（Detmar Blow）记得在 NOBU 餐厅和艾尔顿·约翰、大卫·费尼什（David Furnish）、蒂姆·伯顿（Tim Burton），他那时的女朋友丽萨·玛利（Lisa Marie）那次尴尬的晚餐。“艾尔顿感觉他很熟悉麦昆的心魔，想要帮助他，”他说，“但是麦昆的反应很粗鲁无礼。”

随着乔治和李相处的时间越久，这个年轻人逐渐意识到他的新“老公”是一个有着高度复杂个性的人。“每个人都想和李在一起，”他说，“他是城里最火的人。但是我注意到在时尚界很少会有人说，‘这里有一个需要照顾的人。’”乔治也受到一点惊吓，当他发现麦昆有不同寻常的癖好时。“麦昆过去曾喜欢运动员的脚并让其进入不好的状态，使之变得很痛很痒，”唐纳德·厄克特（Donald Urquhart）说，“他绝对爱这种感觉，享受脚趾间的抓挠，这一点乔治根本不懂。”乔治告诉唐纳德，李“几乎因此感到兴奋，这就像性快感”。

2000 年 9 月 26 日，他的品牌的下一场时装秀在加特利夫路的客运枢纽举行。在这场时装秀里，他既感到了痛苦，也感受到了快乐。“沃斯（Voss）系列的设计是麦昆事业的高潮。这并非只是一场普通的时装秀，而是一尊完美的现代艺术雕塑，拷问人们对待美丽和丑陋、性和死亡、清醒和疯狂的态度。然而在后台，气氛一点也不阴郁。凯特·摩丝讨厌在头上包细平布的造型，所以拿出绷带，缠在了发型师圭多·帕劳（Guido Palau）的头发上。“他不喜欢别人以同样的方式对待他，”她说，“这儿有一张照片，当时在办公室里，我和李一直在哈哈大笑，笑得前仰后合，因为我惹恼了圭多。”

这场秀的观众中有几位世界上最美的女人，包括格温妮斯·帕特洛（Gwyneth Paltrow）和众多造型评论家以及时尚评论家。在这场秀开始之前，观众们被迫看了自己的倒影近一个小时。他们的倒影是由在台上由监视玻璃组成的巨大长方形盒子的表面反射出来的。最后，当许多嘉宾感到不舒服、不耐烦时，模特们开始上台了。所有的模特头上都缠着绷

▵ 李和他的爱犬薄荷在霍克森广场的阁楼里（上图），与他同住的苏格兰男友莫里·阿瑟（下图）。二人于 1996 年 7 月结识，亲密关系持续了两年。“他是我第一个爱人，也是我唯一的爱人，”莫里说，“我爱他，不是因为他是亚历山大·麦昆，我爱的是李。”

▵ 李和他的室友米拉·柴·海德（发型师兼男子美容师）以及他的爱犬薄荷在霍克森广场的阁楼里，1995 年到 1997 年年初他一直住在这里。李曾经让米拉在他头发中剃出一条类似心脏停止跳动的心电图图样，这个象征后来融入了他的时装秀中，并伴随他一生直至离开人世。

▵ 90 年代中期，李和他的西班牙朋友米格尔·艾卓沃。在他的记忆中，李是一个腼腆、缺乏安全感的人，但同时也是“我见过的最有意思的人”。

▵ 李在 1998 年 4 月认识的男友理查德 · 布莱特。“李在矛盾斗争中经历着每段关系，”理查德说，“他希望能控制对方，却恰恰被那些不愿被他控制的人吸引。他特别有趣，光鲜的一面足以令人为之着迷，可一旦坠入阴暗面，就变得让人不可理喻，拖得你精疲力尽。”

▵ 2000 年年初，李和他的男友杰 · 马萨格雷特在马尔代夫度假。“李总是被他的感情生活左右，”他的一位密友说，“如果他约会时的心情不错，那么工作室的一切就会进行得顺利。”

▵ 麦昆和他的男友阿奇 · 瑞德。“麦昆似乎有很多不同的性格——玩宾果游戏的老奶奶、男妓或是迷路的小孩。你看到的李并不是在家中的李，私下里，他是一个穿着睡衣看着电视节目《X 音素》的可爱甜美的小男孩。”

▵ 麦昆和他的男友安德鲁·格鲁夫斯，或“吉米·展博”。1994年的夏天，二人在伦敦同性恋酒吧坎普顿相识。用时尚术语说，他们的关系持续了“四季”（此处指时装秀），到1996年分手。“我们的关系有点像伊丽莎白·泰勒和理查德·伯顿，”安德鲁说，“我认为所有的高潮剧情、所有的激情与冲突都是一段完整关系中的一部分。”

▵ 李和他的男友及“丈夫”乔治·福塞斯。二人相识于2000年的春天。麦昆会一时兴起安排飞机载二人去巴黎喝酒，去西班牙用餐而后又飞抵阿姆斯特丹去夜店狂欢。

▵ 李和他的姐姐珍妮特，他的第一位也是最伟大的一位缪斯女神。他称她为“聪明人”，一条无需言语的纽带牵系在二人之间。“他也许曾通过我看到他能为女人做的事情，让她们变得强壮，”她说。

▿ 2000 年 10 月，李和他的父母在克拉里奇酒店，之后李赴白金汉宫接受他的大英帝国司令勋章。

▲ 李在斯凯奇岛，他将这个地方选为他的安息之地。

◁ 李和他的母亲乔伊斯。2004 年，乔伊斯问起李最害怕的事情。

“死在您的前面，”李回答。

▵ 李出现在公众视野的最后一张照片，拍摄于梅费尔区哈里酒吧，照片中还有汤姆·福特和安娜贝拉·尼尔森。麦昆去世后，汤姆回忆当时，隐隐感到“亚历山大是来向大家道别的”。

▲ 警察在梅费尔区格林大街麦昆住处外。2010 年 2 月 11 日，麦昆在家中自杀，就在母亲葬礼的前一天。

▵ 麦昆被葬在斯凯奇岛的一片海岬之上，面朝大海、微风吹拂。绿色的墓碑上刻着一行字（麦昆的右臂上也文有相同的一句话）：

“爱不是用眼睛来看，而是用心来感受。”

带，好像刚刚经历了一场大型的脑叶切除手术（或去皱整容手术）。漂亮的女孩，在外面根本看不到她们，在台上来来回回地展示，T台设计得好像一间软壁病房。台中央有一个看起来不祥的黑盒子。

所有的服装都美得令人吃惊，又让人感到深深的不安。有一条裙子使用血红色的医用载物玻璃片制作，另一条裙子是用李和乔治从诺福克的海滩上带回来的蛏壳做的。有一件大衣是用紫色和绿色交织的丝绸制成，主打保暖，背后还印上了麦昆的脸。有一件令人吃惊的夹克，其灵感是从日本的设计得来的。裤子和帽子用的布料是粉灰相间的鸟眼布。帽子的形状和小棺材差不多，上面绣了丝线，搭配真的不凋花。最后是一件精致的打底裙，由牡蛎壳制成，外裙则是由19世纪的日本纱屏制成的，李在巴黎克里尼昂古尔跳蚤市场上淘得。直到这场秀开始的6个月前，它一直在他家里放着。"那屏风纱非常脆弱，我们一摸，它就坏了，"莎拉·伯顿（Sarah Burton）说道，"我们把它缝在棉布上，它才不会坏。然后，我们以丝绸作衬，来保持它的形状。所有的工作都是手工完成的。这工作太精细，不能用机器来做。李几乎是一人完成的。他不想布料上产生褶子，想让它保持完整，这样可以显示我们绝妙的工艺。"

然而，服装的美丽在最后一幕受到了挑战。当舞台上最后一个模特走过时，谜一样的黑玻璃盒子里开始出现一束燃烧的灯光，广播里播出一阵粗重的呼吸声。盒子打开了，四个面撞到地上打碎了，里面出现了一个丰盈的裸女，戴着呼吸器，还有上百只飞蛾在空中飞。这个场景取自乔-彼得·威金（Joel-Peter Witkin）1983年的照片——《疗养院》。"我在其中的角色反映了麦昆的热情。用时尚的最深的恐惧直盯着观众。"

米歇尔·奥利（Michelle Olley）当时在她的日记中写道，她就是那个在台上脱光衣服、戴着氧气罩的模特。“我在里面代表着时尚的死亡，即美丽的死亡。”

这场时装秀呈现了麦昆对时尚产业的矛盾情绪：他能够想象并创造出令人窒息的美丽，然而他发现有些东西对环境有很大的毒性。就像米歇尔·奥利的回忆一样，最后一幕代表死亡。她写道：“麦昆先生正准备一场精心的艺术的死亡。”“在时尚里，我不能看见自己，”李告诉尼克·奈特，“时尚已经没有实体了。如果你从历史方面思考时尚，那它就是革命性的。它现在已经不是革命性的了。”奈特问他，你不觉得自己的创作是具有革命性的吗？“不，我已经不想再尝试了。我不想再做一个捣乱分子了……时尚带来了这些大公司，它已经没有任何意义了……如果我是上帝，我一定会在五年之内让时尚消失。”

这时候，麦昆本来可以退居幕后，远离不断发布时装的紧张工作。他和纪梵希的合同将于 2001 年到期；他说他不想追求更多的财富和更大的声誉；他已经实现了许多自己年轻时就有的抱负。但是，当伊莎贝拉·布罗打电话给他，跟他谈古驰公司的汤姆·福特想购买他们的股份的可能性时，他抓住了这个机会。他不能责怪福特的口才和他那德克萨斯人独有的魅力，也不能抱怨古驰的创意总监觉得他很迷人（根据伊莎贝拉的暗示）。毕竟，是麦昆主动抛出橄榄枝在先。在蒙特卡洛时，是他亲自联系的多米尼可·德·索勒。“我去找他（索勒），”他说，“跟古驰的一些计划安排我已经想好了。”或许他是想报复？“我真觉得他把自己在公司的股份卖给古驰集团其实是想竖起两只手指来掐死伯纳德·阿诺德。”克里斯·伯德说道。

2000年的夏天，麦昆与福特通了几次电话，最终决定约在常春藤餐厅见面。“汤姆一定会说，‘我要和亚历山大去吃饭，你不能来哦！’”理查德·巴克利说道。他是汤姆的伴侣（现在是丈夫）。“所以我知道他们在忙着做一些事情。”10月份的那天晚上在常春藤餐厅，李和汤姆坐着讨论他们各自的生活，聊到了许多话题，但不包括时尚。“我们前面有崔姬（Twiggy）撑起场面，后有查尔斯·萨奇（Charles Saatchi）镇场，所以现在我们两个才能坐在这里开心地共餐，”麦昆说道。轮到福特的时候，他说麦昆在照片里看起来有点严厉，但本人其实像棉花糖一样，“可爱、迷人又善良。”麦昆作品里的诗意吸引了他。“他是一位真正的艺术家，虽然有些商业化。”他说道。

然而，在商谈他公司（或者更确切地说，是他创办的三家公司，即绘画之门、秋日报纸和蓝天鹅）51%的股份应该投进多少钱的时候，麦昆是绝对不会轻易让步的。那时媒体登的数字从5 400万英镑到8 000万英镑不等，根据他的会计约翰·班克斯说，这有些夸张了。他记得的一系列秘密会议是在伦敦的梅费尔区、布朗家的后面召开的。所有的交易必须在高度保密的环境中进行，因为“古驰和纪梵希现在水火不容”，他说道，“当李提出想要这么多钱的时候，他们说没有问题，金额由李决定。最低是几千万美元。当我们提出这么多钱的时候，德·索勒和詹姆斯·麦克阿瑟（时任古驰集团执行副总裁）倒吸了一口气，但他还是得到了这么多钱：从两千万、三千万开始，最终达到了想要的数字。”

除了金钱之外，德·索勒和福特还向麦昆保证了品牌的独立性。作为回报，他们希望他能以自己的名字创造出一个品牌。"我必须要问自己一个问题——因为这是我的工作——他真的有能力把亚历山大·麦昆这个牌子变成国际品牌吗？"那时德·索勒说道，"我认为他行。不然根本不会做这笔交易。"

古驰希望能在全球开十家以麦昆的名字命名的旗舰店，加上一系列香水、配饰和派生产品。"他将会拥有我们想要的一切——一个遍布全球的时尚帝国。"朱利安·麦克唐纳德说道（他在纪梵希公司接手了麦昆的工作）。"他们将会竖起他的领子，打好他的领带，让他的配饰征服全世界。"

12 月 2 日星期六，约翰·班克斯打电话给麦昆，恭喜他达成了一笔交易。当时李和一群朋友坐在车里，约翰听见电话里传出一阵欢呼声。"他当时极度兴奋。"约翰说。李和乔治回到公寓庆祝，他们一起吃蘸了白加得冰锐朗姆预调酒的薯片。

12 月 4 日，当这笔超大交易被宣布出来时，各媒体就疯狂地宣传，甚至把这个故事写进了《太阳报》，用了很长的篇幅。"麦昆加剧了时尚业之间的竞争，"《卫报》的头条是这么写的。"古驰欣然接受了麦昆的坏男孩风格。"《泰晤士报》如是说。《独立报》的评论作者详细描述了麦昆在纪梵希这段不快乐的时光，但他希望这位设计师在扮演他的新角色时能更加快乐。"在与古驰合作时毋庸置疑充满了火花，"《独立报》说道，"但至少都不会成为终结。"

第十一章

“李一直在寻找令他舒适的状态——一种可遇不可求的平静”

克里·尤曼斯

Kerry Youmans

2000 年 12 月末的一天，李和乔治正在东区的家里看电视。这套租来的伦敦东区公寓房间的一角放着一棵巨大的圣诞树，树上装饰着数百颗施华洛世奇水晶。这些水晶是从麦昆在巴黎的四季酒店花 3 万英镑买回的枝形吊灯上拆下来的。李已经厌倦了总是在电视里看自然类节目，那晚，他们正在看另一部纪录片，李问乔治是否想去非洲。两天后，二人就乘上了直抵非洲大陆的飞机——麦昆包下了飞机的整个上层机舱。48 小时后，麦昆就已经看够了枯燥的景致，也受够了傻等几个小时才能瞥见走入视线范围的野生动物。他知道娜奥米·坎贝尔（Naomi Campbell）在海岸边有一栋房子，就租了架飞机去看望她。"我们在那里待了三天，开派对，吸毒——当时还是新年呢，"乔治说，"娜奥米身边的人都吸食可卡因，但她没有吸。"

与古驰的交易让麦昆成了一个十分富有的人。乔治记得麦昆曾因一时兴起要买几幅当代艺术作品，就带他飞去纽约；一个下午，麦昆就花费了 125 000 英镑，买下了包括《钻石鞋》（*Diamond Dust Shoes*）系列在内的几幅沃霍尔作品。"我只是想了解一点历史，"他说，"但我并不是他的粉丝。我只是在读他的日记时，感觉能够理解他。我觉得我和他之间有某种共通之处，因为时尚产业就是一堆狗屎，他很聪明，在死之前就看穿这点了。”

2001 年 6 月，麦昆花费 130 万英镑从他的发型设计师朋友盖泽·帕劳（Guido Palau）手中买下了位于伊斯灵顿（Islington）阿伯丁公园（Aberdeen Park）11 号的住宅。同一年，他又为自己的父母买下了位于埃塞克斯（Essex）霍恩彻奇（Hornchurch）罗湾道（Rowan Walk）的一栋房子，价值 275 000 英镑。起初，罗恩和乔伊斯并不太愿意离开位于斯特拉特福德比格斯塔夫路的房子。罗恩喜欢在附近的利河（River Lea）边钓鱼，而乔伊斯喜欢家门口的购物中心。“他们在新房子里住了几年之后才逐渐意识到他们早就应该搬过来，”珍妮特·麦昆说。

李对自己的外形不满意，向詹妮特·斯特里特-波特（Janet Street-Porter）要了她私人教练的电话。“他努力带着李运动，但毫无作用，”詹妮特说，“李不是正在吸着可卡因就是刚从吸可卡因的快感中缓过来，他还服用其他很多毒品。我的私人教练说他帮不了麦昆，他怕他们两个在做运动时李会出事或者突发心脏病。”麦昆仍旧不顾一切地减肥，他花费数千英镑去做缩胃手术，以便控制他的食量。手术成效显著，他在最初的 3 个月里减下了两英石的体重。“他努力让自己的外形符合名人的身份，但这并不适合他，”阿奇·瑞德（Archie Reed）说。“我总觉得他还是胖一点好看，”麦昆的哥哥托尼说。但麦昆喜欢自己的新形象——他告诉记者自己能够减重是由于采用了健康饮食以及包括瑜伽在内的运动方法。“他更愿意望着镜中的自己，心想，‘天哪，我真是太喜欢你了，’”他告诉《时尚》杂志的哈里特·奎克（Harriet Quick）。“在伦敦时，我来到这家夜总会，当时我很兴奋，但是我会与镜子里的自己对话——很有趣。我想，‘哦，你真是可爱！’这就是我。我终于成功瘦身了！”

2001年2月20日麦昆出席了在贝特西公园（Battersea Park）举行的罗孚英国时尚大奖（Rover British Fashion Awards）颁奖典礼，他的肚子小了不少；面颊看上去也清瘦了许多。麦昆——打败了朱利安·麦克唐纳德（Julien Macdonald）和克莱门茨·里贝罗（Clements Ribeiro）——荣获年度最佳设计师奖，他走上领奖台，显得紧张不安；麦昆一直戴着墨镜，掩饰了他飘移不定的目光。麦昆紧张是有原因的：台上，站着英国时装理事会（British Fashion Council）主席、康泰纳仕集团（Condé Nast）的尼古拉斯·柯勒律治（Nicholas Coleridge），旁边是查尔斯王子（Prince Charles），麦昆曾笑称那些年他总是暗地里嘲笑其着装。这次见面本会令麦昆很尴尬，但他说了个笑话让大家都放松下来。“我是在安德森与谢泼德裁缝店为王子殿下做衣服出道的，现在我竟从他那里得了一个奖，真是不可思议，”他说，“太诡异了”——在座的观众和王子都笑了。与此同时，背景屏上播放着麦昆的工作短片，设计师谈到了在时尚产业他所承受的压力，以及他会将自己的感悟展现在他的“沃斯”（Voss）服装秀中。“就像在实验室里的动物，被大家看，被大家说来说去，有点像时尚业，”他说，“时尚是个很小的范围，有它邪恶的一面，很多窥视狂。有时，时尚能让你窒息。有时，又有点像个精神病院。”

领奖当晚，李指责社会给予服装设计师的支持太少了，还说“如果没有古驰，他不会达到现在这个程度”，这一点他在几天前BBC2套的《新闻之夜》（*Newsnight*）中就提到过。“这一分钟你还在唐宁街10号喝酒，下一分钟就有人拉你去和首相夫人切丽·布莱尔（Cherie Blair）照相，”他这么说过，“她和我没说两句话就拉我去照相。这一切都挺好的，但是你必须证明自己的实力。”

麦昆从2001年年初开始就备感压力。他本想与萨姆·泰勒·伍德（Sam Taylor-Wood）合作设计其1月份纪梵希时装秀的布景，但LVMH集团听说了他与古驰的交易，据说，他的老板终止了这项计划，作为对麦昆的惩罚，并限制其在“乔治五世大道的沙龙举行只限买家入场的小规模秀”。LVMH集团放出的一些言论伤害了麦昆，尤其是其中称既然集团没有支持麦昆自己的公司，那么“麦昆先生为他自己的小生意去寻找财务支持是很正常的”。据记者赫利斯塔·D.索萨（Christa D' Souza）说，“自从麦昆与古驰的那次交易之后的所有报道中，‘小’这个字眼最让麦昆恼怒。”

麦昆品牌的下一个系列定名为“旋转木马”（What a Merry-Go-Round）是意料之中的事。该服装秀于2001年2月21日举行，混合了麦昆童年时期邪恶的一面［涵盖了《飞天万能车》（*Chitty Chitty Bang Bang*）中抓捕儿童的角色，口技表演者的假人，模特被打扮成癫狂的小丑模样或是面容恐怖的娃娃，八匹马的旋转木马，伴随着孩子嬉闹的声音］及其对时尚业赤裸裸的厌恶。秀场开始播放波兰作曲家克日齐斯托夫·克麦达（Krzysztof Komeda）创作的《魔鬼圣婴》（*Rosemary's Baby*）中的摇篮曲，在这令人毛骨悚然的乐曲中，一位小丑面容、戴着三角假发的模特从秀台上蹒跚而过，裙子的下摆处挂着一个金色的骷髅。“我们将模特以小丑的妆容呈现给大家，故作滑稽，”麦昆在服装秀之后说，

"但他们并不好玩，而是恐怖。游乐场是对我近期经历的一种比喻。"尽管这次服装秀获得了好评——"这个系列的服装将男性特质与女性特质，极度的浪漫与残忍的尖刻完美地融合，"苏珊娜·弗兰克尔（Susannah Frankel）写道——但后来，麦昆承认那次的表演盖过了服装秀，"没人记得那个系列的服装。"

詹妮特·斯特里特-波特并不这么认为。这次服装秀结束后，麦昆送给她一件带有裙裾的长款羽毛外衣。这位撰稿人兼主持人很喜欢这件衣服，但是穿着它确实会有一些问题。"首先，衣服很长，还带着裙裾，穿着的时候要很小心以免被绊倒，所以看上去就很像喝醉了一样，"她说。第二点就是穿这件衣服的人能够激发出自身的激情。詹妮特记得有一次她穿着这件衣服去泰特（Tate）参加一次艺术展会开幕，期间被一位衣着考究、举止极有教养的 60 岁出头的男子尾随。"他是位议员，或是工业巨头，穿着很昂贵的套装，"她说，"他走到我的跟前向我问好，希望能和我说句话，'如果您能到我的住处，就穿着这件服装站在那儿，您要什么我就给您什么，'他说。我拒绝了他的请求。我还穿着这件衣服参加了在牛津郡（Oxfordshire）举办的一场婚礼。我记得婚礼前我到一个朋友家去坐坐，她说，'天哪，你要穿那件衣服去参加婚礼？'我说是的，她说，'好吧，那我就不过去了，没有衣服比得过它。'麦昆的这件衣服能对人产生很大的影响，他的好衣服都如此。"

2001 年 3 月 13 日，李和乔治到蓬皮杜艺术中心（Pompidou Centre）参观了流行艺术展（Pop Art exhibition）。三天后，麦昆举行了他在纪梵希的最后一个系列服装秀，后来他又把这次服装秀搬到了乔治五世大道的沙龙，只是没有过多的宣传。一般来说，观众会有 2 000 人，但这次被削减到 80 人，大部分都是买家。摄影师被拒绝入内，现场只有几位时尚记者。“这次秀的风格是……用鸽子灰淡化外形流畅的男性化剪裁，丁香色，可爱的起泡女衫以及蛋糕裙，”苏西·门克斯（Suzy Menkes）在《国际先驱论坛报》（*International Herald Tribune*）上写道，“麦昆竟然将所有这些元素用人肋骨制成的宽束腰整合在了一起。”

麦昆 32 岁生日那天收到了艾尔顿·约翰（Elton John）送给他的一张乔-彼得·威金（Joel-Peter Witkin）的摄影作品。李一直在收集威金的作品，从 1997 年到 2003 年他已经持有 13 张原作，其中包括三联幅：《阴间画像：达鲁太太》（*Portraits from the Afterworld: Madame Daru*）、《大卫先生》（*Monsieur David*）、《大卫太太》（*Madame David*）（三具尸体的头颅被切开，脑髓溢出）以及《乡村一日》（*A Day in the Country*）（照片中似乎能看到一匹白色公马正在往一位裸体的老妇人身上爬）。“我可以从很多不同的角度来欣赏威金的摄影，”麦昆说，“我不觉得这些作品很极端，但我知道对有些人来说是有点过激。我不仅仅看到狗裸露在外的胃或者粪便，我看到的是一个整体，我觉得很有诗意。这与我的工作有关。”随着从古驰那边稳定的资金进账，麦昆不断扩大他的艺术收藏。他买下了马特·克里肖（Mat Collishaw）、萨姆·泰勒-伍德（Sam Taylor-Wood）、李·米勒（Lee Miller）、比尔·布兰德（Bill Brandt）以及马克·奎恩（Marc Quinn）的摄影作品，塞西莉·布朗（Cecily Brown）和弗朗西斯·培根（Francis Bacon）的画作，查普曼兄弟（Chapman brothers）的作品以及英国流行艺术家艾伦·琼斯（Allen

Jones）设计的一座雕塑，这是一位扎着束腰、穿着吊袜、戴着手套、穿着皮靴的女子，她站在那儿背靠着一个玻璃桌子。“我不是一个很在意钱的人，”他说，“买东西时我基本上不看标价，如果我喜欢某个商品，我就会买下它，不管多少钱。如果我到 50 岁时不得不卖掉一些作品，我也会这么做的。”他最喜欢的画作之一是扬・凡・艾克（Jan van Eyck）在 1434 年画的油画《阿诺芬尼夫妇像》（*The Arnolfini Portrait*），收藏于国家美术馆。他一直想买一幅 15 世纪艺术家汉斯・梅姆林（Hans Memling）的作品，但价格过高，他永远也买不起。“我想买一幅卢西恩・佛洛伊德（Lucian Freud）的作品，”他说，“如果有可能，我想请他帮我画像，我觉得他比表面看起来更有深度，他会挖掘出我疯狂的一面。”

然而一些朋友开始担心麦昆的艺术品位了。李告诉他的朋友米拉・柴・海德，他开始能看到房子里的光圈了。“我说，‘好吧，难怪，看看你收藏的这些艺术品，都是关于死亡的。’”米拉回忆道。她建议麦昆丢掉那些让人焦虑不安的作品，包括威金的摄影，但是他说，“它们很值钱。”“那就把它们收起来，或者放在你的工作室，不要放在你的住处，”米拉说，“我会告诉李如何保护自己，如何想象自己被白光包围。”李的园丁布鲁克・贝克（Brooke Baker）也记得麦昆收藏的那些作品令他感到不适。“有些作品，比如麦昆床头上挂着的一张他自己臀部的巨幅照片就很搞笑，但是后来他收集的照片却很阴郁，我觉得这些作品让他很沮丧、很低落，”她说，“其中一张照片上有一位被子弹击中的士兵，还有一位在汽车事故中被削首的女人。”

5月10日，麦昆在巴比肯艺术中心（Barbican）主持了一次一个小时的问答节目，对象是摄影家赫尔穆特·牛顿（Helmut Newton），设计师的这次露面是为了配合摄影师的作品展。在人们眼中，牛顿是“35mm德·萨德侯爵”，是“情色时尚”的支持者，麦昆认为牛顿和自己是志趣相投的人。麦昆说，牛顿“迷恋强有力的女子，沉溺于角色扮演，喜欢跨越男女之间的界限”，而麦昆自己也是这样。“在我事业的最初阶段，当人们质疑我的作品时，我很高兴能知道这个令人尊敬的名字，而且能与像牛顿这样的摄影家有着相同的志趣，我永远不需要向别人解释我自己，”他说。“牛顿作品中的女性形象就像是那种如果你妄图触碰她们，她们会奋力咬掉你的手臂，也许不仅仅是你的手臂，”麦昆的一席话引起了观众席上的一阵笑声，“他和我一样，都对美丽和残酷之间的明显界限感兴趣。”反过来，牛顿将麦昆称为“真正的大内密探”。

麦昆的私生活一如往常的复杂。他与乔治的“结合”并没有持续下去，那个夏天，两个人关系开始恶化，甚至发生激烈的争吵，引得附近的邻居不得不一次次地打电话报警。李开始和其他人约会了，其中一个是李·库伯维特（Lee Copperwheat）的侄子本·库伯维特（Ben Copperwheat）。本从1999年就认识麦昆，但两个人关系变得亲密起来还是从2001年夏天他从皇家艺术学院的印染设计专业毕业以后。“我觉得他特别有激情、慷慨、体贴、有趣、狂野，邪恶但充满能量（dark with a lot of energy），”本说，“我们曾一起去聚会，有一次我和他来到他的住处，我们就到处闲逛。那时他和乔治还是‘情侣’，但我不知道他们是否住在一起。李很疯狂，他是我认识的人当中聚会最多的人。他很喜欢在这种狂欢中失控的感觉。我和他一起出去过六七次，我记得有一次我们吸了一些毒品，我变得极度亢奋，之后的一天半我都没能合眼。”本现在很清醒——他觉得 2003 年搬去纽约后很容易就戒掉了酒和毒品。“伦敦的文化会让人酗酒、吸毒成瘾，”他说，“如果他能清醒一点的话，也许就能挽救自己的生命。”几年后，两人在纽约的一次活动中碰面，但麦昆没有理睬本。“他看起来冷漠、孤僻，似乎他对自己的一些朋友就是这样的，他推开了他们，”他说。

李与乔治于 2001 年 8 月分手。“李不是很好相处，而乔治总是惹他生气，”唐纳德·厄克特说。“彼此间真的会非常生气，冲突不断，最终，他精疲力尽了。”据阿奇·瑞德所述，李曾发现乔治从家里偷走一些同志色情片。“乔治还想借钱来付他的贷款，他们分手是因为李觉得乔治只想要声名和金钱而不是他这个人，”他说。后来，麦昆在一次名为“脱光新郎”（The Bridegroom Stripped Bare）的时装秀中表达了他对这段恋情破裂的悲伤，该服装秀的视频成为了尼克·奈特（Nick Knight）“表演”（SHOW）工作室制作的《变形金刚》（*Transformer*）剧集的一部分。一位面色惨白的模特穿着白衬衫和山本耀司（Yohji Yamamoto）的套装，站在白色背景前的一个白色底座上。在嘈杂的电子音乐声中，李开始剪裁这套服装，他只用了一段绳子、一片白布、一条长长的面纱和一罐白色颜料就把眼前的这位模特变成了一位新郎。最后，他将模特的手和脚用绳子捆住，在脸上点上几滴血红色的眼泪，在他的脚上洒上更多的颜料，把领带塞到他的口中。“周围大约有 25 个人在静静地观看他的创作，”尼克·奈特回忆说，“就像是在欣赏伊夫·克莱因（Yves Klein）或杰克逊·波洛克（Jackson Pollock）在进行创作一样……这个作品透露着极大的哀伤，我不清楚李当时的心情是不是就是这样的。”

实际上，这个形象表达出了麦昆失意的恋情、背叛和孤立。“他产生了信任危机，”与李再续前缘的阿奇·瑞德说，“他认为所有想和他在一起的人都是因为他的名气。我们几乎连几分钟的独处时间都没有。我因为打架斗殴名声在外，我打倒的人不计其数。谁和他约会我就会打谁。我会把他们拖出酒吧暴打一顿，然后回到位子上继续喝酒。当然，他喜欢我这样做。”

2001 年夏天，麦昆从地中海度假休整后回到伦敦，开始准备他的下一个系列“旋转公牛的舞步”（The Dance of the Twisted Bull），这是古驰资助下麦昆自己品牌的首个服装秀。在巴黎举办的这次服装秀以西班牙弗拉明戈舞裙和斗牛装的各种变化为特色，似乎比极端的“沃斯”秀温和了很多，后来麦昆的女装系列一直延续了这种风格。“我是从商业角度考虑的，”麦昆说，“我这样做是因为当时对于古驰来说我还是个新人，希望能够得到认可。我并不重要，那些买这些衣服的人更重要。”

麦昆意识到了这一新的责任，他要更多地为公司作贡献。苏西·门克斯记得在西班牙主题秀之前曾与麦昆碰面商量字体和信头。“这就是我的水平吗？”他开玩笑说。麦昆告诉门克斯古驰为他打造的计划：位于纽约肉库区（Meatpacking District）一个占地面积为 4 000 平方英尺的门店将于2002年开业，接下来是在全球开50家门店；打造麦昆香水品牌；一条男装生产线；小范围内的贵宾客户高级定制；由同属古驰旗下的意大利宝缇嘉（Bottega Veneta）生产鞋子；增设在伦敦的办公地点。“我要参加很多会议——都是业务方面的，开门店啦，包装啦，”他说，“好像所有的事情都要从头来过，有时候我觉得像是前进了两步，却往后退了二十步。就像是任何大企业和跨国集团——有很多繁文缛节，但是我不想被束缚，只好在这些条条框框中艰难跋涉，我不想失去麦昆的精髓，当然我也会考虑市场方面，但是我不想因此失去品牌完整性，那样得不偿失。”一位著名时尚编辑在一次采访中说，如今麦昆的超低腰露臀裤影响了全球，人们争相穿着低至股沟的裤子，每卖掉一条这样的裤子，他都会得到一美元的版权费，她询问麦昆对这种说法怎么看。“那我就会很有钱，”他回答道，“但是现在我已经很富有了！”根据《星期日泰晤士报》（*Sunday Times*）的财富排行榜，在2001年麦昆有575万英镑的进账。

公司找到了KCD（一家纽约公共关系公司）来为麦昆打造个人形象。KCD的主管克里·尤曼斯（Kerry Youmans）在几年前就见过麦昆，当时是在纽约，他被朋友叫去吃晚餐，麦昆也在。“麦昆第一次走进我在巴黎的办公室时就说，‘我认识你，’”克里回忆道，“他的观察力极强。他走进一间屋子，能告诉你屋子里的女人穿了什么鞋子，他的记忆力太惊人了。他的名气很大，我有点紧张，因为听说他的性格反复无常，很难相处。但那次见面他让我感到很舒服。旧识的经历让我们之间的工作变得很轻松，他觉得我很‘可靠’，后来我们就成了朋友。”这些年来，两个人在一起的时间越来越多：他们一起出去吃饭，一起去度假（一般李会把假期缩短为48小时）；一起去西班牙的伊维萨岛（Ibiza）、纽约和伦敦的夜店。“他就像你平时在夜店里见到的那些同性恋朋友，”他说，“他总是很高兴的样子，有一种狡黠的幽默感。在他身边总能感到很快乐。但是有时候他的身上会出现一些阴郁的东西，让人捉摸不透。他有着不可思议的才能，仿佛上帝或什么所赐。他与其他的设计师不同，从灵感到最后成品是一气呵成。他真的是独一无二的。他的创造力从何而来？他是怎么把几种不同的事物糅合到一起完成的呢？他的创造力真是一个不解之谜。”

巴黎时尚秀12天之后，麦昆的作品出现在了维多利亚和阿尔伯特博物馆（V&A）举办的“疯狂的时尚”（Radical Fashion）展览上。这次展览涵盖了很多设计师的作品，其中包括川久保玲（Rei Kawakub）、侯赛因·卡拉扬（Hussein Chalayan）、薇薇安·韦斯特伍德（Vivienne Westwood）、海尔姆特·朗（Helmut Lang）、渡边淳弥（Junya Watanabe）、阿瑟丁·阿拉亚（Azzedine Alaïa）、马丁·马吉拉（Martin Margiela）、三宅一生（Issey Miyake）、让·保罗·高缇耶（Jean Paul Gaultier）和山本耀司（Yohji Yamamoto）。“沃斯”系列中那条用数百张医疗幻灯片制成的裙子参加了这次展览，展览中这条裙子被染成了红色，简直美得无与伦比。“我差不多花了一个半月的时间制作这条裙子，”展览中，麦昆接受采访时说。“这条羽毛裙的内部结构是其他材质，就像是18世纪的衬裙一样，是唯一能够保持这条裙子形状的材料，而且这条裙子完全是手工缝制。”麦昆采用幻灯片是想要那种从显微镜下看到人体细胞的感觉，他把裙子染成红色，因为“栖血肤下”。在2015年策划“亚历山大·麦昆：野性之美”（Savage Beauty）展览的克莱尔·威尔科克斯（Claire Wilcox）记得麦昆曾对她说，“他认为愤怒中蕴含着激情，因此愤怒之于他是一种激情。”“和他一起布置这次展览，真是件令人难忘的经历，我过去从未了解原来时尚可以同时潜藏如此的黑暗与美丽。”

“疯狂的时尚”展览是在2001年9月的恐怖袭击事件一个月以后举办的。“那时候真令人害怕，”麦昆在9·11事件后说，“但它终将淹没在历史的长河中。”然而麦昆并没有丢掉他的幽默感。在展览的推介会上，他在博物馆的奇休利（Chihuly）枝形吊灯下与前国防秘书长迈克·波蒂略（Michael Portillo）调情。“如果我有权投票的话，我一定投他，”麦昆说，意指当时保守党刚刚落选。“我一直都很喜欢他。”

秋末的时候，麦昆通过凯特·摩丝结识了好莱坞演员丽芙·泰勒（Liv Tyler），她想请麦昆为她做一套礼服，参加当年12月10日《指环王》（*Lord of the Rings*）的首映式。李喜欢她，因为她不是一个自负傲慢的女人。“她是个谦虚的女孩，”他说。泰勒选中麦昆不仅是因为他精湛的裁剪技艺，还有他身上散发的活力和坏男孩的名声。“当时，亚历山大差点和我的男朋友杰昆·菲尼克斯（Joaquin Phoenix）打起来，”丽芙回忆起大约五六年前的事情，“他和杰昆点了牛排什么的，当时气氛很紧张。”首映式的前几天，麦昆来到丽芙下榻的多切斯特酒店（Dorchester Hotel），为她做最后的试穿工作。那是一身带蕾丝边的亮红色无袖裤装。李对上衣的合体程度不太满意，开始动手修改。“我感觉自己仿佛置于一位真正的艺术家的手中，”她说，“我告诉他肩膀部分有点紧，他不知道从哪儿拿出了一把大剪刀，开始剪裁，直到把整个衣袖剪掉。我再次试穿的时候，它是那么合身，那么美——穿着它，我感觉自己很性感，而且整晚都很舒服。”

无论麦昆设计出了多少令人惊艳的服装，他的内心总是向往新的创作方式。在整个职业生涯中，他一直在寻求一种能够补充甚或是替代服装设计的表达媒介。“我们一起合作的时候，他能把我做的事情全部吸收消化，”制片人约翰·梅布里（John Maybury）说，“他对电影制作的原理很感兴趣，而且很喜欢动手去做。他很聪明，能够迅速捕捉信息，因此他要想涉足影视、舞台是很容易的。”《炫目与困惑》（*Dazed & Confused*）杂志 2001 年 9 月号上刊登了一组由巴伐利亚籍摄影师诺伯特·斯科菲尔德（Norbert Schoerner）拍摄、麦昆为艺术指导的照片。两个人构想、拍摄的这张照片就像前一年在皇家艺术院展览的《启示录：当代艺术中的美丽与恐怖》（*Apocalypse: Beauty and Horror in Contemporary Art*）中的图片一样，令人极度不安。

一张照片中呈现的是一位裸女，身穿香奈儿高级定制时装，脚踩红色绸缎鞋跪在一张桌子上，她背对着一头驴的屁股。另一幅照片中一位女子身穿美丽的浅桃红色束胸，脚上穿着绿色长筒靴，靴子里似乎装满了画框外两个男人的尿液。还有一张照片，三个裸体男孩躺在一起，身旁是一堆食物残渣、动物内脏和猪头。而最恐怖的是一张被绞死的男子的照片，他的腿上脚上沾满了油脂。“麦昆的赞助商美国运通公司（American Express）看到了这些照片，他们不希望人们把他们的品牌和照片上的这些形象联系起来，”诺伯特说。斯科菲尔德认为麦昆“对图像有着敏锐的直觉”，称赞他“画面感”特别突出。“他有一种与生俱来的强烈直觉，看问题能切中要害，这一点特别难得，”他说。诺伯特被麦昆的想象力深深折服，把它比作“镀金的黑心，中心是黑的，表面是金色的”。

李透露他从帕索里尼（Pasolini）的电影《索多玛 120 天》中获得灵感，不过实际的素材来自于自己的真实生活。“这是在说人性，”他说。“有时人们要掌控是为了自己的利益，那么就涉及了信任。但是有时你信任的人会辜负你。”他说他的构想就揭示了“你能接受的被他人控制的底线”，那个被绞死的男子就是“不受控制的人”。那张几个裸体男子躺在一起，在猪头旁边渐渐腐烂的照片要表达的是死亡和腐烂是无法避免的事实。“无论你是人还是畜生，最终都只是烂肉一堆。”

麦昆渴望逃离自己的生活，并且爱上了这样做。“李一直在寻找令他舒适的状态，”他的朋友克里・尤曼斯说，“一种可遇不可求的宁静。”11 月 14 日，麦昆出席了《寓言》（*Fable*）的发布会，《寓言》的主编是米歇尔・奥利（Michelle Olley），就是在“沃斯”服装秀最后出场的那个戴着呼吸机的女人。他的老朋友艾瑞克・萝丝（Eric Rose）记得一天晚上李正在威斯特敏斯特的肉桂夜店（Cinnamon Club）里“吸毒，还光着上半身”。艾瑞克叫麦昆打起精神来，一大群记者正拿着照相机等在门外。“那天他口若悬河，还搂着一个男妓，”他说，“当天晚些时候我去了同性恋酒吧‘影子酒廊’（Shadow Lounge）——你能感到那是多少年前的事了，因为只有在那时候去那样的酒吧你才会感到有趣——

麦昆竟也在那儿，还和某个人在一起。我说，‘你怎么跑出来的？’——我一直都守在门外。他说他觉得烦了，就从救火梯爬下来了。”

2001年年底，李说他要减少他的夜生活了。“我累了，”他说，“我要戒酒、戒毒，把这些坏习惯统统改掉。”记者玛姬·戴维斯（Maggie Davis）曾就这个问题采访他，麦昆回应道，“你不一定非要戒酒，不去夜店，但每个人都有那么一个阶段，忽然对原有的喜好不再那么偏执了，忽然觉得除了宿醉后昏睡一天外，世界上还有很多美好的事情。”但慢慢地，麦昆的朋友们也开始能够看穿麦昆在媒体上编造的谎言。在戴维斯的那次采访中，李还说他刚刚通过了驾照考试；但事实上是他只拿到了一本临时驾照。虽然他也很喜欢开车，但还是不得不雇一位老司机陪着他。那段时间他的哥哥托尼陪他去看车，大众的高尔夫。后来麦昆又买了两辆车：一辆吉普，用来载他的宠物狗，还有一辆沃克斯豪尔（英国欧宝），托尼说他从未看他的弟弟开过这辆车。“他曾让我试试这辆车，”托尼说，“他自己都懒得去试车。”

麦昆常告诉记者他已经决定不再玩儿下去了，要好好找个人安顿下来，这番话让他的朋友克里·尤曼斯都大跌眼镜。“他一直让我不要再花天酒地了，应该找个人稳当过日子，”克里说，“他的提议很好，但我觉得他说给我听，也是说给自己听。在这方面，我们还真的很像，我们都很难把同性恋的生活与浪漫的爱情联想到一起，而且他不相信别人。”托尼记得有一次谈到李的个人生活，李说，“托尼，他们都是婊了。他们只想要你的钱。”托尼听到这话很难过，看上去他的弟弟并没有一个可以和他稳定下来的爱人。“我一直记着那句话，‘他们都是婊子，’”他说，“但在他的生活中，这成了常态。我常对李说，你这样就像拿着一把上了膛的枪；如今它随时会走火，太危险了。”

李喜欢有不同的男伴，但这并不意味着他不会有极度浪漫的举动。一年冬天，刚下过一场大雪，阿奇·瑞德在托特里奇巷（Totteridge Lane）的家里，他正因为背痛躺在床上。这时李打来电话，让他过去见他，阿奇告诉李他的坐骨神经痛，下不了床。李的字典里没有“不”这个字，他说他会租一架直升机去接他。“我告诉他，这一趟要花费 15 万英镑，别发神经了，”阿奇说。环绕阿奇的脖子文有两个字母，一个“L”代表李，一个“A”代表亚历山大，“Love Guidance Always”（爱永远指引我们）字样的文身从他的肩膀一直延伸至脖颈，与那两个字母汇聚一处。“他做任何事都充满激情。”

麦昆的暗黑浪漫情怀在他的下一个巴黎服装秀“奇思妙想”（Supercalifragilisticexpialidocious）中得到了完美的阐释。3 月 9 日，该场秀在巴黎古监狱（La Conciergerie）举行，皇后玛丽·安托瓦奈特（Marie Antoinette）于 1793 年在这里被执行了死刑。麦昆对法国大革命时期的历史和服饰很感兴趣，尽管他不懂法语，但他很爱看查尔斯·孔斯特勒（Charles Kunstler）写的关于这位法国皇后书中的插画。服装秀以童话造型开场：一位戴着淡紫色帽子穿着披风的小姑娘穿过地牢，后面还跟着两条大灰狼。麦昆请和他一样有着哥特风格的导演蒂姆·伯顿（Tim Burton）来制造灯光效果，这次服装秀的请柬也是蒂姆设计的。“甲胄般的羽毛胸衣，与皮带衔接，突出女性的躯干和臀部，法式缎面灯笼裤和吊带，这些设计都那么优雅大方，丝毫不显鄙陋，”《每日电讯报》的希拉里·亚历山大（Hilary Alexander）说。评论家和买家都一致认为这次“略带恐怖氛围”的服装秀简直出自天才之手。但观众席中的一位外行却对此颇有微词：因为苏西·门克斯抱怨日程安排太满、不人道，《泰晤士报》只好派这位令人尊崇的战地记者安东尼·劳埃德（Anthony Loyd）去报道巴黎时装周。劳埃德看出秀场上出现的那两条狼实际上是狼与哈士奇的“杂交品种”，它们看上去很怕人，而且被周围的灯光照得头昏眼花、迷迷糊糊。而让他更焦虑的是秀场的邪恶意象。他写道，“这完全是一个由对永恒青春、力量、性和美的专制的残暴妄想主宰的世界，似乎是厌女症开始了他扭曲的性幻想，其程度是那天我看到最腐化、最变态的。”

劳埃德本来应该去报道在洛杉矶举行的一年一度的奥斯卡颁奖典礼，在盛典上，世界上最美丽的女人会在红毯上争奇斗艳，尽显芳华。那年，美国女演员格温妮丝·帕特洛（Gwyneth Paltrow）选中了两周前麦昆服装秀上爱沙尼亚名模卡门·凯丝（Carmen Kass）穿的那身服装：黑色网眼的透视衫和黑丝裙。她也穿了类似的服装参加了颁奖典礼。《太阳报》批评帕特洛的“破洞马甲”下什么也没穿，评论家也一致认为她的这身行头可以跻身于奥斯卡最差着装；后来帕特洛自己也承认应该在里面穿一件胸衣。而麦昆却很喜欢帕特洛这么穿；他很欣赏这位演员能够敢于把暴露自己身体缺陷的衣服穿出来。“我很喜欢格温妮丝，她很甜美，有着美国女孩特有的金发碧眼，”他说，“她在电影圈干得不错，我想好好剖析她，再把她以我的方式重塑。我喜欢让人们展现出真实的自己。”

2002年5月初，麦昆花了34万英镑买下了在海边的一处两居室的简舍——位于港口城市黑斯丁斯（Hastings）以东3英里处的菲尔莱特（Fairlight）沃伦路（Warren Lane）的老谷仓（Old Granary）。房子小巧，布置简单，是麦昆急需逃离工作压力的去处。“我不是到那里找灵感的——而是为了片刻的宁静，”他说，“没有混凝土浇筑丛林中的喧嚣，只有静谧和空白画布。”他经常在周五的时候带着他的狗“薄荷”和“果汁”到东萨塞克斯郡（East Sussex）去游玩，周一再返回伦敦。“他喜欢逃离他所认为的残酷而艰辛的生活，”雅基说，“带着他的狗独自一人在海岸边漫步、瞎想。”

米拉·柴·海德曾多次去菲尔莱特看望李。她带上在洛杉矶买的食材，为李烹制他最爱的菜肴：鸡肉玉米卷饼。麦昆经常在家看烹饪节目，他说这让他很放松（他能很快地做好一份泰式咖喱虾，加上很多柠檬草，味道还不错）。“李最终向往的是一种更简单的生活，”雅基说，“他吃大餐开心，吃烤豆子也一样开心。”工作时，他的早餐一般是一碗冰牛奶加玉米片，或者烤土司涂马麦酱。在东萨塞克斯郡的时候，当人们吃完烧烤时，麦昆会把剩下的食物拿到公园边上来喂附近的狐狸。夜里，外面漆黑一片的时候，李偶尔会溜出去，把手电光源对着自己的下巴，突然出现在窗边，吓唬附近的游客。“他做的每件事都透着一股幽默感，”时尚名媛达芙妮·吉尼斯（Daphne Guinness）说。总能让珍妮特·麦昆捧腹的一件事是，李会假装以一种自命不凡的口吻说，“说的不是你——都是我！”他的员工看到他用大头针掏耳朵时也会觉得很有意思。

但是麦昆有权利为自己做出的成绩而自豪。美国尼曼百货公司（Neiman Marcus）的高级副总裁兼时尚总监琼·卡勒（Joan Kaner）说，麦昆“已经到达了他的事业巅峰”，《时尚》杂志称麦昆为“创造天才”。在短短六个月的时间里，麦昆在安维尔大街（Amwell Street）上的办公地点已经扩展了三层楼，李还任命了一位新的 CEO 苏·惠特利（Sue Whiteley），她曾是哈维·尼克斯（Harvey Nichols）女装经理。“我们必须要好好想一想，‘我们未来该如何发展？怎样打造一个品牌？’”苏说。“亚历山大·麦昆这个牌子在美国的市场份额有限，可以说非常小。但我们能看到利润空间，我们要打入美国市场并脱颖而出。”

麦昆请建筑师威廉·罗素（William Russell）——他的好朋友特里诺·韦卡德（Trino Verkade）的丈夫——为他设计在纽约和东京的门店，这两家店已于 2002 年开业，另一家位于英国邦德街（Bond Street）的门店预计转年开业。“他希望我能别出心裁地设计出新奇独特的商店，”威廉说，“他不想把某种式样或感觉强加给我，而是希望我们之间建立起某种协作关系。”罗素拟订了一个长达六个月的计划来挖掘并验证自己的想法，但是在东京的选址已经完成，他必须在规定时间内完工。罗素最近曾到埃塞俄比亚（Ethiopia）的拉利贝拉古城（Lalibela）游览，那里的一些建筑是沿山或峭壁表面凿建而成，这给了他灵感。建筑师与麦昆一起想出了从一块巨大的白色块状材料中开凿出一个空间作为门店的主意。“他想打造一个灯光璀璨的山洞式门店，”他说。他希望麦昆的所有门店都有一种“缥缈”之感，坐落于肉库区西部第 14 大街上的纽约门店则引入外星人和太空元素。“我要的是独一无二，与以往完全不同，因此选择了《第三类接触》（*Close Encounters of the Third Kind*）中太空船式的感觉，”他说，“所有的东西都飘离地面，太空船在中间，卫星从母舰上方飞出。”一位去过纽约这家门店的人说这个地方确有“超脱尘世”之感，“雕琢的半身像光亮闪烁，挂在商店四处，像极了外太空悬浮的各种遗骸。”

《脸》杂志 9 月号封面还刊登了一张麦昆的肖像，颇有外太空意味。图片中麦昆裸露上身，头修得干净铮亮，看起来像被喷了一层银色的涂料。在问答环节，麦昆告诉记者克里斯·希斯（Chris Heath）他想把时装推向未来。他幻想能用液体金属来制作一条裙子。“我不能那么做，那会烫伤穿它的人，”他说，“要是人死了还有什么意义呢？但我一直在琢磨能用电脑设计服装，你只需要输入一个人的尺码，衣服就直接在那个人身上编织出来。”记者又问了麦昆一系列问题。伤心时会听什么歌曲？他说，玛丽·简·布莱姬（Mary J. Blige）或艾丽西亚·凯斯（Alicia Keys）唱的歌。你最爱说的脏话是？“婊子，”他回答，“因为所有人都讨厌这个词儿。”你谈过几次恋爱？“差不多两次，”他说。想要个孩子吗？“想过，正在努力，”他说。为什么那么想要一个孩子？“因为我应该有个孩子。”什么时候你感到最孤独？“在我很紧张、有压力时。”什么时候感觉最快乐？“和我的爱人一起躺在床上时，”他说。有没有重复做的梦？“总是梦见蛇，它们在我身边扭动，是毒蛇……到处都是，在我的两腿之间，我的身上……我还总梦到一间四面是墙的幽闭房间。”

2002 年 10 月 6 日，名为“树鸭”（Irere）的时装秀在巴黎市郊的一座体育馆内举行，主题为逃离。“树鸭”源于亚马逊河区印第安人的“转化”（transformation）一词。秀场背景是一个长50英尺、宽20英尺的巨大屏幕，上面播放着约翰·梅布瑞（John Maybury）拍摄的短片。麦昆与约翰在20世纪90年代中期就相识了，他拍过一部有关弗朗西斯·培根（Francis Bacon）的电影，名叫《情迷画色》（*Love Is the Devil*），麦昆很喜欢。“在伦敦的各色夜店里我都能看到他，这家伙挺有趣，总是嘲笑那些表面上装腔作势、私底下龌龊猥琐之徒，”约翰说，“他让我进来，不是在夜店，而是在这样的环境里看见他感觉很有趣。他一改以往略粗糙的外形；他根本不是你想象中的那种时尚人士——穿着简单，毫不夸张——但仍保有他的幽默风趣。他对要拍摄的内容相当清晰——他在脑海中有一个完整的构图——我们在一个巨大的水箱里完成沉船素材的拍摄。拍摄期间，李作为副导演兼艺术指导就站在旁边，他不是那种甩手大爷，我的意思是他很认真负责。模特在水中挣扎、翻转，好似在芭蕾舞中的表演，这时，一位漂亮的男孩跳入水中救起了他，整个情节浪漫唯美。”

影片的第一幕是从水下拍摄上方的灯光，这个画面麦昆也许还记得。那年夏初，当时他还在游泳俱乐部，在一则广告拍摄的最后，史蒂文·卡莱恩（Steven Klein）刚刚拍摄完一组模特在水中的镜头，麦昆穿着衣服跳入水中，出水的画面刊登在《W》杂志中。麦昆在这次服装秀中又重现了那个场景。在他生命的最后几年中，李仍喜欢去马尔代夫浮潜，“在水下，我感到非常平静，”他说。

“树鸭”系列的服装采用了活泼的柠檬色、亮丽的橘色以及明黄色——以彩虹色的雪纺裙为特色——主旨是欢快的，突出了大自然的疗愈效果。麦昆出现在服装秀最后，他新染了金发，穿了一身精致考究的白色西装，在场的人称他看上去快乐而健康。“那时候麦昆风头正劲，”约翰·梅布里说，“他的事业正处于巅峰期，他的每一件设计，即使是成衣都会被视为惊世佳作。他热情满满、活力充沛，像一个满格的电池，源源不断地为你输送能量，温暖你的双手。”苏珊娜·弗兰克尔（Susannah Frankel）称赞麦昆的系列，“如果荒岛如此美丽，我们都愿意住在那里。”

“树鸭”系列的亮点之一——一件可以成为时尚标志的设计——被称为“牡蛎裙”。这条裙子由上百层纯白色的丝绸制成，据说价值近 4.5 万英镑，大都会博物馆的馆长安德鲁·伯顿（Andrew Bolton）说它“看起来像极了千层酥的酥皮”。莎拉·伯顿（Sarah Burton）向人们道出了李制作这条“牡蛎裙”庞杂繁复的工艺：“裙子顶端支好裙撑，附上薄纱，顶端的雪纺要做出磨损、蓬乱的效果，”她说，“透明硬纱被剪成数百个圆圈，层层环绕着裙体。李拿着一支笔画出纹路，这些圆圈被剪断，拼接在一起，然后沿这些纹路把它们缝到裙体上，这样就形成了牡蛎的效果。”

就文化上来说，当时麦昆处在一个奇特的位置上，他试图在尖端的时尚产业与普通大众市场之间搭建一座桥梁。

比如，麦昆在纽约刚获得了 VH-1 时尚大奖，11 月 1 日就赶去拉斯维加斯监看在一家商店里举办的 T 台秀，光观众就有 2 500 人。回到英国，他又卷入了一场口角之中，有关什么样的名人才能穿麦昆设计的服装。那年 10 月，有人拍到电视节目主持人乌莉卡·约翰逊（Ulrika

Johnson）穿了一条麦昆设计的紫红色低开领裙子。“她不是从我们这里得到衣服的，”麦昆怒气冲冲地说，解释不是麦昆的媒体办公室为了宣传推广借出去的。除了约翰逊，麦昆认为像维多利亚·贝克汉姆（Victoria Beckham）和帕里斯·希尔顿（Paris Hilton）这样的名人都不够酷，无法穿出该品牌的效果。“如果我把自己设计的衣服给谁穿，这个人一定和我有某种关系——我们要不就是朋友，要不就是我很喜欢他们的作品，”他说。麦昆认为完全可以在符合全球时尚风向标的同时保有先锋派美学的真谛。“如果我不能诚实相对，我就不会去做，”他说。

2002 年年底到 2003 年年初这段时间，麦昆的设计水平屡屡获得认可。他与萨维尔巷亨斯迈集团（Huntsman）达成协议，新设计一个系列的定制西装。丽芙·泰勒看中了麦昆设计的“牡蛎裙”，希望在此基础上略加改动，作为她 12 月份《指环王：双塔奇兵》（*Lord of the Rings: The Two Towers*）首映礼的礼服，同时还委托麦昆为她 4 月份的婚礼设计一条白色的拖地长裙。2003 年 3 月，麦昆在巴黎推出了“扫描仪”（Scanners）系列，获得好评无数，尤其是身穿手工印染的降落伞外套的模特尽力通过透明风道的一幕，让人们赞口不绝。“如果有一天，麦昆厌倦了时装行业，他可以来电影圈试试……”盖伊·特雷贝（Guy Trebay）在《纽约时报》上写道。“麦昆先生是像奥逊·威尔斯（Orson Welles）一样的天才。”特雷贝还特地提到了这次服装秀的邀请函——麦昆大脑 C T 扫描组合图片——强化了“不只是外表”的设计理念。

3 月初，麦昆公开辟谣，自己并非外界所传——要取代汤姆·福特（Tom Ford）在古驰的位置，或是要去伊夫·圣·罗兰。“我死也不会那么做，”他说，“在纪梵希时，我一年要设计 14 个系列的服装，还包括我自己的品牌。工作量太大了，我真的吃不消。我再也不要回去。”

2003 年 3 月 17 日，麦昆 34 岁生日那天，他开启了他的香水王国之门，5 月 7 日，在邦德街的门店开业了，麦昆邀请了很多名人朋友来捧场。6 月 2 日，美国时尚设计委员会（Council of Fashion Designers）授予麦昆“世界最佳设计师”的称号。“无政府主义者、风趣、消瘦、争议、朋友、忠诚、魅力、创意、阴暗、决绝，”凯特·摩丝在颁奖典礼的小册子上写道。“对麦昆来说……这是荣耀的时刻，”《独立报》（*Independent*）记者苏珊娜·弗兰克尔（Susannah Frankel）写道。麦昆在纽约门店举办了一次非公开的时装表演，当天，“这个城市伟大而善良的人民”就耗资 120 万美元购买“扫描仪”系列服装。两周后，麦昆听说他被伊丽莎白女王授予了“大英帝国司令官”（Commander of the British Empire）的称号。那年夏天，麦昆开始翻修他在哈克尼（Hackney）特勒斯（Terrace）卡多根（Cadogan）82 号的四层别墅，这栋房子是他 2002 年花 70 万英镑购置的。“他买这栋房子，是因为它地处一大片草地，”阿奇·瑞德说。麦昆花费 12 万英镑请布鲁克·贝克（Brooke Baker）设计了一个锦鲤园，其他地方的整修又花费了至少数十万英镑。这栋房子里有一个汗蒸室、一个瑜伽室、一个运动室，他只用过一两次，卧室配有可活动屋顶，“但他从未打开过，他怕鸟会飞进来，”阿奇说。卧室和浴室之间的墙上镶嵌进一个水族箱。“鱼儿可什么都看见了，”他的一位朋友打趣说。

麦昆自己也承认，他得到的远比他想象的还要多。但是他蒸蒸日上的事业开始被阴影笼罩，抑郁的幽灵开始吞噬他的朋友伊莎贝拉·布罗（the dark spectre of the depression that had started to torment his friend Isabella Blow）。

第十二章

乔伊斯·麦昆：

“你最害怕什么”
“死在您前面”

李·麦昆

Lee McQueen

车在一栋看似童话中的城堡般的白色建筑物前缓缓停下。李·麦昆从车上走了下来，后面跟着菲利普·崔西、肖恩·利尼，还有穿戴考究但憔悴虚弱的伊莎贝拉·布罗。这四个朋友走过车道走进罗汉普顿（Roehampton）的普莱奥利私立医院（The Priory Hospital），这家精神病医院专门诊治富豪和名人。医生先是询问伊莎贝拉的病情，而后收治，期间要住院三个月，麦昆担负了其中一部分治疗费。

在过去的几个月中，伊莎贝拉一些可爱的小癖好——比如，她经常会对出租车司机拼出她在伦敦希德街（Theed Street）的地址，T 代表奶头，H 代表好色，E 代表勃起等——开始逐渐演变为狂躁症。有一次在与普拉达的公关吃午餐时，伊莎贝拉的胸部从紧勒的束腰胸衣中露了出来，可她整顿饭就一直坐在那里，不去整理衣服，任凭乳房耷拉在餐桌上。她在《尚流》（*Tatler*）任时尚编辑期间，为了拍摄一个镜头，让名人穿上马诺洛品牌（Manolo Blahnik）的鞋子，就这一项就花费了 4.5 万英镑，用去了时尚部门一整年的预算。她的个人支出更是离谱，她和迪特马被出租车公司追讨 1 万英镑的债务。朋友们说，如果你在周五给伊莎贝拉 100 万英镑，到了周一早上这些钱就会被她花光。

伊莎贝拉和迪特马的婚姻也是问题不断，他们想孕育试管婴儿，但屡屡失败，迪特马的母亲威胁他们如果再不能受孕就拿走希尔斯庄园，这勾起了伊莎贝拉旧时的噩梦。儿时，因为家财败落，伊莎贝拉一家被迫住进多丁顿公园（Doddington Park）一处她称之为园丁小屋的地方，她会久久凝视远处他们曾住过的大房子。“人们都认为伊莎贝拉迷恋时尚——其实她只是非常喜爱时尚——她真正着迷的是希尔斯庄园，”菲利普说。2003 年 1 月，伊莎贝拉的行为变得异常古怪，迪特马向法院申请离婚；事实上是伊莎贝拉与一位意大利的酒店老板关系暧昧（迪特马称那个男人为“意大利船夫”），这使他们的夫妻关系进一步恶化。在巴巴多斯岛（Barbados）的度假也没能让她打起精神，从加勒比回来后她感到精疲力尽，烦躁不安。她觉得自己一无是处：她不美，她说她工作努力但没有挣到钱，而且还生不了孩子。麦昆听到她的情况说，“迪特马——听说你不行呀。”

李认为伊莎贝拉目前的精神状况有一部分是由她与丈夫的恶劣关系所致，他请求她不要再见迪特马了。“我和伊西分开后，麦昆带她去了医院，还告诉伊西无论发生什么都不要再见我，”迪特马说，“我认为他错了，伊西非常脆弱，我知道没有我她会崩溃的。”在医院期间，伊莎贝拉和一位称她为“不幸的贝拉”的年轻女孩成了朋友，后来才知道，这个女孩竟是歌手莉莉·艾伦（Lily Allen）。另一位患者抱怨这家医院太贵了，要转院到克拉里奇（Claridge），目前她正在办出院手续。伊莎贝拉得到允许周末可以外出，她会到菲利普·崔西和他的男友斯蒂凡·巴特莱特（Stefan Bartlett）在伊丽莎白大街的住处度周末。9 月，伊莎贝拉出院，但她知道自己根本没有康复，只好开始药物治疗，服用含锂的精神病药物，她的朋友说这种药让伊西变得好似行尸走肉，但她并没有完全失去她的幽默感。她戏称她的药片为“玛丽莲·梦露”，还告诉记者她一直喜欢亚历山大服装的原因——“你可以一直穿着‘麦昆’做爱，只要撩起裙子就好了。”她说。

麦昆支付了大部分伊莎贝拉在医院的治疗费用，但他很难接受他的朋友患有精神病的现实。也许他们彼此不再联系，反而对双方都有益。但是他们两个被一种奇怪的彼此依赖感紧紧拴在了一起：伊莎贝拉对麦昆设计的服装上瘾，而李也离不开伊莎贝拉，她就好似自己精神畸形的双胞胎或在镜中扭曲的影像。“他恐惧伊西的黑暗面，因为他也有自己的阴暗面，”迪特马说，“亚历山大心中住着自己的魔鬼，所以他不愿意去看伊西，这我不怪他。伊西总想重温从前的日子，但时间一去不复返，他们已经回不去了。”

2003 年 8 月，麦昆和几个朋友在伊比沙岛（Ibiza）上租了一栋大别墅，其中包括克里·尤曼斯（Kerry Youmans）和塞巴斯蒂安·彭斯（Sebastian Pons），他们几个人已经三年没有联系了。塞巴斯蒂安来到这栋豪华别墅，发现李刚刚和其他朋友起了争执，把自己关进了自己的房间。他走上楼敲响了李的房门，这是他们分别以来第一次见面，塞巴斯蒂安感到非常激动和紧张，他感到自己在发抖。麦昆终于打开房门，塞巴斯蒂安几乎没能认出他来。“他不是我们 2000 年分别时的那个麦昆，也不是 1995 年我们认识时的那个麦昆，”塞巴斯蒂安说，“他比我记忆中的麦昆小了一半，看上去迷茫而苍白。”两个人抱了抱，开始交谈起来。塞巴斯蒂安问他怎么会瘦了那么多，李撩起衬衫，让他看做缩胃手术的疤痕。后来的六七个小时他们两个就一直聊着、说着、回忆陈年往事。麦昆问他最近在忙些什么，塞巴斯蒂安说他为纽约时装周设计了一个系列的服装，但是他的资金短缺，麦昆借给他3万英镑资助其时装秀。麦昆的做法感动了塞巴斯蒂安。麦昆还告诉他你只能给人们一次机会，而不能一而再再而三地这样做；后来他意识到这一点麦昆自己就没有做到。沉默了一会儿，谈话变得严肃起来。

“现在最紧要的是我染上了艾滋病，”李说。

“什么？”塞巴斯蒂安说。

“是的，那个混蛋传染给我的。”

麦昆告诉塞巴斯蒂安传染给他艾滋病那个人的名字。李感到心烦意乱，无法继续度假，塞巴斯蒂安和克里送他到机场，李就这样飞回了伦敦。麦昆在汉普斯特德（Hampstead）的皇家自由医院（Royal Free Hospital）寻找治疗艾滋病的方法，他服用了很多抗逆转录病毒的药物来控制病情。李在去世前五六年告诉家人自己染上了艾滋病，这个消息让他的亲人震惊而悲痛。

尽管化验出阳性并不意味着早亡（麦昆在80年代就发现了自己的同性恋取向），但这个消息确实对后来麦昆精神状况的恶化起到了推波助澜的作用，这一点是毫无疑问的，同时也加剧了麦昆大量服用毒品，以期逃离现实。“他让许多毒品商都发了财，”阿奇·瑞德说。麦昆每天要花费600英镑在毒品上。“他可以在一天之内设计出三个系列的服装，但一般都消耗在可卡因上——毒品开启了他的灵感之门，但也从他的身体里拿走了另一样东西，随之而来的是妄想症。”李和朋友在一起时会唱，“妄想症会毁了你”，尽管他只是在开玩笑，但不幸的是一语成谶。时装设计师罗兰·穆雷（Roland Mouret）曾对普兰姆·赛克斯（Plum Sykes）说，“麦昆享受毒品为他带来的放松，毒品是阴暗邪恶的，他吸毒不是为了得到快感，而是让自己体会那种绝望。”

那些穿麦昆服装的人们为他的黑暗审美而折服，但却不了解萦绕于麦昆心头的魔鬼。那年 8 月，《时尚》杂志的主编亚历山德拉·舒尔曼（Alexandra Shulman）、《眩晕与迷茫》的摄影师兰金（Rankin）、“声色内阁”的马克·鲁德（Mark Rodol）以及著名设计师奥斯华·宝顿（Ozwald Boateng）选出亚历山大·麦昆为“世界最酷品牌”，超越了丹麦顶级视听品牌邦·奥陆芬（Bang & Olufsen）、英国高级内衣品牌大内密探（Agent Provocateur）、伦敦泰特美术馆（the Tate Gallery）和意大利摩托车品牌杜卡迪（Ducati）。9 月 25 日，李再次获得了年度最佳设计师奖。当帕米拉·安德森（Pamela Anderson）为麦昆颁奖时，一位坐在老比林斯盖特市场（Old Billingsgate Market）观众席上的评论员说，“我们正在想《海滩救生队》（*Baywatch*）中美女波姆肖尔（Bombshell）的表述能力已经够让人头疼了，组委会这次不会挑选一个比她还差的吧，结果麦昆突然出现了。如果他的获奖感言能听得过去的话，那么旧石器时代中期尼安德特人（Neanderthal Man）的讲话就可以媲美吉尔古德爵士（Sir John Gielgud）了。”设计师杰夫·班克斯（Jeff Banks）并不认同这次评奖结果，他觉得朱利安·麦克唐纳德（Julien Macdonald）应该获奖。“亚历山大·麦昆设计的服装有点像是皇帝的新衣，”他说，“我觉得这些衣服既不能穿，也卖不出去。他只不过是得到了意大利一家大公司的资助，似乎是‘潮流’之选罢了。”

但麦昆的下一场秀则让这样的评论不攻自破。10 月 12 日在巴黎的华格朗音乐厅（Salle Wagram）（之前曾是一个舞厅）举办了这场名为“解脱”（Deliverance）的服装秀。发布会的灵感来自 1969 年西德尼·波拉克（Sydney Pollack）的电影《射马记》（*They Shoot Horses, Don't They?*），麦昆围绕舞蹈马拉松这一主题设计出这场服装秀。影片讲述的是大萧条时期在洛杉矶举办的马拉松式的舞蹈大赛，片尾疲惫而绝望的参赛者葛洛莉亚（简·方达扮演）请求她的舞伴罗伯特（迈克尔·萨拉兹扮演）向她开枪，她的舞伴最终杀了她。警察质问罗伯特的时候，他回答道，“他们不是也射杀马匹吗，难道不是吗”，他在很小的时候看见一匹受伤的马被开枪打死。在麦昆整场服装秀上，音响设备中一直播放着一个声音“他们必须不停向前，他们必须一直跳下去”，信息表达得很清晰，它道出了麦昆承受的来自工作和生活上的方方面面的压力。“表演结束一幕，失败者虚弱地倒在舞台上，一动不动，或是死了，身上的衣服破败不堪，斑驳一片，”《纽约时报》报道。台下的观众对这场秀反响热烈，而时尚评论家柯林·麦克道尔（Colin McDowell）则认为舞蹈马拉松现象的社会现实性与时装秀强调的资本主义目的不相符。以这种特殊的主题“作为销售高端服饰的媒介看实令我震惊”，他说。“那么接下来会是什么呢？大屠杀吗？这是推销条纹服装的绝佳契机，亲爱的。别笑：这很可能会发生。当前的时尚界粗糙而麻木，它会接受任何作品，只要挂上著名设计师的标签。”

麦昆从巴黎回到伦敦，协办了于 10 月 15 日在皇家阿尔伯特音乐厅

（Royal Albert Hall）举办的一次秀。在时尚摇滚（Fashion Rocks）部分，比约克（Björk）演唱了歌曲《单身女子》（*Bachelorette*），为王子信托基金（Prince's Trust）筹资。10月29日，身穿自己设计的苏格兰男子短裙，麦昆在白金汉宫接受了女王颁发的大英帝国司令勋章（CBE）。一些宾客嘲笑他的外表，好像在说，"你只不过是个穿着苏格兰短裙的光头小子"，麦昆多多少少受了些影响。大英帝国勋章员佐勋章（MBE）的获得者杰米·奥利弗（Jamie Oliver）穿了一套保罗·史密斯的西装和一件开领衬衫。麦昆觉得他穿着太随意了。"我觉得杰米今天至少应该打一条领带，"他说，"无论什么样的领带，看上去都会好很多。"

麦昆一直认为自己是个共和党人，他愿意接受这个勋章完全是因为他的父母会为此感到骄傲。仪式开始前，麦昆告诉自己不要直视女王殿下的眼睛，但当那一刻真正到来时，他却情不自禁。他后来形容那次会面有坠入爱河的感觉。"我看着她的眼睛，就像你看见房间那边的舞池上有某个人，你心想，'哇哦'（it was like when you see someone across the room on a dance floor and you think, 'Whoa!'），"他说。女王问麦昆他做这一行多久了。"有几年了，尊敬的女王陛下，"他回答。"这时我们两个同时不说话，等着对方，停了一下，她开始笑了起来，我也笑了起来，"他说，"很明显女王也有她的无能为力。我为她感到遗憾。过去我说了很多女王的坏话——她就坐在那儿，就能拿到一笔笔数量可观的金钱——但在那一刻，我对她生出了一些怜悯之情。"

前一夜，麦昆参加了安娜贝尔（Annabel）和克拉里奇（Claridge）的派对，第二天起来感到倦意浓浓、头昏脑胀，但他仍打起精神和父母合影留念，然后和他的家人、朋友以及伊莎贝拉去梅费尔酒店（Mayfair）一起吃午餐。后来，麦昆把大英帝国司令勋章（CBE）给了妈妈。乔伊斯把这枚勋章展示在家里，别提有多骄傲了，这样持续了好一阵子。麦昆的哥哥看到母亲这样，开玩笑说，“如果我带回家一块砖头，妈妈会不会也把它挂起来展示？”

11月初，古驰的设计总监（汤姆·福德）和总裁多米尼克·德·索勒（Domenico De Sole）对外宣称他们要从公司辞职。一个月后，法国巴黎春天（PPR）执行总裁塞基·温伯格（Serge Weinberg）（除了古驰，巴黎春天还拥有伊夫·圣·罗兰（YSL），福特曾是那里的创意总监）从巴黎来到伦敦，想和麦昆商量接手伊夫·圣·罗兰的事宜。但麦昆却绝不赴约。“我想，我刚吓坏了，”他说。据伊莎贝拉说，麦昆一直待在床上。“可能是恐惧，”她说。伊莎贝拉一直觉得麦昆和伊夫·圣·罗兰会是绝佳组合，李询问她的建议，他告诉伊莎贝拉自己的顾虑，他不愿意离开伦敦，也不想失去自己的品牌。他亲眼看到卡尔·拉格斐（Karl Lagerfeld）这位德籍设计师去了香奈儿之后，打造出了法国顶级时装屋，但却以牺牲自己的品牌为代价。麦昆犹豫不决，最终他还是拒绝了这份邀请。“我是伊夫·圣·罗兰的忠实的粉丝，如果因为我毁了这个品牌，我的心会碎成一片片的，”他说，“不接手这个品牌是个重大的决定，其实我真的很希望接受这次邀约。”巴黎春天集团创始人的儿子弗朗索瓦-亨利·皮诺（François-Henri Pinault）认为这是个好消息，他认为未来某天，麦昆把自己的品牌做好后，很有可能会来伊夫·圣·罗兰。“但那时候我就无暇顾及麦昆品牌了。”李说。

麦昆很厌恶应酬那些“西装革履”的时尚巨头。达芙妮·吉尼斯（Daphne Guinness）记得有三次麦昆邀请达芙妮与他一起参加弗朗索瓦-亨利·皮诺和他的高管们的正式午宴，结果只有麦昆自己没有出现。“弗朗索瓦并不像表面上那么温文尔雅，是个很难对付的家伙，”达芙妮回忆说，“我完全找不到话题可谈。”有一天，李慌慌张张地给达芙妮打电话，他听说巴黎春天只发出了100份服装秀的邀请函，这就意味着他的一些朋友参加不了。达芙妮给弗朗索瓦打电话，告诉他如果真是这样，麦昆将不会出席那次活动。这样的威胁并没有起到预期的效果，弗朗索瓦把邀请函的数量削减到5份。而达芙妮给李回电话，告诉他“已经搞定了”。

12月初，麦昆开始在维多利亚和阿尔伯特博物馆（V&A）安装“寂静之光”（Silent Light），这棵由托德·布歇尔（Tord Boontje）设计的圣诞树耗费了15万颗施华洛世奇水晶。“灵感来自于雪化成冰的过程，”麦昆说。圣诞树屹立在一个巨大的转盘上，随着它慢慢的转动，一种缥缈、神奇的效果就产生了。麦昆对意识的交替状态、外星人与太空旅行（他第一次面试莎拉·伯顿时就曾问她是否相信UFO的存在）的主题很感兴趣，这些主题反映在了2004年3月5日举办的“莱昆的神殿”（Pantheon as Lecum）服装秀中。巴黎北部这间“洞穴式”音乐厅被布置为一个外星宇宙飞船的降落台，面色惨白的模特迈着修长的腿在环形T台上踱来踱去，像极了外星来客。秀场上交替播放着电子流行音乐和凯特·布什（Kate Bush）的歌曲《老女人》，秀场主题也由《第三类接触》（*Close Encounters of the Third Kind*）转变为《神秘博士》（*Doctor Who*）。

“如果时间机器真的存在的话，我会是第一个去买的人，”他说。

时装秀开场15分钟后，灯光变暗，漆黑的T台上一位女子走了上来，不，是一个幽灵般的光影从舞台上飘过，LED项链映出一道光线，恍惚看到那女子银色灯罩般的裙廓。随着舞台变亮，音乐声变成了心脏监护器的声音，爱沙尼亚的超模提优·特维克（Tiiu Kuik）穿着一身沙漏型的灰色蕾丝装走进舞台的光圈中。心跳声逐渐减慢，最终化为了一条白线；沐浴在光线中的模特向着天空伸出双手，等待着转入另一次元。这一幕清晰地表达了麦昆对超脱的渴望，渴望摆脱尘世的束缚。

2004年4月《卫报》上刊登了一组麦昆与母亲的对话。乔伊斯问李最害怕的是什么。“死在你前面，”麦昆回答。“谢谢你，儿子，”乔伊斯回答。外界并不知道，麦昆母子的生命都在受到潜在的威胁：李感染了艾滋病，而乔伊斯则患上了肾衰竭，不得不每周接受三次透析治疗。“什么最令你骄傲？”乔伊斯问李。“你，”李回答。“为什么？”她问。麦昆已经感动得说不出话来。

在同一访谈中，乔伊斯继续问了李一系列问题：你会邀请谁参加你的梦幻晚宴？“伊丽莎白一世……因为她是个无政府主义者，”他说。作为设计师，你会选择生活和工作在哪个时代？“15世纪荷兰的弗兰德时期（Flemish），”他说，“那是我最喜欢的艺术时期，那个时期的颜色，对生命的同情。”你所见过的美到令人窒息的建筑是什么？“勒·柯布西耶（Le Corbusier）设计的法国朗香教堂，”他回答。如果没有到萨维尔巷当学徒，他将如何进入时尚业？“我就一路睡过去，”他开玩笑说。如果明天你失去了所有财富，你要做的第一件事是什么？“睡觉，我会很开心，”他说。李总是感到疲惫不堪，一方面是超负荷的工作，还有来自方方面面的焦虑和压力。他最担忧的是他的安全，他说，后来5月份他买了一条罗得西亚脊背犬来看家护院就是这个原因。在一次采访中，李告诉记者他不能让那只动物——卡勒姆——进到房间里，“它会咬你的。”塞巴斯蒂安·彭斯记得他和李在西班牙的马略卡岛（Majorca）度假，因为太害怕那只狗，他没敢在半夜去卫生间。“我打开门去卫生间，那条狗就站在那儿，朝我一通咆哮，我只好打开窗户，向外面解决了一下，”他说。

5月4日，李在伦敦的顶级夜店安娜贝尔（Annabel）举办了一次派对，为庆祝普兰姆·赛克斯（Plum Sykes）的新书《博道夫金发公主》（*Bergdorf Blondes*）发布。来宾包括菲利普·崔西（Philip Treacy）、印第安·简·巴利（India Jane Birley）、利奥波德·冯·俾斯麦伯爵（Count Leopold von Bismarck）、阿诺德·班伯格（Arnaud Bamberger）、露西·费里（Lucy Ferry）、玛雅·冯·舒恩伯格伯爵夫人（Countess Maya von Schoenburg）、马修·威廉姆森（Matthew Williamson）、达芙妮·吉尼斯（Daphne Guinness）和伊莎贝拉·布罗。“我觉得麦昆不会真的喜欢这样的派对，除非他嗑药嗑多了。”普兰姆说，“他嗑药多的时候会变得刻薄、恶毒，他健健康康、定期健身时就会变得和善可亲。”5月11日，麦昆同其他一些杰出的文化名流，如：玛吉·汉布林（Maggi Hambling）、周仰杰（Jimmy Choo）、安东尼·卡洛（Anthony Caro）和玛格丽特·卡尔弗特（Margaret Calvert）一起获得了伦敦艺术大学（the University of the Arts London）授予的荣誉博士学位。月末，麦昆听说伊莎贝拉和她的丈夫迪特马和好了，一气之下几个月没有和她联系。麦昆还听说迪特马接受精神病医生的建议，让伊莎贝拉接受电休克疗法缓解抑郁症状，非常震惊。"每个人都很恐惧电击治疗，但它对伊西很管用，"迪特马说。"忽然，至少我觉得有一段时间，原来的伊西又回来了；自杀的阴郁仿佛一扫而空，她又是那个'活泼、自然、积极、健谈而魅力四射的伊西'。"他说。

6月3日，麦昆伯爵宫（Earl's Court）举办了一次怀旧式的服装秀——"黑"（Black），回顾了他的一些最具代表性的作品。除了服装展示——包括"高原强暴""但丁""奇思妙想"和"沃斯"系列中的黑色单品——还有凯特·摩丝和迈克尔·克拉克的舞蹈表演以及慈善拍卖。拍卖的物品中有麦当娜穿过的黑色渔网紧身衣；歌手克里斯蒂娜·阿奎莱拉（Christina Aguilera）的黑色皮裤；萨姆·泰勒·伍德（Sam Taylor Wood）拍摄的一张摩斯的照片；以及设计师约翰·加利亚诺的拼贴画。所有拍卖的收益全部捐赠给旨在关爱 HIV 病毒携带者和艾滋病患者的泰伦斯希金斯基金会（Terrence Higgins Trust）。"我希望在伦敦的这场服装秀是一场原创的秀，希望能让更多的人看到，"麦昆说，这是三年中他第一次在伦敦举办服装秀。"但从商业角度来看，在伦敦举办服装秀没什么意义——尽管从当时的气氛来看，很有意义。"服装秀后的派对上，凯特·摩丝和娜奥米·坎贝尔（Naomi Campbell）以及安娜贝尔·尼尔森（Annabelle Neilson）一起合影，据参加派对的人说，"凯特当时穿着麦昆设计的一件绿色纪梵希古董长裙，光芒竟盖过了身旁的超模朋友。"

麦昆还挑选了尼尔森出演《文本主义者》（*Texist*），这部影片记录了安娜贝尔和一位瑞典男模共同生活的场景，他们一起吃饭、一起睡觉、一起穿衣，一起陪狗狗（麦昆的宠物狗“果汁”扮演）玩耍。麦昆说，影片旨在“捕捉并剥离出人们所谓的平淡乏味之事，但这正是人们的日常生活”。这部影片于1月份在米兰首映，为了配合6月底麦昆在意大利米兰这个时尚之都再次推出其男子系列。“这些是为我自己设计的，”麦昆设计的男装线条分明、轮廓清晰，为他赢得了《智族》（*GQ*）9月份颁发的年度最佳设计师奖以及11月份的年度最佳男装设计师奖。“早先设计男装时我犯了个错误，我会假想顾客想要穿什么再来设计。那时我设计的男装我自己几乎一件也没穿过。”

麦昆整个夏天都在为他的助手莎拉的婚纱做收尾工作，莎拉将穿着他设计的这件婚纱与摄影师大卫·伯顿（David Burton）在8月份举行婚礼。李从“树鸭”系列中的“牡蛎裙”中汲取灵感设计的这件婚纱，被《W》杂志称为“一件浪漫精美的英国艺术品”。莎拉·伯顿知道尽管自己热爱服装制作的技艺，但她自己并不是一位天生的“时尚达人”。“我一点儿也不酷，”她说。与麦昆对死亡几近病态般的迷恋不同，她在学校时的座右铭是“走向光明”（“ad lucem”）。“我没有那种阴暗面，”她说，“我既没有困扰也没有悲伤。我儿时也没有那种悲惨的经历。”麦昆过世后，伯顿接管了这个品牌，并在2011年为威廉王子的新娘凯特·米德尔顿（Kate Middleton）设计皇室结婚礼服。“一位本色、聪明、充满幻想的年轻女子对美丽婚纱的向往——或任何服饰——是这个世界上最自然不过的事情了，”她说。

麦昆的好朋友普兰姆·赛克斯也曾让他帮自己设计一件婚纱，她要和美国画家达米安·罗布（Damian Loeb）结婚。但李动手设计几周后，罗布取消了婚礼。麦昆没有受到影响，他告诉普兰姆他还是会继续完成这条裙子，一条美丽的礼服裙，后来普兰姆穿着这条裙子参加了她姐姐的婚礼。这条裙子是由层层束胸，一条金属感巧克力色的丝绸裙和外面一层黑色和奶油色的蕾丝构成，麦昆将蕾丝部分撕碎并用茶上色。"看上去就像约翰·辛格尔·萨金特（John Singer Sargent）被微微撕碎的画作，"她说。

后来，普兰姆与商业巨头蒂尼·罗兰（Tiny Rowland）的儿子托比·罗兰（Toby Rowland）订婚，婚礼定在了2005年3月。麦昆主动要求为她设计一件婚纱。首先，麦昆先是和普兰姆在阿姆维尔大街（Amwell Street）的办公室里碰了一下头，同时把构思画了下来。最初的想法是设计一件"由内而外"散发奢华气息的礼服。普兰姆曾想要一款比较"时髦"的设计，但麦昆对她说，"普兰姆，你在婚礼上不是要看上去多么时尚，而是要纯洁无瑕。"普兰姆还要求拿一束红玫瑰捧花，麦昆再次否定了她的想法。"如果你拿一束色彩鲜艳的花朵，它会分散人们对裙子的注意力，"他说，"必须是白色的花。"普兰姆记得他选择了硬挺塔夫绸而不是像棉一样的麻布。"他拿出黑色马克笔，画出要剪裁的地方，然后拿出剪刀就开始剪，"她说，"我从没见过其他人这样做衣服，他就像一位布料雕塑家。"裁剪接近尾声，麦昆开始整理这条洁白的礼服，手上还沾着刚才吃麦当劳汉堡和薯条的番茄酱。"他真的很享受制作衣服的过程，"普兰姆说，"我记得我只付了他衣料的钱，否则的话，这条裙子怎么也会值几万英镑。"礼服裙做好了，非常精美：如童话中出现的长裙，纯白色绸缎束胸，8 英尺长的裙裾，塔夫绸刀型褶由上及下，由稠至疏，上面是用维多利亚编织法编织成的多层丝网。“我确实邀请他去参加我的婚礼了，但我估计他不会来，”她说，“他不会喜欢坐在那里，从头到尾参加一次婚礼的；他会觉得极度无聊。他喜欢的是和一帮同性恋朋友去那些能嗨到极点的同性恋夜店，然后喝到烂醉如泥。他的生命中有一面是像我这样的人，也许还有伊西从未见过的。他将自己的这两面区分得一清二楚。”

2004 年 9 月初，李、阿奇和伊莎贝拉一起去出席 V 音乐节，同去的还有阿奇的姑姑杰奎琳（Jacqueline）。在离开卡多根（Cadogan Terrace）住处之前，阿奇记得李吸了几行可卡因，但刚抵达目的地，麦昆已经开始出现了些焦躁的迹象。从音乐节上拍摄的一张照片上可以看出，他看起来状态松懈不佳、眼神迷离。伊莎贝拉和杰奎琳很快就熟识起来，还开玩笑要教给杰奎琳一些小手段来吸引并留住男人。麦昆很不喜欢这样，甚至他嫉妒得要把杰奎琳从照片中剪掉。“他也同样嫉妒我的女儿，”阿奇说。阿奇每次去看女儿，李都会不停地给他打电话、发短信，直到他的男朋友回来。“他要我站起来大声喊出我是亚历山大·麦昆的男朋友，”他说，“但是我真的不能那么做，我不想自己的孩子被欺负或受影响。”

工作方面，麦昆的生意风生水起。2004 年 9 月，哈罗斯百货商店（Harrods）的乔纳森·阿克约德（Jonathan Akeroyd）被任命为公司的新任 CEO，麦昆称他为“非常不错的行政总裁，很对他的胃口”。李告诉他的老板他想多花些时间在纽约工作，古驰就特意为他在新楼中安排了一间办公室。麦昆一时兴起，租下了位于西村区（West Village）一栋昂贵的赤褐色砂石建筑，为期一年。“但他只在这栋房子里住了一周左右就又回到了伦敦，”他的朋友苏·斯丹普（Sue Stemp）说，他是麦昆在曼哈顿的下属。“伦敦在召唤他回去；他意识到自己并不想待在纽约，”克里·尤曼斯说。“就是这么一个情况，‘很为难，我该怎么办呢？’”

麦昆在纽约待不住还另有原因。2004 年秋，他在伦敦遇到了另一位男子，他希望这个人能改变他的生活。一天晚上，麦昆去了索荷区的条形码（Barcode）夜店——他之前的那个男朋友理查德·布莱特（Richard Brett）也是在同一家同性恋酒吧认识的——遇见了一个 34 岁的澳大利亚男子格伦·安德鲁·特鲁瓦（Glenn Andrew Teeuw），他剃着光头，留着翘八字胡，两个人攀谈起来。后来他和麦昆又换了一家酒吧喝酒，后来就回到了麦昆在哈克尼（Hackney）的房子。“他问我要了电话号码，大概一周左右，他打给了我，”格伦说，他当时在酒吧上班。“一晚，后来是两晚、三晚，后来我就带着行李过去了。”这段感情起初阶段很幸福：两个人一起做饭，在菲尔莱特（Fairlight）的小房子里享受二人世界——“在乡下度假时，他完全变了个人，”格伦说——两个人在海边散步，狗在身边跑来跑去。“这是一段闪电般的浪漫，”他说。一个周末，李和格伦来到位于黑斯廷斯（Hastings）的一家文身店，在彼此的身上文上了各自名字的缩写——麦昆在手腕内侧文上了蓝色字母“G.A.T.”，格伦在右臂内侧文上了红色字母“L.A.M.”。

但是没过多久，麦昆的妄想症开始破坏这段关系。李总是质疑格伦对他的忠诚，有一次，他出差去纽约，竟雇了一个私家侦探跟踪格伦。“妄想症一旦发作，真是毁灭性的，”格伦说，“我们刚认识不久后，有一次，我参加了一个派对，查普曼兄弟（Chapman brothers）和薇薇安・韦斯特伍德都在那儿。他匆匆离开，回家了。我回到家的时候，他把我赶到大街上，说我一直在打量某个男人。”他们的关系持续了三年，期间，格伦有数次在大半夜被麦昆赶出家门。有时他们会一连几个月不见面，但最终又会不可避免地回到彼此身边。“真是分分合合，反复无常，”格伦说，“就像上了毒瘾一样。我们不会抛下另一个人不管，这是致命的诱惑。”

一天，李要格伦和他一起去购物——他想让男朋友为他买一件礼物。“他带我去了宝诗龙（Boucheron）（新邦德街上的一家法国珠宝店），他想让我为他买一个 2 500 英镑的钻石尾戒。他知道我没有钱，我只好刷了信用卡，”格伦说，“还有一次，他预约了一次斐济的度假，他让我负担自己那部分的开支——3 000 英镑——如果我不付账，我就不能去，如果我不去就意味着我们的关系到此为止了。和他在一起的时候，我积累了巨额信用卡账单。对他来说只是个游戏，就是为了证明我的忠诚，我是爱他的。”

两个人的关系因为毒品又增进了一分。“他憎恨时尚圈让他染上了毒瘾，”格伦说。他们有时在麦昆的办公室吸毒，有时在就餐的餐厅，或者在卡多根的房子里。他们会把可卡因和强力安眠药混在酒里，医生说，这样调制出的鸡尾酒极易激发毒性，很危险。“有时我们会把自己关在房间里两天不出门，这简直太疯狂了，”格伦说，他现在已经不碰毒品了。“对他来说，这是一种逃避的方式。”

尽管麦昆放纵沉醉于毒品，但他的服装系列却因他从电影的世界中汲取灵感，变得越来越丰富强大。澳洲导演彼得·威尔（Peter Weir）的电影《悬崖上的午餐》（*Picnic at Hanging Rock*）讲述了一位老师和数名女学生失踪的真实故事，麦昆从中汲取灵感，打造出了2004年10月8日“游戏而已”（It's Only a Game）系列时装中的“刀型褶、抽褶装饰以及娃娃廓形，极具视觉冲击力”。时装秀的最后是根据《哈利·波特与魔法石》（*Harry Potter and the Philosopher's Stone*）中的魔法棋局精心编制的真人国际象棋（最后伴随着歌曲《猜疑的心》，该系列时装秀落幕，歌词中唱到，“我们无法再继续下去”，再一次暗示了麦昆要逃离的愿望）。麦昆从两部审美角度看截然不同的电影——法国导演帕特里斯·谢侯（Patrice Chéreau）的《玛戈皇后》（*La Reine Margot*）以及马修·卡索维茨（Mathieu Kassovitz）的《怒火青春》（*La Haine*）——中获得素材，用于2005年1月在米兰发布的男装系列。

那年3月，麦昆举办了“知道太多的人”（The Man Who Knew Too Much）系列时装发布会，名字取自希区柯克的电影，灵感也来自于他的电影《迷魂记》（*Vertigo*）和《艳贼》（*Marnie*）。“在这次T台秀上，你仿佛看到美国女演员桃乐丝·黛（Doris Day）、金·诺瓦克（Kim Novak）和蒂比·海德莉（Tippi Hedren），她们身穿麦昆设计的紧身短裙、夹克、收腰的灰色套装或是背部拼接的短款黑外套，”一位时尚记者写道。2005年5月，麦昆宣布他要为彪马设计一系列的运动鞋。其中一款他称为“左脚跳跃”的运动鞋中，嵌入了自己左脚的模子，从鞋底透明橡胶可以看到。“是不是有点达米恩·赫斯特（Damien Hirst）的风格？”他说，“很怪异。挺好，不过不适合我。”7月份，他又设计了一系列的手提包，其中一款以《迷魂记》中演员的名字命名为诺瓦克（Novak）。2006年年初，麦昆宣布很快他要发布“McQ”（麦昆）品牌，专为年轻客户设计平价服装。“该系列为副线品牌，”他说。

反叛者、无政府主义者以及殉道者一直吸引着李。2005年7月，广播电台第四频道“今天”（Today）节目邀请麦昆参加英国最伟大的画作探奇活动，麦昆推荐了法国画家保罗·德拉罗什（Paul Delaroche）1833年的作品《简·格雷女王的临刑》（*The Execution of Lady Jane Grey*），画中描绘的是这位九日女王在被砍头前的那一刻，这幅画作曾是麦昆1999年7月纪梵希系列的灵感来源。他特意选择这件来自国家美术馆的作品是因为它的绘画主题。“场面壮观而忧郁，很像我的性格，”他说，“伦敦塔内，被蒙住双眼的简将要被行刑。这幅画吸引我的地方是和谐与色彩。她就像……一位天使，非凡间之物。她身穿一条白色的宫廷礼服裙，笔直地站立着，尽管那是她生命的最后时刻……看着这幅画作，着实让人心痛，你不禁想跳入画中救走这位女子……太卑鄙了，你会为她悲痛欲绝。我认为这本身就是政府恐怖统治的一种形式，对我来说太政治化了，当然它本身的确是一幅美丽的画作。”

几个月后，麦昆的保护本能表露无遗。2005年9月15日《每日镜报》（*Daily Mirror*）刊登了一则题为“可卡因凯特”的报道。报纸宣称这位31岁的模特凯特·摩丝在40分钟内吸食了5行可卡因，一台秘密摄像机拍下了全部过程。当时摩斯和她的男朋友皮特·多赫提（Pete

Doherty）——宝贝蹒跚乐队（Babyshambles）的主唱——在伦敦西部的一个录音室里。在接下来的几个星期里，巴宝莉、H&M 以及香奈儿纷纷和摩丝解约，摩丝一时间就损失了上百万英镑，英国媒体批评她是一个不负责任的母亲，给女孩子们做了一个坏榜样。还有报道称，摩丝可能会失去对两岁女儿莉娜·格蕾丝（Lila Grace）——父亲是《眩晕与迷茫》时尚杂志的主编杰斐逊·哈克（Jefferson Hack）——的监护权。最终凯特·摩丝没有被起诉，但麦昆很气愤，认为这就是当代的政治迫害。在“海王星”（Neptune）系列时装发布会最后，麦昆身穿印有“我们爱你凯特”字样的 T 恤走上台来，明确地表明了他的态度。“她不是时尚界第一个吸食可卡因的人，也不会是最后一个，”他说，“她对于英国时尚业的贡献比任何人都多。拿着这些报纸去擦厕所吧，去他妈的，管得真宽！”

麦昆在他的下一场秀再次表达了对摩丝的支持。2006 年 3 月 3 日，在“卡洛登的寡妇”（Widows of Culloden）时装发布会最后，摩丝以玻璃金字塔里的立体投影形式空降秀场，雪纺裙在身上飘逸浮动，如梦如幻，《辛德勒的名单》（*Schindler's List*）中音乐家约翰·威廉姆斯（John Williams）作曲的音乐在秀场上空回荡。摩丝后来回忆起麦昆第一次告诉她这个构思的情景。“他说，‘我有一个想法，让你像浴火重生的凤凰一样升起。’”这部由巴利·沃尔什（Baillie Walsh）拍摄的短片作为献给摩丝的情书，麦昆称摩丝为“女版的我”。克里·尤曼斯记得他刚来到秀场，李就问他是否看过那部短片。“我告诉他没看过，他马上拉着我一起和他坐下来观看，”他说，“我们坐下来一起观看这部短片，很感人，麦昆被深深打动了。在服装秀现场，我看到很多观众也眼含热泪。”

1745 年苏格兰詹姆斯党起义（Jacobite Rising），最后的卡洛登战役后留下了很多战争遗孀。麦昆的这个系列就是由此得到启发，其中有一件长袍完全用野鸡毛制作而成，而其他服装都以麦昆的苏格兰粗花呢为主调。一位模特身穿奶油色丝绸蕾丝裙，头上戴着一对鹿角，上面垂下了一层精工刺绣的蕾丝面纱。麦昆是在祭奠他的母亲常对他讲述的苏格兰祖先。“我想从最难的部分开始，最难的部分就是我的命中注定，”他说，“总的来说，这个系列是奢华浪漫的，同时也是忧郁朴素的。它是温和的，但你仍能感受到鼻尖上的刺骨寒意。”

凯特·摩丝在影片中翩翩起舞，仿似模糊梦境中那微弱的白色火焰。她成为了麦昆眼中所有他爱过女人的幽灵。麦昆将这场秀献给伊莎贝拉·布罗，这个他感到正在失去的朋友，就像这部短片，滑入了另一个世界。

第十三章

“你是太阳，我是月亮”

尼尔·戴蒙德的歌曲《弹奏我》

（麦昆“蓝色夫人”服装秀中的背景乐之一）

伊莎贝拉·布罗从萨里（Surrey）精神病院出院后，于 2006 年 3 月 20 日自杀未遂。当晚，迪特马去了诺丁山（Notting Hill）赴宴，随后又去了电子影院（Electric Cinema）。伊莎贝拉一个人留在伊顿广场（Eaton Square）的公寓里，她服食了大量的药物，被临时前来探访的菲利普·崔西（Philip Treacy）和史蒂芬·巴特莱特（Stefan Bartlett）发现，他们叫了救护车，把伊莎贝拉送到了圣托马斯医院，给她洗胃。迪特马赶到医院时，医生告诉他伊莎贝拉患有典型的躁郁症，已经被隔离。

4 月的一天，伊莎贝拉叫了一辆出租车，从山上的哈罗（Harrow）诊所一直把她送到她小时候住的地方柴郡（Cheshire），她所工作的康泰纳仕集团（Condé Nast）为她担负这部分路费。“途中她去了斯坦福德基尔市（Staffordshire）的布劳顿教堂（Broughton），在她父亲的墓碑旁放了一束鲜花，”迪特马说。伊莎贝拉入住酒店后，服用了过量的扑热息痛，之后她打电话给菲利普，告诉他发生的一切。菲利普凭着康泰纳仕集团司机的这条线索，找到了伊莎贝拉，把她送到了医院，再一次洗胃，又一次救了她的命。当月，伊莎贝拉回到希尔斯庄园小住，一天深夜，她再次失踪，迪特马得知她开着自己的车在斯特劳德（Stroud）附近撞上了一辆乐购货车的车厢。“我讨厌死乐购货车了，”伊莎贝拉后来说。她无论见到谁，包括迪特马，都会不停地说，“我想死，让我去死。”伊莎贝拉被带回了哈罗诊所，一天她设法逃跑，搭乘出租车来到了伊灵（Ealing）A4路的高架桥段，她翻过围栏准备从上面跳下去。最后时刻，她改变了主意，但太晚了，她穿着普拉达的外套和鞋子掉了下去，摔断了脚踝，脚部骨折，碰掉了指甲。后来，伊莎贝拉开玩笑说，再也不能穿高跟鞋了，生活还有什么意义。从伊灵的医院出院后，她住进了NHS（英国的国民卫生服务体系）在维多利亚开办的戈登医院（Gordon Hospital）。“条件太差了，就像狄更斯小说中描述的场景，”达芙妮·吉尼斯说。医疗保险用完后，达芙妮和麦昆支付了伊莎贝拉在马里勒本（Marylebone）卡皮奥南丁格尔（Capio Nightingale）私立医院的大部分治疗费用。“我们没让她知道，伊西讨厌别人同情她而施舍，”达芙妮说。负责伊莎贝拉的精神科医生史蒂芬·佩雷拉（Stephen Pereira）对她实施了实时监控，以防止她再次自杀，同时还配合药物和电疗法（ECT）进行治疗。

美国版《时尚》主编安娜·温图尔来医院看望伊莎贝拉，还带去了她最喜爱的香水“晚香玉”（Fracas）。鲁伯特·埃弗雷特（Rupert Everett）在米兰时装周的男装发布会“名利场”（Vanity Fair）一结束，他就从现场直接赶往医院，带着从旁边炸鱼薯条店买的银鱼。埃弗雷特从15岁就认识伊莎贝拉了，他问她，为什么一个一个的服装系列让他觉得内心空虚。“钱，”她回答道，伊西认为时尚工作和快餐店的工作一样，单调而繁重。“你以为你看到的是穿着美丽衣服的漂亮男女，实际上你是在一个香肠搅拌机里，”她说，“你忘记自己是谁，你可能身上穿的都是名牌，但这就够了吗？最后我只剩下我的帽子，还有我这张嘴，这不是时尚。”

伊莎贝拉开始认为自身毫无价值之际，正是麦昆对自己的才能和成就洋洋得意之时。2006 年 5 月 1 日，他参加了在大都会艺术博物馆举行的“时尚艺术盛典”（Costume Institute Gala）。“安歌曼尼亚：英国时尚产业的传统与超越”（AngloMania: Tradition and Transgression in British Fashion）开幕，他的很多作品在这次展览中展出，其中包括他曾为大卫·鲍伊设计的一件英国国旗礼服大衣。当晚，麦昆穿了一条自己设计的苏格兰方格呢短裙，带着他的女伴莎拉·杰西卡·帕克（Sarah Jessica Parker）参加了盛典。莎拉穿了一条改自“卡洛登的寡妇”系列中的裙子，太多的苏格兰花格图案，让“她看起来像站在弗洛拉·麦克唐纳德（Flora MacDonald）和爱丁堡奶油酥饼展示柜之间的一个十字，”某评论员说。之后，麦昆又飞到美国旧金山艺术大学（Academy of Art University）领取其颁发的荣誉博士学位，他的老朋友西蒙·昂格莱斯在那里任研究生时尚课程主任。麦昆在纳帕谷（Napa Valley）享受了一次泥浴，又去往索诺瓦海岸（Sonoma Coast）看那里的冲浪者，但遗憾的是，他在潜水时没能和鲨鱼嬉戏，显然这个季节不对，看不到大型鱼类。

回到伦敦后，麦昆开始忙于准备他的下一个服装系列“萨拉班德舞曲”（Sarabande）。该系列灵感来自库布里克 1975 年拍摄的电影《巴里·林登》（*Barry Lyndon*）、戈雅（Goya）的作品以及出自乔瓦尼·波尔蒂尼（Giovanni Boldini）之手的一幅名为“时尚大师”的路易莎

（Luisa）肖像画，路易莎是意大利最富有的继承人兼缪斯女神，全名为玛切萨·路易莎·卡萨提（Marchesa Casati Stampa di Soncino）。这场秀于 2006 年 10 月 6 日在巴黎的冬天马戏团剧场（Cirque d' Hiver）举行，名字源于德国作曲家韩德尔（Handel）的《萨拉班德舞曲》。演出开始，一个巨大的玻璃枝形吊灯缓缓升入空中，在下方木质秀台上映出美丽的倒影。室内管弦乐乐队演奏起这首巴洛克风格的《萨拉班德舞曲》。“腐化衰败中的瑰丽壮观，透着一股阴森恐怖，”某评论员写道。演出终场，模特们走上台来，仿佛阿尔钦博托（Arcimboldo）笔下的人物肖像活了过来，她们身上插满了各种花朵。其中一位模特款款而行，冻结在她裙子上的鲜花慢慢融化，不断地落在秀台上，在她的身后留下了一条美丽的痕迹。“事物都会衰败，”麦昆说，“这场秀是关于腐坏的。我用鲜花就是因为它们会凋谢。”

麦昆仍旧热衷于各类派对。10 月 11 日晚，他受邀参加了在伦敦摄政公园（Regent' s Park）举办的佛瑞兹艺术博览会（Frieze Art Fair）的开幕庆典。当月，他还参加了在特威肯汉姆市（Twickenham）的草莓山庄（Strawberry Hill House）举办的向摄影师尼克·奈特致敬的化装舞会。11 月 8 日，他与达芙妮·吉尼斯和安娜贝拉·尼尔森参加了在瑟彭泰恩（Serpentine）举办的《时尚》创刊 90 周年晚会。据称凯特·摩丝在当晚委托麦昆帮她设计一条黑白蕾丝裙，作为与皮特·多赫提（Pete Doherty）的结婚礼服（但因 2007 年夏二人分手而作罢）。除了频繁曝光外，麦昆的脑子里都是死亡和身后之事。“黑暗就是他眼中的来生，”阿奇·瑞德说。夜里，李常坐在黑暗中，希望用摄像机扑捉到阴魂的丝丝点点，而且开始与一些灵媒通话，并借由他们来“监视”阿奇。其中一位灵媒有千里眼，他告诉麦昆，阿奇不喜欢菲尔莱特（Fairlight）这个地方，认为它太古旧了。而实际上，阿奇很喜欢到那里的小房子去。阿奇下班回来时，李都会说出一串他认为阿奇去过的地方，以及背着他见过的其他男人。一切都是无稽之谈，阿奇说。一天，在波托贝洛古董市场（Portobello Market）闲逛时，阿奇看到一个没有脸的小娃娃。“娃娃的胳膊举过头顶，如果你把它面朝墙放着，很像一个哭泣的小孩子，”他说，“我把这个娃娃送给了麦昆，对他说，‘这就是你，一个迷失的男孩，看不到你的脸。’”

2006年年末，李对萨勒姆（Salem）的巫术越来越着迷，并想以它命名自己的下一个系列。麦昆的母亲曾追溯家族历史，其中迪恩（Deane）那一支脉的祖先伊丽莎白·豪（Elizabeth Howe）曾被马萨诸塞乡村的几个女孩指控使用巫术，于1692年7月被处以绞刑。在这段“巫术大恐慌”中，20位无辜的人死于非命。12月，麦昆前往萨勒姆，想进一步考察这段历史。随麦昆同去的还有他的助手莎拉·伯顿，他在美国公共关系的朋友克里·尤曼斯以及时尚作家莎拉·摩尔（Sarah Mower），她由《时尚》委派，做一期服装系列灵感之源的特辑。“他好像是在做学术研究，”克里说，“非常严肃和认真。我们到萨勒姆周边的图书馆去找资料，他读到很多有关那次判决的记录，他每天都会给他的母亲打电话，告诉她其中的内容。”在参观完萨勒姆女巫博物馆（Salem Witch Museum）之后，他又开车去往托普斯菲尔德（Topsfield），在伊丽莎白·豪的纪念碑前放了一束鲜花，并合影留念。“李是一个非常好的同伴，他非常有趣而且聪明，”萨勒姆女巫博物馆的前任教育局长艾莉森·达玛修（Alison D’Amario）说。“他并不是很在意自己，但在对待他祖先的命运和那些受害者方面却非常认真。当得知萨勒姆女巫判决治安官约翰·霍桑（John Hathorne）的墓地所在时，麦昆走过去，在上面狠狠地跺了跺脚，为了伊丽莎白·豪。麦昆的精神世界在这次旧埋葬地（Old Burying Point）的行为中向世人展露无遗，也成为了当天最重要的一次行动。”

“纪念1692年萨勒姆的伊丽莎白·豪”（In Memory of Elizabeth Howe, Salem，1692）系列于2007年3月2日在巴黎郊区的一座体育馆内举行。服装秀开场，大屏幕上投射出三位面色惨白的女子，伴随着低吟，“我对你敞开心扉，我为你奉上灵魂，我为你献出身体。”模特们沿着刻在黑色秀台上的血色五芒星形步步前行，背景屏幕上是麦昆导演拍摄的一部短片，片中充斥着蝗虫、猫头鹰、腐蚀露骨的人头、火焰、鲜血和裸女。舞台上方倒吊着一个45英尺的黑色金字塔。整场服装秀看起来更像是完美演绎的一场处死恶魔的仪式，这令很多观看的人都不能接受。《时尚》编辑看过这场服装秀之后，“认为主题太阴暗了，撤销了这次萨勒姆之行的专辑，”克里说。“麦昆的缪斯指引着他，他才不在乎什么美国的《时尚》还是特刊呢。”《W》杂志的布利基·弗利（Bridget Foley）称之为“通过时尚演绎尖酸刻薄的课题”，而阿奇·瑞德则认为该场秀“是麦昆告别的开始”。

在服装秀的准备期间，李得知他的造型师凯蒂·英格兰要离开，因为凯特·摩丝近期委托她为拓扑肖普（Topshop）设计一系列的服装，并为她在高街连锁店提供了一个待遇优厚的职务。麦昆知道这个坏消息后曾一度迁怒于凯特，觉得她挖走了自己最可信赖的员工和好朋友。“凯特这个婊子，竟然背叛我，”他一边对阿奇说，一边撕下了办公室墙上凯特·摩丝的照片。“她有麻烦时，我不顾一切地帮她，她倒好，连声谢谢都不说。”

2007 年 4 月，伊莎贝拉邀请麦昆来希尔斯庄园度周末。当时她的身体状况和精神状况都不太好，很脆弱，又检查出疑似卵巢癌，马上要动手术，但是伊莎贝拉希望为她的老朋友留下一次特别难忘的记忆。布置房间时，她特意把一幅麦昆的照片挂在了出自奥古斯都·约翰（Augustus John）之手的迪特马祖父的肖像画下方。她吩咐厨房为麦昆烹制了特别的菜肴，其中包括甜菜冰沙、美味风味鱼和柠檬慕斯，还有水煮海鳟鱼配藏红花土豆泥和青酱。麦昆和几位女性朋友来到希尔斯庄园之后，就把自己锁在了屋子里，除了吃了点切达（Cheddar）干酪外，什么也不要。“他一直在床上吸毒，”迪特马说，“这让伊西很难受。她的身体开始每况愈下，遗憾的是亚历山大完全看不到这一点，他要是能振作一点就好了。我想，这也许就是压倒伊西的最后一根稻草。”

后来谈及这次去希尔斯庄园，麦昆说他和伊莎贝拉聊了三个小时。“我们和睦相处，彼此都很平静，”他接着说，或许是试着让自己相信。他告诉伊西，她看上去还不错，谈话中，麦昆忽然说，“你不是在说死亡，没在说，对吧？”“没有，没说。”她回答。“我真的被她骗了，完全骗了，”他后来说，“她知道自己在做什么……她让我放心，让我觉得她好多了，已经挺过了最坏的时候。”

在后来的几周中，伊莎贝拉给时尚评论家苏西·门克斯发了一连串愈加绝望的电子邮件。苏西本来也受邀去希尔斯庄园，但因事情耽搁没能赴约。“信中你可以感到伊西很孤单很沮丧，李没有给她任何支持与帮助，这让她很失望，”她说。

5月5日，伊莎贝拉在希尔斯庄园喝下了一整瓶百枯草，迪特马的父亲在1977年自杀时也喝下了同样的除草剂。伊莎贝拉的妹妹拉维尼亚（Lavinia）买东西回来，发现她正在浴室里呕吐；伊西告诉她自己刚喝了毒药。拉维尼亚打电话给迪特马，迪特马让她先叫救护车把伊西送到格洛斯特（Gloucester）医院。两天后，伊莎贝拉在医院去世，享年48岁。麦昆当时在罗马度假，他从朋友肖恩·利尼那里知道了这个消息。

麦昆悲痛欲绝，马上飞回英国，伤心落寞之中，他开始需求灵媒的帮助，希望能够联系到死去的伊莎贝拉。戴安娜王妃的前任灵媒莎莉·摩根（Sally Morgan）记得在伊莎贝拉去世两天后，麦昆就找到了她。“伊莎贝拉的离开让麦昆感到自己失去了身体的一部分——这点很不寻常，”莎莉说。她告诉李自己已经与伊莎贝拉建立了联系，还说伊莎贝拉提到一些有关李的事情，这让麦昆很吃惊。“伊莎贝拉的死亡和死亡原因一直是麦昆的一个心结——她是服毒自尽的，”摩根说，“能通过我与伊莎贝拉交谈，令他感到欣慰。”李回到家，告诉阿奇·瑞德自己刚刚和那边的伊西说话了，阿奇起初并不相信。“我不想让摩根对他胡说八道，所以我决定亲自去见见她，”阿奇说，“她对我说了一些事情，这些事是其他人根本不可能知道的。她（伊西）就站在我旁边，涂着大红色的唇膏——伊西总是涂着香奈儿的这款口红。她对我说，‘要当心了，’我想是因为她能看到未来将要发生的事情。”

迪特马请菲利普·崔西为伊莎贝拉挑一套服装在葬礼上穿着，这是她最后一次出现在公众面前了。崔西知道伊西更希望她的老朋友麦昆帮她做决定，因此他打通了麦昆的电话，约在伊顿广场布罗的公寓里见面。这两位曾经在伊莎贝拉·布罗面前“争宠”的设计师为她挑选了一件麦昆设计的灰绿色服装和一顶崔西设计的雉鸡毛的帽子。麦昆想留下伊莎贝拉的一缕头发，镶进自己的戒指，但菲利普认为应该先征求伊西姐妹的同意。

葬礼当天，李穿着他的苏格兰格子呢和菲利普来到殡仪馆向伊莎贝拉做最后的告别。尽管麦昆痴迷于死亡及其意象，但这是他第一次看到真正的尸体。“伊莎贝拉的妹妹朱莉娅·德尔夫斯·布劳顿（Julia Delves Broughton）告诉我，给伊西穿衣时，麦昆几乎泣不成声，”迪特马说。

5 月 15 日，伊莎贝拉的葬礼在格洛斯特教堂（Gloucester Cathedral）举行。达芙妮·吉尼斯记得当天麦昆看上去极度消沉，他在仪式进行中完全失控，数度失声痛哭。礼毕，麦昆没有逗留，匆匆离开。“他不停地说，‘我本可以做得更多，’我对他说，‘亚历山大——你又能做什么呢？’”她回忆道。

李曾告诉他的朋友比利博一，他为伊莎贝拉的死感到自责。“但我必须要说，我认为李对伊莎贝拉的死确实负有一定的责任，李对她太残忍了，”比利博一说，“他似乎在做一些事情来伤害自己，一些他明知道是错的事。他有绝对的认知分歧——他的一部分在说，‘我要好好折磨那个贱人，我一点也不在乎她，我不再需要她了，’而他的另一部分，人性的那一面意识到自己是个魔鬼。”

伊莎贝拉在死前，在她的遗嘱中最后补充了一条，涉及她的很多朋友，其中包括菲利普·崔西和史蒂芬·巴特莱特，但却没有麦昆的名字。李很吃惊，他以为伊西会把她收藏的麦昆系列留给他。

伊莎贝拉的死一直萦绕在李的心头。他在客厅的咖啡桌上放了一张他与伊西的合影，两张由史蒂文·梅塞（Steven Meisel）拍摄的伊西肖像照挂在墙上。麦昆感到似乎只有将他的下个系列“蓝色夫人”献给他的这位朋友才能告慰伊莎贝拉的在天之灵。该场秀的请柬由时尚插画家理查德·格雷（Richard Gray）设计，伊莎贝拉一身布狄卡女王的戎装站在一辆飞马战车之上。“我最后一次见到李，是我们一起讨论‘蓝色夫人’的插画，现在想起来真让人心酸，”理查德说，他与李自 20 世纪 90 年代早期就在康普顿认识了，一直持续到李去世。“李非常清楚他要的那幅画是什么样子，因此说得很细致。他希望在画中，伊莎贝拉有一对美丽的翅膀，穿着一件麦昆设计的服装，戴着菲利普·崔西设计的帽子，乘着一辆飞马战车在空中奔驰。他看上去庄严而略显黯然，他真的很希望我能够仔细认真地完成这幅画。这完全出自个人的愿望，来祭奠和缅怀这位对他极重要的朋友，整个交流过程非常感人。”

2007 年 10 月 5 日，“蓝色夫人”时装秀在巴黎的贝尔西综合体育馆（Palais Omnisports）举行，以这种特别的视觉形式来纪念伊莎贝拉·布罗。麦昆将伊莎贝拉视为自己的第二位母亲，伊莎贝拉也把麦昆当作自己的儿子一般。“他是我的孩子，我爱他，”伊莎贝拉曾这样说起麦昆。各位时尚人士在秀场就坐后，忽然感到伊莎贝拉就在他们身边；

组织者在这个巨大的体育馆内洒上了伊莎贝拉生前最喜欢的“晚香玉”（Fracas）香水，“这熟悉的味道让她的那些朋友和同事感到布罗的魂魄就在身旁，”一位时尚评论员说。时装秀开始，T 台入口处一只蓝色霓虹灯制作的大鸟映入眼帘，它的一对巨型翅膀上下扇动，象征着伊莎贝拉的灵魂终获自由。麦昆这个系列的服装不但颂扬了伊莎贝拉的个性，还赞美了她的形体：模特们穿着的服装突出了漏斗形的身材特征，为纪念“伊莎贝拉丰满挺括的上围与苗条纤细的腰肢”。服装秀结束时，麦昆上身穿着米老鼠的运动衫，下身穿着苏格兰花格呢短裙与菲利普·崔西一同登台谢幕。

在 T 台上谢幕那一刻让李感慨万千，尤其是听到尼尔·戴蒙德（Neil Diamond）的歌曲《弹奏我》。反复吟唱的歌词，“你是太阳，我是月亮，”唱出了亚历山大与伊莎贝拉之间的某种共生关系：你依靠着我，我依靠着你。从某种程度上说，麦昆是伊莎贝拉一手打造的。随着麦昆愈发自信、愈发成功，伊莎贝拉的精神状况却每况愈下，他想远离她。如今伊莎贝拉已潸然离去，麦昆感到自己的生活出了问题，好似行星偏离了轨道；他说，伊西的死给他的生活留下了一个“巨大的空洞”。与灵媒的接触让他感到一丝安慰——他要知道、要确定伊西的灵魂已得安息，她并不怨他——但他仍惶惶不可终日。他的精神病医生史蒂芬·佩雷拉博士（Dr Stephen Pereira）说麦昆从 2007 年就开始患有混合性焦虑与抑郁障碍症。典型症状是低自尊、睡不安眠、乏力、精神不振、易怒、悲观或焦虑，导致患病的原因有压力过大、童年创伤、严重或慢性病的困扰，所有这些都能在麦昆身上觅得踪迹。尽管佩雷拉医生非常努力，但因为麦昆“常常不能赴诊”而无能为力。

“蓝色夫人”时装秀之后，麦昆和他的男友格伦·特鲁瓦（Glenn Teeuw）到印度的喀拉拉（Kerala）度假。一周后，格伦飞去澳大利亚为他的祖母庆生，后返回伦敦。与此同时麦昆则去了不丹（Bhutan）见肖恩·利尼。在不丹，李沉浸于佛教，了解了一些佛教的基本教义。“是我建议他去的，”詹妮特·麦昆说。“我知道一些人数年前曾到过那里，说那里可以让人们幡然醒悟。我想这也许对他的抑郁症有帮助。”

佛教的很多主要信条——比如轮回说（生死轮回周而复始）、业力、重生、苦（受苦或焦虑）和解脱——不仅可以帮助李平复失去伊莎贝拉的郁结，还可以暂时缓解他的恐惧以及阴暗的想法。后来，李去参观了位于贝思纳尔格林（Bethnal Green）的伦敦佛教中心（London Buddhist Centre），偶尔会带回一些念珠或典藏经文。据麦昆说，这次的不丹之行仿若一次朝圣之旅，让人“改头换面”。2007 年 11 月，麦昆归来，他从希思罗机场（Heathrow）乘出租车直接来到了格伦工作的 SOHO 酒吧。他送给格伦一些佛珠作为礼物，结束了二人的关系。“我知道我们不可能反反复复做同样的事情，争吵、和好，没完没了，”格伦说，“后来我们再没说过话——他总换电话号码，我甚至都无法与他短信联系——后来我再也没有见过他。我觉得我们之间有很多事情根本没有解决。”

那年的圣诞节，麦昆和他的姐姐詹妮特来到了菲尔莱特。25 日清晨，他点燃了一根蜡烛来纪念伊莎贝拉。“从她离世的那一天起，她就一直在李的脑海中，没有离开过，”珍妮特说。“伊西的去世让我知道了很多，”麦昆说，当时是 2008 年的春天。“我更加了解我自己，（我发现）

生活是值得过下去的。”

曾有一度，朋友们都说李看上去更阳光、更乐观了。他会想到自己的未来——积极的那一种——并着手拟订计划。他着急想从哈克尼（Hackney）搬走，请建筑师盖·摩根-哈瑞斯（Guy Morgan-Harris）帮他在伦敦找一处新的公寓或房子。2006年，麦昆的私人助理凯特·琼斯向他推荐了哈瑞斯。哈瑞斯是位彬彬有礼的英俊男子，他和妻子经营一家建筑精品店。当时是在春天，麦昆想把他在卡多根的房子简单翻新装饰一下，两个人第一次见面，麦昆就非常信任哈瑞斯。“他很敏锐、聪明、有趣，”盖说，“他总是让你小心谨慎。玩世不恭的态度下是一股股暖暖的情谊。”盖曾为麦昆在特威克南市（Twickenham）的蒙彼利埃（Montpelier Row）找到一处非常棒的房子，但李明确地拒绝了，因为那个地方距离伦敦市中心太远。盖又在河畔白厅宫（Whitehall Court）找到了一处很大的公寓，可以俯瞰泰晤士河。2008年2月1日，李来到这处价值425万英镑的公寓，被眼前的景观以及巨大的居住面积（三个会客室彼此相连）所吸引；而且他的老朋友伯尼塔·塞奇威克（Paulita Sedgwick）也住在这个街区，隶属同一个代管人。这间公寓的阳台很大，与这处房子的长度差不多，但麦昆认为住在四层，他的三条狗会很不方便。2008年年末，麦昆在梅菲尔的格林大街7号租下了一套奢华的公寓，后来又对克勒肯维尔（Clerkenwell）的半月庭（Half Moon Court）一处商业建筑感兴趣。他想把这个地方改为他的家——为他的狗在屋顶建了一个花园——外加一处回廊来陈列他的作品。但最终麦昆还是没有买，原因是距离他工作的地方太近了。

李对伦敦以外的住处也有自己的规划。他想扩建并整修在菲尔莱特的那所乡间小屋，让盖帮他做设计。但最终主体部分没能实施，因为李不能忍受在整个过程中被不停地打断。一天李带着他的建筑师盖来到屋后，在那里可以看到壮丽的海湾景观，他告诉盖他希望在这片土地上建一座太空时代的建筑。"他想在地下挖一条通道，用混凝土浇筑，这条地下通道的末端是一部电梯，乘电梯可以直达屋内，类似詹姆士·邦德的藏身处，"盖说，"房屋外面要包一层铝，这样它就像坠毁在山间的一艘宇宙飞船。但是这片地处于著名的自然景观区内，获批搭建这样的房屋的可能性很小。我永远记得那一幕，李穿着那件米老鼠运动衫走在田野上，看起来那么开心、惬意，对未来的前景热情满满。如果能看到自己的构想成为现实，他一定会特别高兴的。"

麦昆重燃希冀的精神在 2008 年 2 月"住在树上的女孩"（The Girl Who Lived in the Tree）系列服装秀上再次显现出来。据麦昆说，有一天他从菲尔莱特的房子走出来，看到花园里那棵巨大的榆树，忽然产生了树上住着一个女孩的幻觉。"她是树上的精灵，"他说，"她决意来到地面，结果化为了一位公主。"舞台中央摆放着一棵巨大的树木，树干和枝条裹上了层层的纱绸，仿似大地艺术家克里斯多和珍妮-克劳德（Christo and Jeanne-Claude）的作品。模特们穿着黑色、灰色、纯白和皇家红色的服装依次走上台来，大树的颜色也随之变化为冰蓝色、浅绿色和大黄色，倒映在秀台上，色彩斑斓。这次服装秀的灵感来自他的印度、不丹之行以及伊丽莎白女王二世身着诺曼·哈特奈尔（Norman

Hartnell）设计的服装的一些照片。童话般的甜美与皇族般的威严构成了这次服装秀的精彩造型。"是时候走出黑暗迎接光明了，"他说。在巴黎服装秀的当日，麦昆宣布他的品牌首次盈利。"麦昆品牌会成功，我从未怀疑过这一点，"麦昆说。

2008 年 3 月，李飞到洛杉矶去查看坐落在梅尔罗斯大街（Melrose Avenue）上的新门店，由威廉·罗素（William Russell）设计的这座建筑正在做最后的修改和装饰。麦昆委托罗伯特·布莱斯·穆尔（Robert Bryce Muir）制作一个 9 英尺高的不锈钢男子雕塑，命名为"美洲天使"（Angel of the Americas）。这座雕塑悬挂在商店的圆顶之下，无论从室内还是室外都能一窥其貌。"从结构上来说是没问题的，"麦昆说，他把自己新的门店看作一个教堂。艾米·怀恩豪斯（Amy Winehouse）受邀在门店开业典礼上献唱，但最后她没有出席，据麦昆说是"签证问题"。而实际情况却很复杂。二人曾在英国切尔西市（Chelsea）的一次聚会上见过面，麦昆当时带着他的男朋友阿奇·瑞德。"但当时两个人起了冲突，麦昆说了艾米些什么，艾米非常生气，"阿奇说。阿奇劝说李送给艾米一条价值 15 000 英镑的裙子，以此道歉，但艾米收到裙子后，嫌弃地把它丢在了烤架上。"她还在塞尔福里奇百货公司（Selfridges）向麦昆的一条裙子吐唾沫，她因毁坏衣物被要求索赔，"他说，"开始她拒绝了，但后来付了罚款，留下一句，'好吧，但告诉亚历山大·麦昆，是我弄坏了他的裙子。'"

3 月 17 日，李从洛杉矶飞到纽约，在韦弗利酒店（Waverly Inn）与一群朋友庆祝他的 39 岁生日，其中包括特里诺·韦卡德（Trino

Verkade）、莎拉·伯顿、安娜贝拉·尼尔森（Annabelle Neilson）、他的前男友杰·马萨格雷特（2006年起被麦昆聘为麦昆品牌男子系列服装秀的造型师）、克里·尤曼斯、演员科洛·塞维尼（Chloë Sevigny）、时尚摄影师史蒂文·卡莱恩（Steven Klein）和设计师苏·斯坦普。在当天苏拍摄的照片上，李穿着白衬衫打着领带，外面是一件V领套头衫，留着山羊胡，看上去开心而放松。苏自1994年就已经和李相识，但后来她离开伦敦去了纽约。麦昆每次到曼哈顿，都会去见她。"我喜欢他对喜欢或感兴趣的事情那种孜孜以求、不打折扣的热情，"她说，"当然，他也有他的困惑和阴暗面，但我更愿意记住他的笑。李那顽皮的笑声极具感染力，我很怀念。"

4月，古驰同意给麦昆涨薪：当年他将获得1 000万英镑的酬劳。李用其中的一部分钱买下了他在卡多根82号旁边的那栋房子，这样他的姐姐珍妮特和她的女儿克莱尔（Claire）以及5个月大的外孙汤米（Tommy）就能有个体面的住处。珍妮特在8月底搬进了新居，还经常去弟弟那里用餐。他们一起去哥伦比亚路（Columbia Road）鲜花市场，某个周末他还请姐姐到巴德明顿（Badminton）附近去做SPA。"李总是很慷慨，所以每次我们一起出去，我都会准备好食物，"珍妮特说，"我知道他不喜欢全部都由他买单。"

一天，李和珍妮特路过伊斯灵顿站（Islington），他在埃塞克斯路（Essex Road）上的一家标本专营店（Get Stuffed）里看到一个后腿站立的巨大的北极熊标本。他很喜欢，当即就买下，放在了他在克勒肯维尔路（Clerkenwell Road）上时髦漂亮的新办公室里。"同一天，他还买下了一个长颈鹿的头，”詹妮特说。“我想他会先确定这头长颈鹿是自然死亡，他憎恨虐待动物。”

2008年夏天，麦昆开始着手准备“自然的主宰，非自然选择”系列（Natural DisTinction, Un-Natural Selection），其灵感源于达尔文。“我对工业革命也很感兴趣，对我来说，就是从那时候起，人类与自然之间的平衡被打破了，人类变得越来越有力，对自然的破坏就这样开始了。”他说。“这个系列就是要把人们的目光引向自然，看一看我们对自然的破坏。”李让他的侄子盖瑞·詹姆斯·麦昆（Gary James McQueen）设计这次服装秀的邀请函。邀请函上，麦昆的面颊在透镜装置下渐变为一个骷髅头（这个神奇的形象后来用在了大都会艺术博物馆“野性之美”系列展览的目录封面上）。“这个形象有其隐含的预示，但李的一生都在与死亡共舞，”盖瑞说。

10月3日，这场巴黎服装秀在东站（Gare de l’Est）附近的Le 104工作室举行，这里原先是一座殡仪馆。一个旋转的地球投射在观众席上方，T台周围摆着从标本专营店里弄来的大量动物标本——一只北极熊、一头大象、一只美洲豹、一只长颈鹿和一只犰狳。伴随着动物的各种叫声，模特们一个个走上台来，仿佛穿着第二层皮肤——形似巨型蝠鲼鱼鳍的披肩，镶满施华洛世奇水晶、闪闪发亮的连衣裤，印有类似罗尔沙赫氏测验墨迹图案般的套装——人们好像看到了太空时代诺亚方舟上走下的变异物种。投射在顶部的地球变成了一个眼球，从上方注视着人类，为了增加魔幻色彩，麦昆穿着兔子装出现在舞台上，借用了2001年的电影《死亡幻觉》（*Donnie Darko*）中那个穿着兔子装的人物形象，他发出了世界即将灭亡的警告。“我认为人类的贪婪正在一步步吞噬着地球，”麦昆说，“所有物种都很脆弱，而动物只是受害者，是我们让自己走向毁灭，也给它们带去了毁灭。”

11 月 6 日，李接到消息，他的哥哥，48 岁的出租车司机迈克尔在希斯罗机场候客时心脏病突然发作。迈克尔被直升飞机送到了医院。“我被电击了 4 次才醒过来，”他说。后来，迈克尔康复了，李来医院看他。“他坐在床脚处问我，‘你看见什么了吗？你看见那扇门了吗？’”迈克尔回忆说，“他想知道我在那边看到了什么，因为我是死过几次的人了。”迈克尔哈哈大笑，让他滚一边去。

“那边”对麦昆的吸引力越来越大。据阿奇说，李那时候开始在网上搜索有关玛丽莲·梦露自杀的资料以及所有的验尸报告。他送给阿奇很多礼物，其中一件礼物是一个古驰的盒子，里面是几件开司米套头衫和一个镶钻的卡地亚古董表。“看见它们你就会想起我，”李说。阿奇问他要去哪里，为什么要给他这些纪念品，麦昆却一言不发。

2008 年年底，李和阿奇·瑞德决定分手。新年伊始，麦昆感到非常孤独，他到网上去寻求陪伴。麦昆一直是交友网站“同志雷达”（Gaydar）的积极分子——他的简历图片是由专业摄影师德里克·桑蒂尼（Derrick Santini）拍摄的，照片中，麦昆穿着战斗裤和灰色羊毛开衫——1 月份他开始招募男同服务。李邀请色情明星保罗·斯泰格（Paul Stag）来到格林大街的公寓为他服务，每小时 150 ～ 200 英镑。“其间会吸毒，会有性行为，也会有其他人在场，很可能是另一位男同——他很喜欢群交，”保罗说。

保罗并没有认出麦昆——他不读时尚报刊——也许正是为此，李才觉得和他在一起很舒服。“他很阳刚，并不像时尚人士，”保罗说，“如果你不认识他的话，你会以为他是一个成功的汽车经销商或是废铁回收商。”在接下来的三周中，李每周会见保罗两到三次，后来保罗提出是否可以将两人的关系进一步发展。从那时候开始，两人便成为了情侣，但李接受保罗继续他的男同服务。保罗不吸毒，有时会对李这个习惯很不理解。“对他来说，毒品好像成了他的第二性，就像有人吸烟，有人喝金汤力，”他说。“我听说他吸的量越来越大，”李的姐姐雅基·麦昆说。“伊西死后，我从家人口中得知李变了，他正在迅速走向自我毁灭。他失去了伊西，一切都不同了。”

一些朋友说李开始尝试吸食晶体脱氧麻黄碱，即冰毒，一种高上瘾性毒品，常用于采取“化学性爱”的乱交同性恋男子之间。时尚内部人士马达夫·辛克莱（Matav Sinclair）（笔名）和李同享一位男同，这位男同告诉马达夫，麦昆偏爱冰毒。马达夫自己也尝试吸食了一周，有几天，他感到眼前是一个全新的世界，满足不断增强的性欲，成了他生命中最大的追求。但借助药力的放纵之后是深深的空虚与失落。“我身体中所有的美好都被消耗殆尽，我感到异常的孤独与难过，”马达夫说，“这是我生命中做过的一件最恐怖的事情。从那以后，我注意到那些冰毒吸食者的眼睛都是黑洞洞的，没有一丝光彩，仿佛他们的眼睛也已经死去。”

如今麦昆才体会到时尚世界——对新事物贪得无厌的追求以及对瞬

间的疯狂迷恋——并不能令他开心。他告诉塞巴斯蒂安·彭斯，如果能回到过去，他绝不会与古驰签约。“现在我已经无法抽身，”他说。“我为自己建了一座囚牢。”他也确实尝试着摆脱这种奢华的生活方式，走上一条完全不同的路径。他为由罗伯特·乐帕奇（Robert Lepage）指导的现代舞蹈《圣兽舞姬》（*Eonnagata*）设计演出服，《圣兽舞姬》讲述的是18世纪的外交官、间谍和异装者戴戎·德博蒙（Chevalier d' Eon）的故事，2009年2月，该舞蹈在伦敦的萨德勒的威尔斯剧院（Sadler's Wells）进行了首场演出。李还在斯莱德美术学院（Slade School of Fine Art）获得了一个职位。他时不时地还会想起旧时的一些念头：成为一位摄影师或建立自己的设计学校，甚至至少为了保罗，成立一个自己的同性恋色情工作室。但是追求这些梦想，他却感到无能为力，他害怕自己一旦迈出这一步，远离自己的品牌，会影响自己的事业、自己的生计，以及公司里大量的员工。

李运用他最熟悉的方式来澄明自己的感受：设计新的服装系列来抨击时尚业。麦昆说这个系列有感于他收藏的一件艺术品——荷兰摄影师亨德里·科斯腾斯（Hendrik Kerstens）拍摄的一张照片，照片中亨德里的女儿宝拉把一个塑料袋套在头上（一幅菲米尔画的再创作），麦昆把这张图片用在了他的服装秀邀请函上。作为“沃斯”系列的姐妹篇，“丰饶角”（The Horn of Plenty）系列服装秀于2009年3月10日在巴黎的综合体育馆举行，场景设定为精神病院。模特们——惨白的小丑面孔，夸张的嘴唇，让人想到雷夫·博维瑞的妆容——好像刚刚逃离“沃斯”精神病院，无意间闯入了法国女装设计师的房间，里面挂满了璀璨靓丽的服装。该系列参考了迪奥的“新风貌”“波烈”（Poiret）、纪梵希的小黑裙、马修·伯恩（Matthew Bourne）的天鹅湖、塞西尔·比顿（Cecil Beaton）在《窈窕淑女》（*My Fair Lady*）中的设计、欧文·佩恩（Irving Penn）的摄影图片，甚至麦昆自己以往的设计。模特头上戴着菲利普·崔西设计的“帽子”，都是些塑料袋、易拉罐、伞和垃圾桶盖子。秀台中央，在散落的镜子碎片中，有一个巨大的垃圾堆，仔细看，里面竟是一些麦昆之前服装系列的道具，寓意很明显。“整个场景都太老套了，”麦昆对《纽约时报》的艾瑞克·威尔森（Eric Wilson）说，“时尚瞬息万变，用后即弃，我认为这正是问题的症结所在，时尚毫无持久性。”

莎拉·伯顿回忆起当时李准备这个系列时的情景，他的头脑中很清楚自己要的服装样式。“第二位出场模特穿的喷涂有传统犬牙花纹的服装，”她说，“是李亲自剪裁的，他先剪出不对称和服袖，拆掉衣领，把一块布料放在地上，直接剪出他想要的衣领形状，简直太不可思议了。”

“丰饶角”同时也是对2008年金融危机的映射。“我很喜欢描绘我们所处的时代，这个系列就是对我们这个时代的愚蠢作出相应的刻画，”麦昆对记者苏珊娜·弗兰克尔（Susannah Frankel）说。“我想，当人们回顾这个系列时，他们会知道当时我们正在经历着一场经济大萧条，源于恣意消费在人群中的广泛蔓延。”2008年，麦昆联系摄影师尼克·卫普林顿（Nick Waplington），希望他能跟踪记录“丰饶角”从构思草图到最终服装发布的全部过程。“我希望你能按照以往拍摄的手法如实记录，无论它是什么样子，”李说，他希望这本书能成为他的遗产，还告诉卫普林顿自己收藏了他的作品。"李把这个系列视为对过去15年作品的重要回顾，"尼克说。

"丰饶角"的背景乐曲全部采用了麦昆之前服装秀的音乐片段，其中还有玛丽莲·曼森（Marilyn Manson）演唱的《漂亮的人》，表演结束时，秀场再次响起了心脏监控器中波纹线变为直线的声音（"沃斯"和"莱昆的神殿"服装秀的结束也使用了这段声音）。服装秀之后，李像以往一样陷入低潮，但这一年驱走失落的阴霾显得尤为困难。麦昆40岁的生日就要到了，但到了3月13日周五那天他却仍没有任何庆祝的想法。周末过后，麦昆改变了主意，他打电话包下了肖尔迪奇酒店（Shoreditch House）的顶层。周二晚上，客人们纷纷到来，其中有歌手贝丝·迪托（Beth Ditto）、凯特·摩丝和设计师斯特拉·麦卡特尼（Stella McCartney）。当天，麦昆的前男友莫里·阿瑟（Murray Arthur）本来要去"东端"（East End）俱乐部，结果那里有私人聚会被包场了。他一个人在路上闲逛时，恰好碰到了正在路边吃糖果的李。莫里向他祝贺生日，又聊了5分钟，李就转身回去了，没有邀请莫里参加他的生日派对。后来，莫里在肖尔迪奇区的"乔治和龙"（George and Dragon）酒吧举办他的40岁生日会，他想邀请麦昆参加。"麦昆的一位秘书答复我，说谢谢您的邀请，但亚历山大·麦昆不会参加您的生日聚会，"他回忆说，"我有点难过。"

2009年的春天，麦昆乘坐私人飞机来到了西班牙的马略卡岛（Majorca），同行的还有安娜贝尔·尼尔森。两个人住在李在当地买的一处房子里，这所房子被重新整修过，看起来像极了麦昆在伦敦的家，大理石地面，玻璃隔断，还有他珍藏的艺术品和照片。李知道塞巴斯蒂安·彭斯也在这座岛上，他让塞巴斯蒂安过来陪他小住一段时间。当时塞巴斯蒂安的父亲病危，他知道自己不能陪麦昆太久，但他感到他的老朋友需要他。一天晚上，安娜贝尔去睡了，李和塞巴斯蒂安在露台上聊了很久：他们谈到了过去，谈到了当时塞巴斯蒂安必须要离开公司的原因，谈到了麦昆愈加强烈的幽闭恐惧症和拘禁束缚感。李给塞巴斯蒂安看了镶有伊莎贝拉头发的指环；从他说话的方式看得出，他感到生前对伊西不够好，因此怀有某种程度的负疚感。"他觉得自己本可以为伊西做得更多，"他说。

塞巴斯蒂安在当天的早些时候曾看到麦昆在读佛经，是有关死和死亡的，但当麦昆对他说下列话时，塞巴斯蒂安还是大吃一惊。

"我已经设计完最后的系列了，"李说。

"什么？最后的系列？"塞巴斯蒂安说，"你的意思是下个系列？"

"不，我最后的系列。我已经在脑子中构思好了。"

"到底什么意思？"塞巴斯蒂安又问道。

"最后一场服装秀上，我会自杀，我要结束这一切。"

麦昆接着又说出了他的实施方案：他想在秀场的众目睽睽之下自杀。"他告诉我他会准备一个有机玻璃箱或玻璃箱，把它放在另一个玻璃箱的中间，"塞巴斯蒂安回忆道，"然后，到了服装秀谢幕的时候，他会从台下升起，开枪自杀，这样喷溅到玻璃上的脑髓会缓缓滴下。"

塞巴斯蒂安被麦昆的"胡言乱语"吓坏了。麦昆接着对他说，他已经将所有都筹划好了。早在2007年他就设立了"萨拉班德"(Sarabande)

慈善基金，去帮助那些需要帮助的人，包括他的母校圣马丁学院的学生们，而且他已经写好了遗嘱。“还有一个晚上，李问我房子里有没有斧子，”塞巴斯蒂安说，“他说，‘你能去地窖找找看吗？也许那里有。’我问他要斧子干什么，他只说他想要。我在地窖里没有找到斧子，我告诉他，他让我去买几把。他说我不明白，他需要保护。他乘私人飞机来马略卡岛，就是为了能带上他的爱犬卡勒姆。他说有人在追他。”塞巴斯蒂安很担心他朋友的精神状况，因此打电话到麦昆在伦敦的办公地点，但他的员工们都说麦昆精神状态很好，没什么需要担心的。“不，他一点也不好，亲爱的，”他回答，“他现在的情况糟糕透了。”

在外界看来，李一如常人，但他却在内心中一次次上演着自杀的戏码。麦昆返回伦敦准备6月份在米兰推出的男装系列，以及他的下一个女装秀“柏拉图的亚特兰蒂斯”（Plato's Atlantis）。2009年4月，他和盖·摩根-哈瑞斯商量，想买下位于梅菲尔区邓雷文大街（Dunraven Street）17号的一处房产。这所公寓的一层和地下的面积极大，价值2 525万英镑。“看得出他非常喜欢这所房子，较之以前我们看过的房产，这次他很认真，这一点我后来才知道，”盖说。李还是那个有趣且迷人的李，没有什么迹象表明他有什么不正常的地方。但他亲近的人感到李的行为开始飘忽不定。乔伊斯·麦昆一直担心儿子的吸毒问题，一次长谈之后，李告诉母亲他会试着戒掉毒瘾。“他确实这么做了，但只维持了6到8周，”珍妮特说。

2009年的春天，珍妮特试着劝说麦昆戒掉毒瘾。“他简直太奇怪了，也许是我劝说的方式不对，”她说，“吸食可卡因会让人变得面目可憎，我没有和他说话，他那样对我，我很生气，我也是出于报复。”4 月份，两个人争吵后，珍妮特搬出了麦昆为她在卡多根买的房子，自此，姐弟两人数个月没有说话。麦昆也和他的另一个姐姐雅基发生了龃龉。“我一直等着李回家，”雅基说，“那些时尚人士和明星一个个无知浅薄却自命不凡，我很不喜欢。在那样的氛围里，所有人都想和你做朋友，但没有一个人真正为李·麦昆着想。”

2009 年 5 月，麦昆在孤独和绝望中吸食了大剂量的毒品，之后他大声呼救。珍妮特以为是伊莎贝拉 5 月 7 日的忌辰让李那么难过。“我知道他是怎么想的，他觉得当时自己应该陪在她的身边，”她说。那时，珍妮特对李的情况一无所知，直到他的弟弟去世，她才知道麦昆曾数次尝试自杀；麦昆的男友保罗·斯泰格也对此毫不知情。他一直认为麦昆的工作压力特别大。“李一工作起来就不要命，整天工作，直到深夜，第二天又很早起来，”他说。哥哥托尼·麦昆记得李有时会在办公室的床上过夜。“大家总是谈论麦昆多么有钱——但他从不回家，”他说，“他完成一个系列之后，紧接着又是下一个系列。”

2009 年 7 月 4 日，保罗和李一起庆祝在伦敦举行的同志游行（Gay Pride）——保罗参加了此次游行，游行结束后他到索荷区博埃梅咖啡厅（Café Boheme）找麦昆。“我到那里时，他和他的一帮朋友正在吃吃喝喝，他们这样已经一个下午了，整整 4 个小时，”保罗说，“花费了大约 900 英镑，我讨厌他的朋友总是让他付账。李把他的吉普开到了 SOHO 区，我只好再把它开回去。我们回到住处，他为我做了芝士土司。”7 月 14 日，麦昆去布里克斯顿学院（Brixton Academy）见 Lady Gaga，尽管他并不是她的歌迷，但这位来自纽约的23岁的歌手说出了他心中的忧虑：声望带来的压力、名人的危机、享乐放纵的愉悦以及性与暴力的危险交替。

与此同时，麦昆的法律团队正在为麦昆遗嘱的终稿做最后的修订。2008年，李拟订了遗嘱的初稿，但在第二年里却不断更改。2009年7月，遗嘱终稿完成，等着他去签署。“如果李没有签署那份遗嘱，所有的遗产将会归我的父亲所有，”他的姐姐珍妮特说。当月，李再次服用大剂量药物试图自杀。“在李去世的那一年，他的想法忽上忽下，令人匪夷所思，”珍妮特说。随着麦昆吸食毒品剂量的增加，他的焦虑、妄想症和抑郁愈发强化。他只有在一次次的性快感和毒品带来的兴奋感中才能暂时忘掉自己是艾滋病患者的现实。“他有艾滋病，但却依旧和那些吸毒的男子发生性关系，而且不采取任何保护措施，”保罗·斯泰格说。“他有艾滋病，却表现出一副无所谓的样子，”比利博一说。“他告诉我这些时，我还有点不相信。他从没有对自己负责，直到生命的最后。我想他恨他自己，非常恨。”

麦昆副线品牌的设计师简·海沃德（Jane Hayward）仍记得员工们闻到一股烟味时，战战兢兢、紧张兮兮的样子——有烟味就意味着麦昆来了（办公区禁止吸烟，他是唯一敢藐视这条规定的人）。“员工的担心是有道理的，李的情绪很不稳定，”她说，“他总是爱突袭检查，经常一大早就来到公司查看员工的工作情况。”他们很怕自己做的衣服让麦昆挑出问题，他很可能会在最后一分钟让他们把整批衣服重做。“与此同时，他与外界的联系却越来越少，有时会消失数天。有一次，他连续3

周不见踪影。”

李选择暂时没有离开的原因之一是担心自己的自杀会刺伤他的家人，尤其是他的母亲。2009 年，乔伊斯的肾病愈发严重，麦昆感到母亲所剩的时间不多了。他决定为了母亲振作起来，恢复了他的社交：他把卡多根的房子标价 170 万英镑出售（随后改为了租赁），完成了在邓雷文大街房产的过户，让建筑师盖开始着手拟订详细的方案，将这套公寓装修成自己梦想中的“世界小窝”。他为自己的侄女，托尼的女儿米歇尔设计了一套婚纱，接受了《纽约时报》记者凯西·霍林（Cathy Horyn）的一次深度访谈。麦昆还在梅菲尔区租了一套房子，他经常去芒特大街（Mount Street）上的“斯科特餐厅”（Scott's）用餐，那里俨然成了“他的私厨”。9 月 22 日，“伦敦时装周”25 周年纪念，在庆典期间，麦昆参加了《时尚》与波特女士（Net-a-Porter）举办的向摄影大师尼克·奈特（Nick Knight）致敬的晚宴，宴会在“随想曲”（Le Caprice）餐厅举行。

另一个支撑麦昆的力量是力图革新当今时尚的愿望。尽管他对时尚圈的体制备感失望——秋冬系列，春夏系列，男装，配饰，等等，年年如此，循环往复——他仍想试一试，挑战自我。麦昆还想到自己能为人们留下些什么，自己会以何种形式被人们记住——早在 2004 年，他就说过，“我希望自己能创造出某种廓形或是剪裁方法，这样，当我不在人世的时候，人们会知道 21 世纪是由亚历山大·麦昆开创的。”

李在准备“柏拉图的亚特兰蒂斯”系列时——希腊哲学家柏拉图在公元前 360 年前后著有的《蒂迈欧篇》（*Timaeus*）对话中谈及了一座神

秘岛屿，该系列以此岛名称命名——告诉自己的员工，“我不要看到任何的形状，也不要去参考，图片、画作等。我要的是一种全新的东西。”莎拉·伯顿记得有一天，麦昆把工作室里所有的资料板翻过面去，这样大家只能看到一片片挂在墙上的印染布料。“他确实是对的，他后来果然创造出了新的东西，没有任何参考，”莎拉说。灵感来自海洋——他喜欢潜水，是詹姆斯·卡梅隆（James Cameron）导演的电影《深渊》（*The Abyss*）的超级粉丝——以及麦昆潜意识中的幽暗深邃。该部电影讲述的是一队人接到任务，搜救一艘在大西洋消失的美国潜艇，结果却发现了新的物种。在麦昆的“柏拉图的亚特兰蒂斯”系列中，他假想出了这些新生物的样子：体态优美的女子，脚上穿着足有一英尺高的“怪异”的半球状“犰狳”鞋，该鞋是对艺术家艾伦·琼斯（Allen Jones）1968年设计作品的再创作。《旗帜晚报》的劳拉·克雷克（Laura Craik）把“犰狳”鞋比作“开裂的蹄子”，另外一位时尚编辑把它们比作“螃蟹爪”。这个系列可以看作是达尔文进化论逆转的形象化。“我们从水中来，如今，干细胞技术不断发展，我们要回到水中去，”麦昆说。

李曾在“自然差异，非自然选择”（Natural Dis-Tinction, Un-Natural Selection）系列中尝试直接在布料上进行数码印染，在如今这个系列中他完善了该技术。“李熟练掌握编织、设计和印染技术，他可以使印到服装上的数码图案完美对接，分毫不差，”莎拉·伯顿说。一共有36种不同的图案，它们是“环绕”在身体上的。“环绕的意思是图案是印在一卷布料上的，”莎拉说。

两台机器人摄像机全程录制了“柏拉图的亚特兰蒂斯”系列服装

秀，并分别把它投射到大屏幕——这样观众可以在屏幕上瞥见自己的身影——以及网络上，通过尼克·奈特网站秀工作室（SHOWstudio）现场直播。半个小时之前，Lady Gaga 在推特上发微博，称自己要在麦昆的秀场上推出她的新单曲：网上点击率一秒钟之内达 3 万次，一度导致网络瘫痪。单曲《糟糕的浪漫》（*Bad Romance*）——讲述的是对一段糟糕感情的依恋——引起了麦昆的共鸣。在这首歌曲的音乐录影带中，Gaga 扮演了一位被卖给俄国黑手党的女子，她在片中穿了数套该系列的服装，包括那双“犰狳”鞋。在李的最后几年中，Gaga 扮演了类似麦昆缪斯女神的角色。2011 年 5 月，她在《时尚芭莎》（*Harper's Bazaar*）的一次访谈中说，仿佛是麦昆为她写的《天生如此》（*Born This Way*）这首歌——一首称颂性别多样化与差异的歌曲——只不过是通过她的手写出来。“我感觉他仿佛就在天堂里，手持时尚之弦，牵动世上之事，勾画出整个事件，”她说，“这首歌甚至都不是我写的。是他！”

那年 10 月，大概是在巴黎的最后一场时装秀，李觉得应该和姐姐珍妮特和好。他说他很抱歉对姐姐说了那样的话。珍妮特告诉他别傻了，她很高兴李能主动打来电话。李问姐姐是否愿意来他这儿一起过圣诞节，但是珍妮特早就有了安排，没有答应。此外，珍妮特知道她的弟弟总是爱在最后一刻改变主意。“几年前的一个夏天，我为我们两个安排了一次度假，结果他没有来，”她说，“他总喜欢这样爽约——如果他心情不好有些沮丧，或是觉得浑身无力懒得动，他就不会赴约。”

保罗·斯泰格感觉自从 2009 年的秋天开始，李就开始有些厌世的情绪。保罗不想总是和李享受床笫之欢，他想和他一起去做更多的事情，但李却毫无兴趣。“我清清楚楚地记得他曾说要把自己患有艾滋病的这件事公布出去，”保罗说，“我觉得那是他个人的事情，但他觉得要这么做。”保罗当时正在为艾滋病慈善机构特伦斯·希金斯信托（Terrence Higgins Trust）筹款拍卖，11月，李答应捐赠一条价值1万英镑的裙子。“清晨5点，李和另一个男子在床上吸毒，我躺在旁边，”保罗说，“李说，‘我要你去干他，’但是这一晚上我已经来了好几次了，我说我不想——我又不是在工作。他说，‘如果你还想要那条拍卖的裙子的话，现在就去干他。’我想，就这样吧，然后就离开了。”自此两个人再也没有见过面。

年底，麦昆感到孤立无助。12月，他答应与马克思·纽森（Max Newsom）和尼古拉·布莱顿（Nicola Brighton）见面，他们正在写一部有关伊莎贝拉·布罗的电影剧本。在见面的两个半小时中，麦昆大半的时间都哭得死去活来，让这两位电影制片人为之动容。李把他的悲伤都留给了自己，他的朋友们也被他外表的假象所迷惑，从不知道他内心深处的失落与沮丧。“他的精神状态很好，意气风发的样子，”摄影师史蒂文·卡莱恩（Steven Klein）说。他曾与麦昆在圣诞节期间一同吃过午餐。“我们还计划一起合作几个项目。”

新年期间，李和安娜贝尔·尼尔森和杰·马萨格雷特（Jay Massacret）一起到瓦勒迪泽尔（Val d' Isère）滑雪；几个人住进了博诺（Bono）中意的高级度假屋，从这里可以看到奥林匹克滑雪跑道的全景。“松树太多了，”麦昆提到那个度假屋，“你不愿意住在桑拿室里，对吧？”1月，李飞到米兰准备他的男装秀，这次服装秀受到斯汀（Sting）

的启发，他认为斯汀是“真正的男人，他理想中的男人”。

李返回伦敦看望母亲，乔伊斯的身体状况越来越糟。“我们在母亲去世前几天曾打电话给他，告诉他母亲的情况很不好，让他回来看看，”珍妮特说，“但他并不想来医院。他一直在挣扎，因为他心里明白这很可能是母亲最后的日子。”医生想要母亲在医院里过 2009 年的圣诞节，但乔伊斯有不同的想法。她想在圣诞节那天，让大家都聚在一起。12 月 25 日，乔伊斯换好节日盛装，准备离开医院。“医生不许她走，她大发雷霆，”迈克尔·麦昆说，“这是我唯一一次听乔伊斯说粗口，她坐在床沿上，抱怨医生不让自己回家。她第一次对李发怒，对他说，‘你可以滚了，就这样吧。’我去见医生，最后他们同意让我们把母亲带回家，条件是，4 个小时之后一定要把母亲送回来。几十年了，我从未见过她那么开心。”

乔伊斯也在准备自己的身后之事。她在本子上写了一封长信，在信中，她把遗产的赠予写得清清楚楚。她把李送给她的蒂凡尼玻璃盘子和 6 个斯波德陶瓷盘留给李；还有两幅维多利亚时期的画作；一个蔬菜汤盘。乔伊斯还留给李第一版的《菲利莫尔地图集附教区登记簿索引》（*The Phillimore Atlas and Index of Parish Registers*）以及第一版的西金斯当（West Kingsdown）地方志，书中记录了一些她的迪恩祖先的名字。最后，乔伊斯还留给麦昆她收集的韦奇伍德（Wedgwood）的碧玉细炻器。她希望自己被埋在——不要火化——曼纳公园墓地（Manor Park Cemetery），入殓时，她想穿一件高领的睡袍，粉色或白色，因为这两个颜色是丈夫罗恩喜欢她穿的颜色。她还希望自己的棺木上撒有白色的百合或玫瑰，她不愿意孩子们去买昂贵的花环，尤其是那些拼有“妈妈”或“祖母”字样的花环。乔伊斯在本子中的前几页写道：“我一直认为自己是世界上最幸福的母亲，因为有你们这些好孩子。我爱你们，爱你们每一个人，我的心中常常涌起无比的幸福与骄傲。当你们遭受挫折，路遇坎坷，我能感受到你们的伤心与绝望，我只希望自己能有一根魔杖，为你们驱散阴霾。”乔伊斯还写到自己仍然爱着罗恩，她一直坚信自己从他们的父亲身上获得了力量和决心。他们有他们自己的问题，就像其他夫妻一样，她说，但他们的爱和深情支撑他们度过了困难的时期。“所以我不希望你们为我伤心，”她写道，“我的婚姻为我带来了很多难忘的时光，让我的生命变得不再平庸，是你们给了我无尽的爱与快乐。”她写到她一直努力做一个好母亲，她想告诉她的6个孩子还有她的孙辈，她非常爱他们。“愿你们在未来的岁月里平安喜乐，上帝保佑你们。永远爱你们的母亲。”最后是6个吻。

2月1日，在梅菲尔区的哈里酒吧（Harry's Bar），《名利场》杂志（Vanity Fair）的格雷顿·卡特（Graydon Carter）举办了福特电影《单身男子》（*A Single Man*）的首发庆祝会。之前，麦昆的回复是不能参加这次活动，但当天他却和安娜贝尔·尼尔森不声不响地出现了，这让主办方有些诧异。汤姆·福德过来和麦昆喝了杯酒，就回到座位上，回到他的丈夫理查德·巴克利（Richard Buckley）的身旁。来宾还有华伦天奴（Valentino）、杰·乔普林（Jay Jopling）、尼基·哈斯拉姆（Nicky Haslam）、科林·费尔斯（Colin Firth）、桑迪·牛顿（Thandie Newton）和盖·里奇（Guy Ritchie）。担任当晚摄影师的是戴维德·琼斯（Dafydd

Jones)，理查德后来对琼斯说，他和汤姆“都感觉亚历山大是来告别的”。

当晚，麦昆的家人围在乔伊斯的床边。乔伊斯快要不行了，但大家不知道她还有多长时间，夜里 11 点或 12 点时，迈克尔和罗恩需要回家服药。珍妮特主动载他们回家取药，留托尼一个人在医院。“他们走了大约半个小时——当时大概是 11 点半左右——母亲开始大喊起来，”托尼说，“看得出她很难受。我让医生给母亲吃点止疼药什么的，她看起来很痛苦。护士给她注射了更多的吗啡，她就这样在我的怀里走了。”李得知母亲去世的消息后几乎崩溃了；母亲离开了，他心如刀绞，他也为自己将要做的事情感到悲痛。

乔伊斯去世后的那些天里——2 月 2 日去世于罗姆福德（Romford）的女王医院（Queen's Hospital），享年 75 岁——她的家人们一个个精神恍惚。但托尼还记得李来到他们父母在罗温路（Rowan Walk）的房子的情景。“李坐在长椅上，头低低的，看起来伤心透了，”他说。托尼对他说，“想开些，李。”李“嗯”了一声。“就这些——后来他再也没有和其他人说过话，”托尼说。“而后他离开了，我想大概是第二天，他打来电话，想知道母亲在去世之前都说了什么。我告诉他，‘她说她爱你，她不想你放弃自己。’那次通话后我就再没有听到他的消息。”雅基回忆说，几天后，她见到了李，她把李抱在怀里，爱抚他，亲吻他，告诉他姐姐爱他。“他一片茫然，”雅基说，“我很吃惊他竟然让我触碰他，因为我知道他不太适应这种身体的接触。李和他的私人助理离开时，他站在门口向我挥了挥手。我感觉那不像是李，一般他会说‘拜拜’，然后再离开。我很享受在他怀里温暖的感觉，我想他也一样，那时他就像个小孩子。”

2月3日，李在Twitter的博客上写道，“我想告诉大家，我的妈妈昨天去世了。如果她没有生下我……你们也不会……愿母亲安息……”过了一会儿，他又补充了一句，“但生活必须要继续下去！！！！！！！！！！！”2月7日，星期日，他写道，“这一周真是糟糕透了，但我的朋友们很棒，我现在必须要振作起来，完成这个‘地狱天使与魔鬼’！！！！！！！！！！！”这是指他的最新系列，该系列受到荷兰早期画家的影响，比如汉斯·梅姆林（Hans Memling）、胡果·凡·德·格斯（Hugo van der Goes）和希罗尼穆斯·波希（Hieronymus Bosch），此外还有拜占庭（Byzantine）的形象，雕塑家格林林·吉本斯（Grinling Gibbons）以及法国画家让·富凯（Jean Fouquet），让的作品《天使环绕中的圣母子》（*Virgin and Child Surrounded by Angels*）中的元素，麦昆曾用在“贞德”之夹克系列中。但是，麦昆仍无法投入到工作中，他把自己锁在房中。

“他去世的前几天曾给我打过电话，我能听出来他喝了很多酒，还在吸毒，”阿奇·瑞德说。“我的狗检查出患了癌症，我要做决定，是否让她安乐死。”阿奇很烦李这种以自我为中心的态度，电话中，李一直叫他“自私的婊子”。“我还有自己的事情要处理，去吃片安眠药，好好睡一觉，”他对李说，“明天我去找你，给你做饭吃，那时我们好好商量这件事。”后来，他再也没有接到麦昆的消息。

麦昆用细微且不易察觉的方式向大家一一告别。2月8日，李让侄子盖瑞·詹姆士·麦昆（Gary James McQueen）为他的母亲设计一个天使式样的墓碑。"他说他要那种让人为之一振的感觉，"盖瑞说。然后李打电话给珍妮特，告诉她他爱她。他把自己的钱包送给了安娜贝尔·尼尔森，里面有一张他和爱犬的照片，谎称自己要买一个新的。2 月 9 日早上 7 点，麦昆在 Twitter 上给克里·尤曼斯发了一条微博，用戏谑的口吻说："在这里，我和我的姑娘安娜贝尔·尼尔森祝愿克里小荡妇，在纽约生日快乐。你已经是 40 岁的姑娘了，是时候歇一歇了。"当天，他还想设法让自己去工作，他和特里诺·韦卡德（Trino Verkade）提到母亲的葬礼。"晚点办吧，"他那么说，特里诺还向他确认了葬礼当晚在 J. 希基餐厅（J. Sheekey's）用餐的时间。他还对珍妮特说，他要为母亲做一件老式的棉绒睡袍，当天会亲自把这件衣服拿到殡仪馆。他还给克里写了一张字条，发了联邦快递到纽约，字条上说，"我的好朋友，谢谢你一直陪在我身边。爱你，李。"克里拿到这张纸条的时候，刚刚得知麦昆去世的消息。

2 月 10 日，李和工作室的几位朋友在斯科特餐厅（Scott's）用餐——"吃饭时，他看起来情绪很稳定，"达芙妮·吉尼斯说——然后，李和安娜贝尔·尼尔森回到了他在格林大街的公寓。李总是向安娜贝尔保证他不会像伊莎贝拉一样自杀的，"但谁又知道当时他在想些什么，心里在做何种的挣扎呢？"她说。乔伊斯的葬礼定在了 2 月 12 日，李知道自己无法承受参加母亲葬礼时的巨大悲痛。他的爱犬薄荷被查出患有癌症。死亡对他来说，似乎是一种解脱，一种幸福的慰藉，可以踏入无忧无虑的一步，这一点他已渴望许久。"我在想，如果当晚我没有离开，事情会不会有所不同，但是我的另一部分知道没有任何事或任何人能改变这个结果，”安娜贝尔说。

起初的几个小时，李很绝望，他在沃尔夫·冯·伦基维奇（Wolfe von Lenkiewicz）的《人类的由来》（*The Descent of Man*）这本书的背面写下了一行字，“请照顾我的狗。对不起，我爱你，李。另将我葬在教堂。”随后，他开始在网上搜索自杀的方法。他在雅虎搜索引擎中敲入，“如果割腕自杀需要多久才能死？”他应该读到了这样的答复，比如“太扯了，我听说要等 4 到 5 个小时”，“这是一个很严肃的问题。正在割腕的这位老兄，上帝保佑你！”还有“死不了，只会在你的胳膊上留下大大的伤口，最后结成疤。割腕不足以致死”。

当晚麦昆实施自杀的先后具体时间并不是很清楚，但毫无疑问的是他想死；他没有“呼救”。他服下了唑吡酮（一种处方安眠药）和咪达唑仑（一种镇定剂），在他的血液里发现了两种药的成分，以及剂量“惊人”的可卡因。在次卧的浴室里，他曾试着用一把匕首割腕；在那里，警察发现了一块切菜板、一个磨刀器、一把大个的厨房用刀和一把切肉刀。他的家人觉得这简直不可思议：李非常怕见到血，如果用剪刀不小心刺伤了手指，他会惊恐地大叫，会很难过。后来，他试着用睡袍上的带子在浴室里上吊，但当他把头伸进锁扣里时，带子经受不住他的体重，断了。最后，他把客卧中衣柜里的衣服清出来，拿出最喜欢的一条棕色皮带，在挂衣服的滑轨上打了一个结，用它自杀了。他在死前点燃的香熏蜡烛整晚都没有熄灭。

后　记

第二天早晨10点前，管家凯撒（Cesar）和玛琳·加西亚（Marlene Garcia）——这对来自哥伦比亚的夫妻已经为麦昆工作十几年了——像往常一样来到位于格林大街（Green Street）的公寓。凯撒发现前门上了链锁，他只好设法从杂物间进去。薄荷、果汁和卡勒姆（Callum）（三只狗）显得烦躁不安，凯撒注意到公寓比往常都要乱。凯撒开始打扫房间，他走进客卧，发现麦昆的尸体吊在衣橱里。凯撒赶忙给凯特·琼斯（Kate Jones）打电话，碰巧凯特刚进办公室，得知这个噩耗一时难以接受。后来她开车到格林大街，看见那里的警察和救护车，才相信了这个消息。与此同时，特里诺·维卡迪（Trino Verkade）和莎拉·伯顿（Sarah Burton）正乘车赶往麦昆的公寓，途中接上了肖恩·利尼（Shaun Leane），肖恩刚接到凯撒的电话。“我们来到房子前，忽然却不想再往前走了，”肖恩说。

麦昆一家正忙着准备乔伊斯的葬礼。迈克尔听到这个消息时正在租赁店里挑选为守丧准备的杯杯罐罐。妹妹崔西（Tracy）打电话告诉他李出事了，让他赶紧到公寓来。“前一晚我刚开车在梅菲尔附近拉活儿，”他说，“我不敢相信这是真的。”紧接着，迈克尔把这个消息告诉了父亲，听到这个噩耗，他的父亲不停地说：“李，你为什么要这么对我？”

大家联系不上雅基，她那时在健身房跑步，手机没在身边。中午她从健身房出来，听到了这个消息，几近崩溃。“没有人告诉我他曾数次要轻生，大家知道这件事，却闭口不言，”她说，“如果可以重新来过，我绝不会离开他的身旁，但也许他并不想让我待在他的身旁，事已至此，谁也说不清了。”

后来，肖恩·利尼打电话告诉达芙妮·吉尼斯（Daphne Guinness）李自杀的消息，她当时正在纽约和摄影师大卫·拉切贝尔（David LaChapelle）在一起。“也是这个电话，亚历山大告诉我伊莎贝拉自杀的消息，”达芙妮说，“我真是不敢相信——就在他母亲葬礼的前一天。”麦昆去世的消息没几分钟就在全世界传开了，前来悼念的人蜂拥而至。“我很尊敬他，”约翰·加利亚诺说，“他是一位革命者。人们会永远记住他，他的去世是巨大的损失……他勇敢，独创，充满活力，懂得如何做一名出色的英国时尚大使。”凯瑟琳·哈姆尼特（Katharine Hamnett）说李是“一个天才，他的去世简直就是无可挽回的损失”，多梅尼科·多尔切（Domenico Dolce）和斯蒂芬浩·嘉班纳（Stefano Gabbana）发表声明，“李是无与伦比的，他的去世在时尚界留下了无法填补的空白。”黛安·冯·弗斯滕伯格（Diane von Fürstenberg）说，“他竟是那么绝望，这样一位天才，这么一个优雅浪漫的人，太令人难过了。”巴黎春天（现在的开云集团，麦昆品牌的主要持股人）总裁弗朗索瓦-亨利·皮诺（François-Henri Pinault）宣布，麦昆是这个时代最伟大的时装设计师之一。“他的设计融合了传统文化与超现代性元素，既有远见又时尚前卫，总能引领世界潮流。”他说。莎拉·杰西卡·帕克（Sarah

Jessica Parker）说，“我仍惊魂未定，得知这位天才设计师的英年早逝，我深感悲痛。他注重微小的细节：有灵感，有创造力，天马行空，华丽璀璨，扣人心弦，这就是亚历山大·麦昆。这一点无人能及。更令人感到失落的是，无论是从创新、评论还是商业角度来看，他已经获得了成功，但他的前途还可以更加辉煌。天妒英才，上帝还是这么早就把他带到了天堂。能认识李是我们的荣幸，我们将永远怀念他。”

李去世的消息令他的朋友、爱人和同事都处于极度震惊中。爱丽丝·史密斯（Alice Smith）当时正在办公室工作，《每日电讯报》的朋友凯蒂·维布（Katie Web）打来电话告知她这一消息。“我为他感到惋惜，也为时尚界感到惋惜。”她说，“我当时想，时尚界没有了他会变成什么样？”安德鲁·格鲁夫斯（Andrew Groves）当时在索尔福德大学（Salford）工作，是一位校外监考员，他的同事告诉了他李去世的消息。“实在太令人伤心了，李的结局不应该是这样的，”他说。“他总是说，‘操，你不信，我要毁了这个牌子。’我以为他是说着玩儿的。我记得几年前他说过，如果他死了，他要这个品牌也随他深埋地下。”阿奇·瑞德（Archie Reed）听到李去世的消息并不吃惊。“在我心里，我知道早晚有这么一天，”他说，“很多次我离开他家，回来时我就会想，‘我要不要打个电话？他会不会做出过激的事情来？’”比利博一接到这个消息的时候，正在瑞士的家里开派对。他从餐桌上离开，回到卧室哭了好久好久。“我挺生气的，之后的几周我心里都挺难受的，”他说。一家报纸和迪特马·布罗取得联系，邀请他写一篇稿子，他才知道麦昆去世的消息。他挺伤心，但并不吃惊。“我觉得是伊西带他走的，他们应该在一起了，”他说，“他们是灵魂伴侣。如果伊西或者李的母亲还活着，李绝不会这么做，那样对她们伤害太大了。”

在伊斯灵顿，唐纳德·厄克特坐在爱德华六世酒吧的花园里，这时候乔治·福赛斯（George Forsyth）兴高采烈地走了进来，显然他还不知道李去世的消息。“我真的不知道应不应该告诉他，”唐纳德说，“他们分开有几年了，虽然我知道乔治平时每天都乐呵呵、一副没心没肺的样子，但如果知道这个消息一定会崩溃的。我深吸了一口气，还是告诉他了，他完全不敢相信……想想后来没过多久，乔治就去世了，这真是让人心痛。”2010 年 5 月 23 日，乔治因双氢中毒在伦敦去世了，经法医鉴定是意外身亡，享年 34 岁。“两个人的先后身亡，让我好像在看一部令人紧张不安的恐怖情景剧，类似科莫湖（Lake Como）的雪莱和拜伦。”唐纳德说。李之前的导师路易斯·威尔逊和时尚评论家莎拉·摩尔（Sarah Mower）当时正在一起观看圣马丁学院学生的时装表演。“莎拉接了个电话，挂断后说，‘天哪，李去世了。’”路易斯说。当天晚上路易斯在 BBC 广播 3 台的“夜间时段”谈到了设计师麦昆。“麦昆的去世给全球时尚业带来的损失无法估量，他富有远见，是一位良师益友。”路易斯说。路易斯于 2014 年 5 月 16 日回苏格兰看望家人时，在睡梦中去世。享年 52 岁。

李的朋友米盖尔（Miguel Adrover）一直在土耳其工作，他回家打开了电视，正播到 CNN 新闻。“我看见担架被抬出来，他的尸体装在了塑料袋子里，”他说。莫里·阿瑟（Murray Arthur）的母亲因胃癌被送进了医院，他回苏格兰看望母亲，当他离开病房，下楼来到餐厅，打开手机才发现有很多未接电话和未读短信。他以为是他的朋友们给他打电话问候他的母亲。然后他听了他朋友给他发的语音留言，让他迅速回电话。他走到休息室，看见电视上正在播放的画面正是麦昆公寓的外面。“我记得我走到医院的前门，一下子跪在地上，嚎啕大哭起来，”他说，“之后的几天我一直一言不发。我无法接受发生的这一切。”塞巴斯蒂安·彭斯当时在马略卡岛（Majorca），他在网上看到这个消息后立刻给伦敦麦昆工作室打电话，结果凯特·琼斯和莎拉·伯顿证实了这个消息。他记得自己从家里一直跑到母亲的住处，哭着说，“他死了。”四天后，他飞到伦敦，来到麦昆办公的地方。莎拉给了他一个拥抱，带他看了麦昆办公的桌子，还让他坐在了麦昆的座位上。“这时我看到了他没有完成的服装系列，这对我来说犹如炼狱般痛苦，确实是这样，”他说。

有些人因为麦昆的死而抨击整个时尚行业。《每日电讯报》的记者乔治·皮彻（George Pitcher）写到，时尚只不过是实体产业的幻象，时尚行业的退场只会影响那些时尚圈的人。这是个让人厌恶的谋生之地。设计师本·德里希（Ben de Lisi）则表示时尚业“是一个糟糕的行业，充斥着焦虑与不安”。约翰·梅布瑞（John Maybury）说：“即使是我最憎恨的对手，我也不希望他在时尚业获得成功——时尚要求人们的关注和焦点，这一切都太过紧张和强烈了。”

2月12号，乔伊斯·麦昆葬礼的这一天，娜奥米·坎贝尔（Naomi Campbell）和达芙妮·吉尼斯（Daphne Guinness）参加了为海地地震的灾民募集善款的慈善时装秀。时装秀开始前，约克公爵夫人莎拉·弗格森（Sarah Ferguson）致辞悼念了这位设计师。“亚历山大·麦昆，谢谢你，”她说。那天早晨，达芙妮从麦昆那里定制的一套紧身连衣裤到了（她一共定制了15套），她当即决定换掉组织者给她准备的“糖果粉”的裤子，改穿麦昆设计的这套服装。“我想亚历山大会怎么做，然后在我的头上缠了一层纱，”她说，“我当时一直在哭，但我想如果我在台上走得快一点，薄纱会吹落下来——这样观众就看不到我打湿的睫毛膏了。”

2月25号，麦昆的葬礼在骑士长廊购物中心（Knightsbridge）的圣保罗教堂举行。珍妮特、她的儿子盖里和肖恩·利尼去看了李最后一眼。盖里把一张自己和哥哥保罗小时候的合影放进了李的棺材里，还在上面撒了很多玫瑰花瓣。“我一个人走进去，感到心烦意乱，”他说，“我以为我可以撑住，但是我没有做到。雅基、她的儿子艾略特（Elliot），还有麦昆的侄子霍利·查普曼（Holly Chapman）分别诵读了悼词。珍妮特挑选了埃尔加（Elgar）的《勇敢的猎人》（第九变奏），“李和我都很喜欢这个乐章——李总是开着调频立体声的经典频道。”葬礼上播放的歌曲还有《耶路撒冷》，两周前在乔伊斯的葬礼上也放过。最后一首歌是戴安娜·罗斯（Diana Ross）演唱的《请记住我》。

4月28号，在威斯敏斯特法院召开了听证会，最终判定麦昆为自杀。根据验尸官保罗·纳普曼（Paul Knapman）博士的报告以及管家凯撒和史蒂芬·佩雷拉（Stephen Pereira）博士的证词，法庭宣布麦昆是因为上吊窒息而亡。“他忍受着来自工作上的巨大压力，但这是一把双刃剑。”精神病专家说，“工作是他认为唯一做出些成绩的地方……他总是神神秘秘的。在过去一段时间里，他对很多朋友都很失望，他觉得这些朋友都是在利用他。因为这个原因他变得很谨慎而警觉，尤其是那些和他有多年交情的老朋友，更令他失望。他和母亲很亲近。母亲的去世对他是致命的打击，悲痛之余他感到生无可恋。”这些话道出了麦昆自杀的真相，但绝不是全部。

古驰聘用了乔纳森·科德（Jonathan Coad）来尽量减少麦昆死亡的报道。乔纳森当时是斯万特顿（Swan Turton）专家律师事务所的首席诉讼师，同时也是“声誉管理”的专家。“古驰很善于把事情处理得井井有条，干涉媒体对我们的采访，”麦昆的姐姐珍妮特说，“我们从未真正拥有过发言权。乔纳森警告我们不要在死因审理中胡说八道，不然后果不堪设想。但是我想去说些什么，为了我的弟弟。”法庭宣判后，珍妮特得到了李上吊时用的皮带，而雅基拿到了扶手，那是她们的弟弟最后触碰到的东西。

警察和验尸官一致认为李属于自杀，但是麦昆一家有所怀疑。“我们确定李是自杀吗？”罗恩（Ron）问，珍妮特和雅基对她们弟弟的自杀细节有所保留。从麦昆一直以来都有的死亡意愿这个证据来看，麦昆的死极有可能是自杀。但是麦昆一家认为有些人本可以更好地疏导李的心理问题，但他们为什么没有这么做。

麦昆去世的时候已经身价不菲。遗嘱查验报告上记载其艺术收藏品价值 100 万英镑。他位于杜瑞文大街（Dunraven Street）上的公寓价值 250 万英镑，名下其他的土地及房产总价值为 263.5 万英镑。他手上有价值约 1 161.4 万英镑的股票。他的银行账户中分别有 193 290 英镑和 638 017 英镑，欧洲账户中有 26 282 英镑，一个定期账户中有 1 570 005

英镑，英国个人储蓄账户（Isa）中有 27 688 英镑，还持有 3 万英镑的政府债券。按照他的遗嘱，李向四个慈善机构各捐出 10 万英镑，包括泰瑞斯·希金斯基金（Terrence Higgins Trust）、巴特西猫狗之家（Battersea Dogs & Cats Home）、伦敦佛教中心（London Buddhist Centre）和蓝十字会（Blue Cross）。李给委托人 5 万英镑，请他们照看他的三条狗："薄荷"交给玛琳·加西亚（Marlene Garcia）照看，"果汁"交给安娜贝尔·尼尔森（Annabelle Neilson），卡勒姆留给雅基。他留给玛琳和凯撒各 5 万英镑，每个侄子侄女和他的教子托马斯·亚历山大·麦昆每人 5 万英镑，他的兄弟姐妹每人 25 万英镑，但是他价值 16 036 500 英镑的净资产中绝大部分捐赠给了他创立的慈善基金萨拉班纳（Sarabande）。

自从弟弟过世后，珍妮特·麦昆跟慈善机构的委托人一直争吵不休，尤其是资深的娱乐业律师大卫·格里克（David Glick）以及麦昆任命的遗嘱执行人会计师盖里·杰克逊（Gary Jackson）。"这些执行人是在法律范围内履行责任和义务，但是在我们看来他们却丝毫没有人情味，"珍妮特对《星期日邮报》（*Mail on Sunday*）的记者说。令麦昆家人难过的是他们竟没有机会看看李在格林大街的公寓或是拿些他的遗物留作纪念。珍妮特也想知道萨拉班纳基金的助学金和奖学金究竟颁予何人，但被校方以保密为由予以拒绝。"我只是想知道他的钱是不是花到点儿上了，"她说。在整个过程中，麦昆家人感到被推到了一边，没人注意到他们。在 2011 年 11 月 2 日，罗恩收到了一封律师信，信中说在个人储物（Big Yellow Self Storage）单元柜中存有"您已故儿子的一些私人物品，已无价值，请取回"。雅基和珍妮特来到了位于鲍区（Bow）维克巷（Wick Lane）的储物柜，里面储存的衣服因为时间太久，已经被衣蛾蛀坏了，两个人都很失望。雅基记得找到了一件李的套头衫，她把衣服贴在面庞，仍能闻到弟弟身上的味道。

2010 年 5 月末的一天，当时距离麦昆去世已经 3 个月了，他的家人来到斯凯岛（Isle of Skye）北端的基尔穆伊尔墓地（Kilmuir Cemetery），在茫茫薄雾中葬下了麦昆的骨灰。这是麦昆的遗愿，要留在他和他的母亲以及他们的祖先埋葬的地方。

麦昆的家人们都聚在一起，李的三个姐姐，珍妮特、特雷西和雅基，他的哥哥托尼。另一位哥哥迈克尔因为心脏病突发仍在休养中。李的父亲罗恩病得很重无法到来（罗恩身患癌症，于 2012 年 10 月去世）。他们站在墓前，回忆着他们的弟弟辉煌的一生，哀悼着他过早的离世。伴随着苏格兰笛声，托尼双膝跪下，把装有麦昆骨灰的瓷翁放入墓穴。牧师诵读了祈祷文，在场的每一位家人依次将一抔土撒入墓穴。

李的葬礼之后，他的哥哥和姐姐又多次来到这里看望他。2011 年 10 月，李的爱犬卡勒姆死去，雅基将它的骨灰带到了斯凯岛埋在了李的墓旁边。

麦昆被葬在一片海岬之上，面朝大海、微风吹拂。绿色的墓碑上刻着一行字（麦昆的右臂上也文有相同的一句话）：“爱不是用眼睛来看，而是用心来感受。”这句话对他意义非凡，麦昆常说，这个世界上唯一真实可信的就是爱。

致 谢

没有麦昆家人的支持与祝福，就不会有这本书的问世。感谢珍妮特、托尼、迈克尔和雅基·麦昆给予我极大的信任，让我这样一个外人走入他们的生活。整个写作过程中涉及很多往事，会触碰到他们的伤心之处，使他们的心情久久难以平复，我必须要感谢他们的耐心与理解。我还要特别感谢麦昆最初的、最伟大的缪斯女神，姐姐珍妮特。她敢于揭开影响她和李的家族隐秘。我曾叨扰过她多次，她也通过电话和邮件回答了我很多问题，我对此万分感激。我还要感谢珍妮特的儿子瑞·詹姆士·麦昆和保罗·麦昆，与我分享他们亲爱的叔叔的往事。

我必须要感谢麦昆的家人准许我引用并使用从未出版过的乔伊斯·麦昆的家族历史记录以及照片。

麦昆留下的文字并不多，所以这本书的写作没有使用文献记录，而是采用访谈素材编写而成。我还要感谢麦昆的男朋友帮助我收集到很多一手资料，他们是莫里·阿瑟、理查德·布莱特、安德鲁·格鲁夫斯、杰·马萨格雷特、阿奇·瑞德、保罗·斯泰格和格伦·安德鲁·特鲁瓦。

在整个资料的搜集和写作过程中，我采访了很多人，我要对他们表示感谢，他们是：米格尔·艾卓沃、琳达·毕杰格·阿纳多特尔（Linda

Björg Árnadóttir)、卡门·阿蒂加斯、罗素·阿特金斯、法拉汗·阿兹曼、布鲁克·贝克、约翰·班克斯、瑞贝卡·巴顿、尼古拉·贝特曼、伏立特·比格伍德、比利博一*、迪特马·布罗、克里斯·博德、约翰·博迪、罗斯玛丽·伯格、彼特·鲍斯、史蒂芬·布罗甘博士、菲昂娜·卡特利奇、阿黛尔·克拉夫、本·库伯维特、李·库伯维特、西蒙·克斯汀、利兹·法雷利、弗兰克·弗兰卡、莱斯利·戈林、理查德·格雷、达芙妮·吉尼斯、A.M. 汉森、盖·摩根·哈瑞斯、安娜·哈维、简·海沃德、博比·希尔森、约翰·希区柯克、玛琳·霍珀、米拉·柴·海德、戴维兹·琼斯、本·德里希、约翰·麦基特里克、约翰·梅布瑞、詹森·梅金、苏西·门克斯、特雷弗·迈乐、瑞瓦·米瓦萨嘎、马克思·纽森、西塔·尼兰德、玻尔先生、塞巴斯蒂安·彭斯、珍妮特·斯瑞特波特、戴·瑞斯、艾瑞克·萝丝、诺曼·舍纳尔、爱丽丝·史密斯、苏·斯丹普、莉泽·斯特拉斯迪、普兰姆·赛克斯、立野浩二、斯蒂芬·托德、德里克·汤姆林森、尼古拉斯·汤森德（特里克西）、西蒙·昂格莱斯、唐纳德·厄克特、米歇尔·韦德、塔尼亚·韦德，已故的路易斯·威尔逊教授，以及克里·尤曼斯。一些受访者不愿意透露姓名，还有一位用的笔名。

我还要感谢那些为我提供背景信息和线索的人们，他们是：雅娜·安、弗朗斯·阿巴斯（Frans Ankoné)、奥利弗·阿奇兹、卡拉·贝克、理查德·本森、安德鲁·伯顿、嘉文·布朗、宝拉·拜恩、中央圣马丁学院的皮特·克罗斯、尼古拉斯·科瑞奇、凡妮莎·科顿、劳拉·克雷克、艾莉森·戴维斯（Alison D' Amario)、安妮·尼奥、普里姆罗斯·迪克森、宝拉·菲茨赫伯特、佐伊·富兰克林、娜塔利·吉普森、科林·格列、赫蒂·哈维、格凡特·霍奇（Gavanndra Hodge）、利兹·霍佳德、蒂娜·乔丹、詹姆斯·肯特、贾斯敏·卡班达（Jasmine Kharbanda）、帕斯卡尔·兰彻（Pascale Lamche）、萨斯奇雅·兰彻、斯蒂芬妮·莉蕾、盖比和盖瑞·林肯、威廉·灵（William Ling）、苏珊·罗德、CSM 的黛比·洛特摩尔、君皇仕 / 吉凡克斯的威廉·马休斯、科林·麦克道尔、肖内克·马歇尔（Shonagh Marshall）、马可·马蒂斯克、迈克尔肯特公主、安娜贝尔·尼尔森、米歇尔·奥利、艾丽诺·伦弗鲁、卡洛琳·鲁、理查德·罗亚尔、安琪·塞奇威克、阿历克斯·沙基、克里斯托弗·斯托克、乔安娜·赛克斯、安德鲁·坦塞、苏·蒂利、凯蒂·韦伯、维多利亚与阿尔伯特博物馆（V&A）的克莱尔·威尔考克斯以及 CSM 的朱迪·威尔科克斯。

我还要感谢中央圣马丁学院图书馆、伦敦时装学院图书馆和大英图书馆的工作人员，为这本书的写作提供了极为有价值的资料。其中声音档案中的大英图书馆摄影口述史项目提供了一些有关麦昆同事的非常有用的背景资料，尤其是对尼克·奈特的深度访谈资料。

我要感谢为这本书提供图片的各界人士，除了麦昆家人以外还有：米格尔·艾卓沃、英里·阿瑟、瑞贝卡·巴顿、BBC 照片图书馆、罗斯玛丽·伯格、彼特·鲍斯、理查德·布雷特、卡梅拉图片社、克拉瑞芝酒店、杰里米·戴勒、华盖图片社、A.M. 汉森、米拉·柴·海德、戴维兹·琼斯、杰·马萨格雷特、阿奇·瑞德、雷克斯图片社和德里克·汤姆林森。

我查阅了一些媒体广播资源，包括：2008 年 10 月 BBC 的“英国服饰巨人”节目；1997 年 BBC 的“毛边剪裁”（作品）；2011 年 2 月 25 日摩尔 4 套的“我和麦昆”；1997 年 1 月 26 日 BBC1 套的“服装秀”节目。

我还参考了大量的报刊和杂志，所有的引用都在尾注中标明。我尤其感谢以下记者和作家的文字，为这本书的写作提供了诸多素材，他们是：希拉里·亚历山大、丽莎·阿姆斯壮、琳·巴贝尔、凯瑟琳·贝茨、塔姆辛·布兰查德、阿历克斯·比尔姆斯、哈密什·博尔斯、格蕾丝·布拉德伯里、杰西·加特纳-莫利、瓦西·张伯伦、劳拉·柯林斯、麦琪·戴维斯、戈弗雷·狄尼、克里斯塔·狄索莎、爱德华·恩尼弗、布利基·弗利、苏珊娜·弗兰克尔、克里斯·希斯、凯西·霍林、玛丽恩·休姆、戴维·坎普、瑞贝卡·罗苏普、科林·麦克道尔、丽莎·马克威尔、瑞贝卡·米德、苏西·门克斯、莎拉·摩尔、萨曼莎·莫里·格林威、安德鲁·欧哈根、哈莉特·奎克、梅兰妮·里基、阿历克斯·沙基、詹姆斯·舍伍德、英格丽·希斯奇、戴维·詹姆斯·史密斯、咪咪·史宾赛、史蒂芬·托德、朱迪斯·瑟曼、洛纳 V、伊恩·R. 韦伯和艾瑞克·威尔森。

我要感谢安德鲁·伯顿先生，感谢他在 2011 年策划了纽约大都会艺术博物馆的《亚历山大·麦昆：野性之美》展览，并由耶鲁大学出版社编辑出版该书。还要感谢朱迪斯·沃特女士写作出版的《亚历山大·麦昆：生命与遗赠》（哈珀设计，伦敦和纽约版），让我了解到设计师职业生涯的全貌。

我要感谢在西蒙与舒斯特出版社的同事们，我的编辑阿比盖尔·伯格斯特龙、麦克·琼斯（这本书的委托人，但目前已经离开出版社）、文字编辑林赛·戴维斯、莎拉·伯兹艾、奥利维亚·莫瑞斯、汉娜·科贝特、艾莉诺·福斯特，我在美国的编辑罗兹·里佩，还要感谢在伦敦和纽约的同事，谢谢他们对这本书的支持与热忱。

感谢我的代理人也是我的朋友克雷尔·亚历山大从这本书的准备工作开始就一直陪在我的身边。如果没有她，这本书不会完成。我还要感谢艾特肯亚历山大的所有成员，尤其是莱斯利·索恩和莎莉·莱利。

最后，像以往一样，我要感谢我的父母、我的朋友们以及马库斯·菲尔德。

亚历山大·麦昆女士成衣系列

1992 — 2010

麦昆的全部成衣秀（除“开膛手杰克”“出租车司机”以及“奇思妙想”外），见：http://www.gainsburyandwhiting.com/fashionshow/。

“开膛手杰克跟踪他的受害者”（圣马丁学院毕业作品）1992 年

“出租车司机”1993 年秋冬系列

“虚无主义”1994 年春夏系列

“女妖”1994 年秋冬系列

“群鸟”1995 年春夏系列

“高原强暴”1995 年秋冬系列

“千年血后”1996 年春夏系列

“但丁”1996 年秋冬系列

“贝尔默的玩偶”1997 年春夏系列

“外面的世界很复杂”1997 年秋冬系列

“无题”1998 年春夏系列

“贞德”1998 年秋冬系列

“第 13 号”1999 年春夏系列

“全景”1999 年秋冬系列

“眼睛”2000 年春夏系列

“伊舒”2000 年秋冬系列

“沃斯”2001 年春夏系列

“旋转木马”2001 年秋冬系列

“旋转公牛的舞步”2002 年春夏系列

“奇思妙想”2002 年秋冬系列

“树鸭”2003 年春夏系列

“扫描仪”2003 年秋冬系列

“解脱”2004 年春夏系列

“莱昆的神殿”2004 年秋冬系列

“游戏而已”2005 年春夏系列

“知道太多的人”2005 年秋冬系列

“海王星”2006 年春夏系列

“卡洛登的寡妇”2006 年秋冬系列

“萨拉班纳舞曲”2007 年春夏系列

“纪念 1692 年萨勒姆的伊丽莎白·豪”2007 年秋冬系列

“蓝色夫人”2008 年春夏系列

“住在树上的女孩儿”2008 年秋冬系列

“自然差异，非自然选择”2009 年春夏系列

“丰饶角”2009 年秋冬系列

“柏拉图的亚特兰蒂斯”2010 年春夏系列

图书在版编目（CIP）数据

亚历山大·麦昆传：栖血肤下 /（英）安德鲁·威尔逊（Andrew Wilson）著；张虹译.—重庆：重庆大学出版社，2017.5

（时尚文化丛书）

书名原文：Alexander McQueen: Blood Beneath the Skin

ISBN 978-7-5689-0028-7

Ⅰ.①亚… Ⅱ.①安… ②张… Ⅲ.①麦昆，A.（1969—2010）—传记 Ⅳ.①K835.615.72

中国版本图书馆CIP数据核字（2016）第174888号

亚历山大·麦昆传：栖血肤下

yalishanda · maikunzhuan: xixuefuxia

[英] 安德鲁·威尔逊 著

张虹 译

责任编辑 张 维

装帧设计 任凌云

封面插画 闫 威

重庆大学出版社出版发行

出版人 易树平

社址 （401331）重庆市沙坪坝区大学城西路21号

网址 http://www.cqup.com.cn

印刷 北京新华印刷有限公司

开本：880mm×1240mm 1/32 印张：12.5 字数：300千 插页：32开20页

2017年5月第1版 2017年5月第1次印刷

ISBN 978-7-5689-0028-7 定价：88.00元

ALEXANDER MCQUEEN:BLOOD BENEATH THE SKIN

By ANDREW WILSON

版贸核渝字（2015）第180号

BLOOD
BENEATH
THE
SKIN